Helmut Willems · Marianne Wolf · Roland Eckert

Soziale Unruhen und Politikberatung

AF150131

Helmut Willems · Marianne Wolf · Roland Eckert

unter Mitarbeit von
Ralf Altenhof und Klaus Sauerborn

Soziale Unruhen und Politikberatung

Funktion, Arbeitsweise, Ergebnisse und Auswirkungen von Untersuchungskommissionen in den USA, Großbritannien und der Bundesrepublik

Springer Fachmedien Wiesbaden GmbH

Die Deutsche Bibliothek – CIP-Einheitsaufnahme

Willems, Helmut:
Soziale Unruhen und Politikberatung:
Funktion, Arbeitsweise, Ergebnisse und Auswirkungen
von Untersuchungskommissionen in den USA, Groß-
britannien und der Bundesrepublik / Helmut Willems;
Marianne Wolf; Roland Eckert. Unter Mitarb. von
Ralf Altenhof und Klaus Sauerborn.

ISBN 978-3-531-12476-6   ISBN 978-3-663-11420-8 (eBook)
DOI 10.1007/978-3-663-11420-8

NE: Wolf, Marianne:; Eckert, Roland:

Umschlaggestaltung: Horst Dieter Bürkle, Darmstadt

ISBN 978-3-531-12476-6

Vorwort

Die Wiederkehr der Aufstände in Kalifornien und England hat in diesen Tagen gezeigt, daß auch moderne und demokratische Industriegesellschaften nicht ohne weiteres dazu in der Lage sind, Strukturprobleme und strukturelle Konflikte zu bewältigen. Dies gilt insbesondere für das Problem der sozialen Integration von Jugendlichen, die in der Konkurrenz in Schule und Berufsausbildung erfolglos waren. Wenn ein Teil der Jugend keine legitimen Wege in die Berufsgesellschaft findet, wie dies in den Großstadtghettos in den USA und Großbritannien, aber auch in Frankreich und möglicherweise bald auch bei uns der Fall ist, werden Aggressionen nach innen und außen die Folge sein, und werden illegitime Chancen, d.h. kriminelle Karrieren, attraktiv werden.

Freilich ist die Lage in der Bundesrepublik Deutschland besser als in den angelsächsischen Ländern: Das duale System der Berufsausbildung bietet in höherem Maße praxisnahe Qualifikationswege an, Chancenungleichheit ist nicht (oder noch nicht) an ethnischen Definitionen erkennbar. Soziale Sicherung hat eine ehrwürdige und (da, wo es um Dienstleistungen geht) mit den Wohlfahrtsverbänden durchaus politikfähige Tradition, so daß die sozialen Kosten ökonomisch-technischen Fortschritts bislang nicht beliebig externalisiert oder individualisiert werden konnten.

Dennoch besteht auch bei uns Grund zur Besorgnis. Denn auf dem Arbeitsmarkt steigen die Anforderungen an Qualifikation, an 'innere Kontrollen', an Abstraktionsfähigkeit usw. Damit sinken die Arbeitsmarktchancen derer, die diese Fähigkeiten nicht haben oder nicht erwerben konnten. Arbeitskraft, die nicht konkurrenzfähig ist, wird darum ein Problem bleiben, selbst wenn die Altersstruktur der Bevölkerung gegenwärtig anderes suggeriert. Die Segmentierung nicht nur der Arbeitsmärkte, sondern ganzer Ökonomien in hochtechnologische Bereiche einerseits und rückständige Branchen andererseits erleichtert es der Wirtschaft, soziale Kosten des Fortschritts gleichsam als 'Altlasten' abzuwerfen, und die internationale Konkurrenz der Unternehmen könnte eben diese Strategie erzwingen. Bereits vor dem Zusammenbruch des Realsozialismus mehrten sich die Stimmen, die in der 'sozialen Marktwirtschaft' letztlich einen faulen Kompromiß sahen und ihr Heil in 'reiner Marktwirtschaft' sahen. Der Wegfall der Systemkonkurrenz könnte diesen Stimmen weiteres Gehör verschaffen.

5

Demgegenüber stehen die neuen Herausforderungen in der Bundesrepublik. Damit die neuen Bundesländer nicht zu einem deutschen mezzo giorno werden, damit auch ostdeutsche Jugendliche einen Weg in die Berufsgesellschaft finden, wird es vermutlich auf mehr, nicht auf weniger Transferzahlungen ankommen, und werden gerade 'Leistungsträger' Opfer bringen müssen.

An den Ghettounruhen in den USA und Großbritannien und den Jugendunruhen im Deutschland der 'No-Future'-Generation von vor zehn Jahren ist deutlich geworden, daß sich die Kosten versperrter Wege in die Berufsgesellschaft nicht langfristig individualisieren oder gar nihilieren lassen, sondern in der Form von innerer und äußerer Zerstörung (Drogen bzw. Aufruhr) in die Sozialbilanz einer Gesellschaft eingehen und eingerechnet werden müssen.

Die Unruhen sind zumeist gut erforscht worden, und allenthalben ist deutlich geworden, daß innere Sicherung nicht nur auf der Polizei ruhen kann, weil der Versuch, die Probleme polizeilich zu lösen, in der Regel zu weiteren Eskalationswellen führt. Die Ergebnisse dieser Forschungen sind der Politik zur Kenntnis gebracht worden. Wenn all dies nur im beschränkten Umfang (am ehesten noch in der Bundesrepublik) Konsequenzen für die Politik hatte, stellt sich die Frage nach der Steuerungskapazität unseres politischen Systems. Liegt es an der Art der Analyse, die die Wissenschaftler in den Untersuchungskommissionen vorgenommen haben und damit an den Schwierigkeiten wissenschaftlicher Politikberatung? Liegt es am Hiatus zwischen Wissenschaft und Politik und damit an strukturellen Verständigungsbarrieren? Oder liegt es an der Eigengesetzlichkeit der politischen Agenda oder der entscheidungsrelevanten Interessenkartelle?

Dies sind die Fragen, die zu der vorliegenden Arbeit geführt haben. Sie werden an Beispielen aus der jüngeren Vergangenheit bearbeitet, ihr Interesse aber gilt der Zukunft.

Trier, im August 1992

Inhalt

7

10

I. PROBLEM UND FRAGESTELLUNG

1. Konfliktgenese, Untersuchungskommissionen und soziologische Theorie

Am Ende der fünfziger Jahre schien die westliche Welt in Ordnung: Nach der "keynesianischen Wende" der Wirtschaftspolitik schien die Kontinuität des Wachstums gesichert, Umverteilungen und Transferzahlungen garantierten auch dem ehemaligen Proletariat und den Rentnern einen Anteil an der Wertschöpfung und fortschreitende Bedürfnisbefriedigung. Die sogenannten Entwicklungsländer müßten - so glaubten viele - nur noch durch den Transfer von Kapital, Bildung und Demokratie an das westliche Modernisierungsvorbild herangeführt werden. Damit, so schien es, hatte die moderne Gesellschaft nach den Verwerfungsphasen der ersten Jahrhunderthälfte, die in Imperialismus, Faschismus und Kommunismus zum Ausdruck kamen, ihre neue stabile Form gefunden: sich selbst durch andauernde Wohlstandsmehrung legitimierend. Das "Ende der Ideologien" konnte nun ausgerufen werden: in USA von Daniel BELL (1961), in Frankreich von Jacques ELLUL (1974), in Deutschland von Helmut SCHELSKY (1965). Auch Kritiker in der marxistischen Tradition, wie MARCUSE (1967), sahen die Stabilität des Systems durch die Manipulation der materiellen Bedürfnisse derart gefestigt, daß äußerer Zwang mehr und mehr überflüssig sein mochte. Das Grundmodell der Moderne beruhte auf sozialer Marktwirtschaft und Parteiendemokratie, Nachkommen konnten allenfalls Detailverbesserungen, nicht aber grundlegend Neues schaffen - zu vergleichen mit dem Volkswagen, der lief und lief.

Um so befremdlicher erschien das Aufbegehren schon der Halbstarken, der Rock'n-Roll-Generation. "Rebellen ohne Programm" (LAPASSADE, 1972), "'sinnlose' Ausbruchsversuche aus der in die Watte manipulierter Humanität, überzeugender Sicherheit und allgemeiner Wohlfahrt gewickelten modernen Welt" (SCHELSKY 1965, 387f.) wurden diagnostiziert. Die Ghettoaufstände in den USA, die Studentenbewegung rund um die Welt, und schließlich die 'riots', Jugendkonflikte und Protestbewegungen der frühen achtziger Jahre in Europa zeigten jedoch, daß die mit Marktwirtschaft und Parteiendemokratie beschriebene Problemlösung vordergründig und nicht vollständig war, oder sich zumindest nicht in Akzeptanz umsetzte.

Dies war die Stunde der Kommissionen. Eine Fülle von Kommissionen in den USA, Großbritannien, der Bundesrepublik - aber auch in Frankreich, der Schweiz, in Neuseeland, in Schweden gingen der Frage nach, was die Ursachen von Unruhe und Gewalt seien, wie die angemessene staatliche Reaktion aussehen solle und wie der innere Frieden wiederhergestellt werden könne. In der Kommissionsarbeit bündelte sich gleichsam die Selbstreflexion der politischen und intellektuellen Repräsentanten der Gesellschaft angesichts unerwarteter und unbegriffener Herausforderungen. Ihre inhaltliche Arbeit ist darum ein Dokument für diesen Prozeß der Selbstaufklärung politischer Eliten. Die Kommissionen waren aber auch selbst Teil des Prozesses, in dem Probleme definiert und in die politische Agenda eingeschleust werden. Und dies auf zweierlei Weise: Ihre Einsetzung zeigte erstens an, daß der Routinebetrieb des politischen Systems zur Entscheidungsvorbereitung nicht mehr ausreichte und in größerem Umfang zusätzliche Expertise aus dem wissenschaftlichen System abgerufen werden mußte. Die (eingeschränkte) Umsetzung der Empfehlungen machte dann zweitens deutlich, inwieweit diese Selbstvergewisserung der Gesellschaft nicht nur einen Orientierungsbedarf traf, sondern auch Handlungskonsequenzen hatte. Kommissionen stehen also - als sicherlich kleines aber nicht zu vernachlässigendes Phänomen - in einem Zusammenhang zwischen Interessenartikulation (als welche Proteste begriffen werden können) und Interessenaggregation (ALMOND & POWELL 1966), wie sie in Parteien, in der Lobby, im Parlament und der Verwaltung immer schon betrieben wird. Sie markieren freilich aus der Sicht der Institutionen weniger den Routine- als vielmehr den Störfall, in dem nämlich die Überführung von artikulierten Problemen in aggregierte Interessen nicht funktioniert hat.

Unsere These ist nun, daß solche "Störfälle" nicht ganz zufällig sind, sondern, anders als es in den ausgehenden fünfziger Jahren schien, immer wieder nicht nur auftreten, sondern auch produziert werden. Die politische Kultur der sich bildenden Weltgesellschaft organisiert sich mehr und mehr über Angebot und Nachfrage von Themen. Bereits der fortschreitende Ausbau der Kommmunikationssysteme rund um die Welt hat zur Folge, daß sich immer mehr Menschen um spezifische Themen, Werte und Interessen zusammenschließen und deren Berücksichtigung verlangen können. So treten neben die großen, bisher die Politik bestimmenden Säulen sozialer Klassen, Regionen und Konfessionen immer mehr kleine Szenen, die sich um selbstgewählte Themen gruppieren und Emanzipations- und Mitbestimmungsrechte anmelden. Nicht immer ist in diesem Prozeß zu entscheiden, welche Themen auch unabhängig von ihren ersten Akteuren Bestand haben und welche eher nur ein 'Medienereignis' darstellen, das sich beim Abschwung des Aufmerksamkeitszyklus auch wieder verflüchtigt.

Dennoch glauben wir, hinter den Zyklen des Zeitgeists auch soziale und ökonomische Strukturen ausmachen zu können, die das Konfliktgeschehen in gegenwärtigen Gesellschaften bestimmen. Moderne Gesellschaften sind durch fortschreitende Ausdifferenzierung von immer mehr Subsystemen gekennzeichnet, die relativ unabhängig voneinander variieren. In ihnen sind spezifische Innovationsprämien ausgesetzt: So ist Wissenschaft aufgefordert, neues Wissen zu produzieren; Unternehmen erschließen neue Märkte und entwickeln neue Produkte; Künstler entdecken neue Weisen ästhetischer Erfahrung, und Publizisten formulieren neue Themen und bringen neue Nachrichten. Familien bemühen sich um immer höhere Bildungszertifikate ihrer Söhne und Töchter. Die Veränderungen folgen weitgehend der Logik des jeweiligen Teilsystems, und Innovation wird gerade dadurch gesichert, daß Abstimmungen mit anderen Teilen der Gesellschaft zunächst unterbleiben. Dennoch haben diese Innovationen Auswirkungen auf andere Teilsysteme - Auswirkungen, die aber in der Perspektive der Innovatoren häufig nicht aufscheinen. Sie führen darum immer wieder zu Friktionen mit anderen Bereichen und machen langwierige Anpassungs-, Abwehr- und Kontrollbemühungen nötig. Mindestens drei Konflikttypen entstehen auf diese Weise:

An **erster Stelle** sind die **Konflikte** zu nennen, die sich **aus veränderten Interessenlagen** ergeben. Der 'Fortschritt' oder 'Wandel', der aus wissenschaftlich-technischer Forschung und deren Anwendung in der Konkurrenz von Unternehmen und Staaten resultiert, überwindet nicht nur Knappheit und entschärft damit potentiell frühere Verteilungskämpfe, sondern schafft auch neue Knappheiten und einen darum erhöhten gesellschaftlichen Regelungsbedarf. Drei Beispiele:

- Wie sich an der Sequenz von fortschreitender Fischfangtechnik, Fischereikriegen, -konferenzen, -fangquoten, -kontrollbehörden zeigen läßt, muß **Naturbeherrschung** durch gesellschaftliche **Selbstbeherrschung**, also Politik und Gesetze, kompensiert werden (ECKERT 1987). Diese aber sind nicht notwendig interessenneutral.
- Ebenfalls durch wissenschaftlich-technischen Fortschritt hat die Abschreckungsstrategie zu einer Situation geführt, in der viele Menschen die Gefahr des Systems der Abschreckung höher einschätzen als die Bedrohung der einen Seite durch die andere, weil eine neue Waffengeneration die Vorwarnzeiten minimiert und damit die Prämie für den 'Erstschlag' dramatisch erhöht. - Mit der Internationalisierung von Wirtschaft, Verkehr und Versorgung ist die Dramatisierung eines Konfliktes vorgezeichnet, der sich ebenfalls mit den traditionellen Schemata von Klassen- oder Kulturkämpfen nicht mehr fassen und bearbeiten läßt: Der Konflikt zwischen lokalen Interessen an unversehrtem Leben und überlokalen Interessen an Verkehr und Versorgung, wie er bei neu zu bauenden Flughäfen, Autobahnen und Kraftwerken immer wieder ausbricht.

Die Eigendynamik der Anwendung technischer Innovationen in Konkurrenzverhältnissen, des ökonomischen und wissenschaftlich-technischen Fortschritts generell kann also zu Lagen führen, in denen für viele Menschen eine Neudefinition ihrer Interessen und damit eine Neubewertung von Alternativen unausweichlich wird. Nukleare Bedrohungen, ökologische Risiken z.B. betreffen nicht nur spezifische Bevölkerungsgruppen sondern prinzipiell alle. Von daher wird deutlich, daß die neuen Konfliktlinien, die die entwickelte Moderne hier generiert, quer liegen zu den bisher dominierenden Konfliktlinien zwischen Kapital und Arbeit, und daß auch die Gruppen, die einander in Konflikt gegenüberstehen, sich nicht eindeutig festlegen lassen, sondern je nach Konflikt variieren. Die Situation ist unübersichtlicher geworden, und dies ist ein Grund dafür, daß sich die politischen Systeme mit der Regelung dieser neuen Interessen und Konflikte so schwer tun.

Aber nicht nur neue Interessen und Risikolagen, Verteilungs- und Kompensationskämpfe ergeben sich aus dieser 'Institutionalisierung des Wandels'. Vielmehr sind an **zweiter Stelle Konflikte** um die **soziale Definition von** individueller und kollektiver **Identität** zu verzeichnen. Technischer, ökonomischer und kultureller Wandel bestätigt bestimmte

Formen von Identität und entwertet andere. Mikrochips lassen endgültig Odysseus über Achill und erst recht über Ajax triumphieren. Der 'Berserker', einst hoch geehrt, wird nun zum Sicherheitsrisiko. Qualifikationen werden häufig durch neue Techniken entwertet, Industriestandorte veröden, während anderenorts die Wirtschaft boomt. Die Entstehung von Ressentiments bei denjenigen, deren Identität und Selbstwertgefühl sozial und kulturell nicht mehr eingelöst wird, ist unausweichlich. 'Modernisierungsverlierer' können versucht sein, ihr beschädigtes Selbstbewußtsein durch Sündenbockprojektionen und Vorurteile zu salvieren (eine Prognose aus dem Jahr 1989, die angesichts der Ausländerfeindlichkeit und der gewalttätigen Ausschreitungen gegen Ausländer 1991 von der Wirklichkeit bereits eingeholt wurde).

Zum Kampf um die soziale Geltung von Identitätsmustern gehören auch Jugend- und Geschlechtsrollenkonflikte. Die Lebensplanungen junger Menschen haben sich in den letzten vierzig Jahren grundlegend gewandelt. Immer mehr Jugendliche versuchen, über den Erwerb von Qualifikationen ihre Stellung in der Gesellschaft zu sichern - nicht ohne Grund, da einfache, unqualifizierte Arbeit nur noch geringen Marktwert hat. Dementsprechend expandieren die Bildungsinstitutionen. In ihnen finden Selektionsprozesse statt, die Aufsteiger mit Selbstvertrauen und Erfolgsorientierung von den erfolglosen 'Sitzenbleibern' trennen. Soziale Ungleichheit erscheint so nicht mehr als 'ererbtes Schicksal', sondern vollzieht sich vor den Augen der Jugendlichen im Klassenraum als persönliche 'Leistung und Versagen'. Wenn gleichzeitig eine altershomogene Struktur der Schülerschaft Jugendliche aufeinander verweist, ist die Ausbildung von potentiell abweichenden Jugendkulturen strukturell angelegt, in denen Jugendliche die entsprechenden Erfahrungen verarbeiten und ihre Identität gerade in Abgrenzung und Feindschaft zu den etablierten Institutionen finden können.

Die gleiche Entwicklung hat die Dominanz von Ausbildung und Erwerbsarbeit verstärkt und es damit erschwert, den Konflikt zwischen Erwerbs- und Familienarbeit weiter über die exklusive Zuordnung zu den Geschlechtern zu lösen. Frauen, die gleich ihren männlichen Altersgenossen einen qualifizierten Beruf erlernt haben, werden nicht nur die Gleichstellung im Beruf, sondern auch eine andere familiale Arbeitsteilung einfordern. Traditionell 'harte' Männlichkeit wird dabei kulturell negiert und muß sich um so mehr in Szene setzen.

Drittens eröffnen sich auch neue **Konflikte zwischen** 'Interessen'standpunkten und 'Wert'standpunkten. Die weltweite Ausdehnung von Marktmechanismen und die Funktionalisierung zahlreicher Daseinsbereiche zu spezialisierten Teilsystemen haben zunächst die Tendenz der Neutralisierung der moralischen Aspekte von Entscheidungen zur Folge (Neutralisierung durch Spezialisierung: ..'Unter rechtlichen Gesichtspunkten darf es keine Rolle spielen, daß,..' Neutralisierung durch Konkurrenz: ..'wenn ich es nicht tue, tut es jemand anderes'). Auch sind bei den gegebenen ökonomischen und politischen Interdependenzen die Folgen des eigenen Handelns schwer absehbar (wer dachte schon an tropische Regenwälder, als er 'Edelholzfenster' bestellte?). Im Gegenzug zu dieser Entwicklung verselbständigen sich moralische Gesichtspunkte in eigenen Diskursen und versuchen, über die Massenmedien auf das politische System einzuwirken. In ihnen werden gerade die Aspekte thematisiert, die in der einzelwirtschaftlichen und politischen Spezialisierung auf beschränkte Ziele unter gegebenen Konkurrenzverhältnissen an den Rand geraten. Träger dieser moralischen Diskurse sind typischerweise Personengruppen, die hinsichtlich der jeweils gewählten Themen nicht-interessengebundene Handlungsbereitschaften entwickeln können: Jugendliche, Lehrer, Künstler, Wissenschaftler, Journalisten, Theologen. Um das expandierende Bildungs- und Kommunikationssystem herum entsteht so ein eigenständiges, von strukturellen Spannungen und vorgängiger relativer Deprivation - den in der soziologischen Theorie 'anerkannten' Konfliktgeneratoren - unabhängiges gesellschaftliches Potential, das sich höchst unterschiedlichen Themen zuwenden kann und das das Bewußtsein 'relativer Deprivation' nicht als Ursprung, sondern als Ziel seiner Protestaktivitäten bzw. seiner 'Aufklärungsarbeit' kennt. Gemeinsam ist diesen Themen allerdings die Spezialisierung auf ethische Prämissen und deren moralische Konsequenzen, die in ökonomischen oder machtpolitischen Kalkülen zu kurz kommen oder zu kurz zu kommen scheinen. Auf diese Weise kommt es zu einem höchst spezifischen Konflikttypus. Auf der einen Seite stehen Vertreter von Unternehmen, Verwaltungen und Politiker, die professionell und zumeist interessengeleitet argumentieren, auf der anderen Seite stehen 'volunteers', die auf verschiedenen Stufen der Professionalität wertbezogen handeln und für sich die 'Moral' reklamieren. (Mittlerweile hat sich diese zunächst in der Freizeit beginnende Professionalisierung als ein eigenständiger journalistischer und politischer Karrierepfad etabliert.) In der Zuspitzung kann man daher formulieren: Interessengeleitete Zweckrationalität und prinzipiengeleitete Wertrationalität geraten miteinander in Konflikt.

Diese drei Konfliktmuster treten freilich in der sozialen Wirklichkeit immer in bestimmten Mischungsverhältnissen auf. In den Ökologiekonflikten finden sich typischerweise Koalitionen zwischen interessengeleiteten Anwohnern von z.b. Kernkraftwerken und Flughäfen mit prinzipiengeleiteten Kernenergie- und Verkehrsgegnern. Auch die Unternehmen haben gelernt, die Verallgemeinerungsfähigkeit (HABERMAS, 1981) ihrer Interessenlage herauszustellen und Wertgesichtspunkte in ihrer Selbstdarstellung zu berücksichtigen. Jugendliche, die ihre Identität nicht mehr über lokale und verwandtschaftliche Zuschreibungen herstellen, finden in den Konflikten zugleich Wege, eine kosmopolitane und prinzipiengeleitete Identität aufzubauen. Selbst zwischen bedrohten partikularistischen und lokalen Orientierungen und den neuen kosmopolitisch-prinzipiengeleiteten Orientierungen gibt es Allianzen: Pädagogen versuchen die Kultur der Fußballfans und der Rocker zu schützen; feministische SozialarbeiterInnen respektieren den Ehrenkodex islamischer Einwanderer; regionalistische und nationale Bewegungen finden prinzipielle Unterstützung, solange sie als Emanzipationsbewegung interpretiert werden können.

Viele dieser Konflikte erscheinen zunächst als Generationenkonflikte, weil der kulturelle Wandel verstärkt Jugendliche erfaßt, die sich dann auch über neue Themen profilieren und durch demonstrative Abweichung die Medien mobilisieren. In all diesen neuen Konfliktfeldern verlaufen die Konfliktlinien anders als früher. Eben darum können neue Interessenten auch nicht von vornherein überkommenen Organisationsstrukturen die Artikulation ihrer Interessen anvertrauen. Sie haben oft Grund, sich nicht vertreten zu fühlen und dementsprechend dem 'System' Legitimation zu entziehen. Wir müssen also resümieren:

Soziale und kulturelle Differenzierung der medial vernetzten Weltgesellschaft und die Folgeprobleme des wissenschaftlich-technischen Fortschreitens fordern die Leistungsfähigkeit unseres politischen Systems auf immer neue Weise heraus. Dessen Funktionieren, so wie sie sich in den letzten 100 Jahren herausgebildet hat, ist vor allem durch Parteienkonkurrenz bestimmt. Damit ist ein erster theoretischer Ausgangspunkt der vorliegenden Arbeit skizziert. Er betrifft die Konfliktbearbeitungsfähigkeiten demokratischer Gesell-

schaften.

Die 'Mechanik der Parteiendemokratie' ist u.E. in der ökonomischen Theorie der Demokratie seit SCHUMPETER (1950), DOWNS (1968) und HERDER-DORNEICH (1980) in groben Zügen formuliert. Um die erwähnten 'neuen' Konflikte und ihre Verarbeitung thematisieren zu können, schlagen wir eine Erweiterung vor, in der neben 'Großanbietern' von Politik auch 'Kleinanbieter' (Bürgerinitiativen, Soziale Bewegungen, Protestgruppen etc.) auftreten, (so wie dies ZALD & McCARTHY 1979) tun[1]), die eine andere Ressourcen- und Kostenstruktur als die etablierten Parteien haben und vor allem an die Mobilisierung der öffentlichen Meinung ausgerichtet sind. (Vgl. ECKERT 1970; 1987).

In dieser Form schließt die ökonomische Theorie der Demokratie unmittelbar an das Theorem eines 'agenda setting process' (BENYON/ SOLOMOS, 1987) an, das die Karrieren und Konjunkturen von (insider- und outsider-initiierten) Themen in Öffentlichkeit und Politik nachzuzeichnen sucht.

Untersuchungskommissionen, um die es hier konkret gehen wird, können als erste, Bedenkzeit erwirtschaftende Antwort von etablierten Eliten auf das erfolgreiche Wirken von politischen Kleinunternehmern in der Interessenartikulation und auf die von diesen als Outsidern initiierten Themen verstanden werden. Hierbei wird in der Regel wissenschaftliche Expertise als zusätzliche Ressource in Anspruch genommen. Damit stellt sich das Problem, inwiefern und unter welchen Bedingungen dieses 'Fach'wissen in politische Präferenzen umgewandelt werden kann. Bereits HUME wußte: aus Seinsaussagen sind keine Sollensaussagen ableitbar. Anders ausgedrückt, welche Aussagen der Wissenschaftler von Politikern abgerufen und ernstgenommen werden und

---

1) Wir sind uns darüber im klaren, daß politische Akteure nicht ständig von "Nutzenkalkülen" bestimmt werden. Ideale, Emotionen und schließlich viele situative Faktoren begründen die tatsächlichen Handlungen und Entscheidungen. Nichtsdestoweniger gibt es in unserem Leben immer wieder Situationen wo nicht nur Opportunisten, sondern auch Idealisten und selbst 'Originale' kalkulieren und kalkulieren müssen, ob und wie sie ihre "Politik" verkaufen können.

unter welchen Bedingungen diese Aussagen politische Entscheidungen beeinflussen, ist aus der Sicht der Wissenschaft kaum prognostizierbar und schon gar nicht steuerbar. Insofern mag es durchaus sein, daß die Kommissionsarbeit eher politisches Orientierungswissen als praktisches Handlungswissen erzeugt.

In jedem Fall ist die Kommissionsarbeit nur ein Teil der Antwort auf gesellschaftlich artikulierte Probleme. In vielen Fällen erfolgt diese Antwort unabhängig von den Kommissionen und direkt. Weder Arbeitsbeschaffungsmaßnahmen noch die Aufrüstung der Polizei als Antwort auf Jugendkonflikte setzen Kommissionsarbeit voraus. Wenn es sich um den Umgang des politischen Systems mit den neuen Herausforderungen handelt, muß also der Focus der Kommissionen überschritten, müssen die staatlichen Antworten insgesamt thematisiert werden, in denen die Beratung durch Kommissionen nur eine beschränkte Rolle spielen dürfte.

Das in dieser Weise skizzierte Forschungsprogramm ist mehreren theoretischen Traditionen verpflichtet. An erster Stelle steht hier der **symbolische Interaktionismus.** Er betont, daß soziale Realität in den Köpfen der Menschen generiert wird. Gesellschaftliche Institutionen, Rechtsregeln existieren dadurch, daß hinreichend viele Menschen von ihnen wissen und sich an ihnen orientieren. Institutionen und institutionelle Regelungen sind freilich zumeist derart verankert, daß sie individuell nicht disponibel sind oder gar verschwinden würden, wenn wir nur den Kopf in den Sand steckten.

Auch Interessen und erst recht Präferenzen und Werte sind Ergebnis von Definitionsleistungen. Im Vergleich zu 'Institutionen' sind sie etwas weicher: wir können sie 'haben' oder auch nicht. Sie unterliegen verstärkt Meinungsbildungsprozessen. Schließlich stellen auch soziale Probleme einen Interpretationsvorgang dar, der sich in den Köpfen der Menschen abspielt. Armut beispielsweise mag bitter sein, zum sozialen Problem wird sie typischerweise erst dann definiert, wenn sie nicht mehr dem Schicksal, sondern sozialer Steuerung angelastet wird. Diese kulturelle und soziale Konstitution des Problem-(bewußtsein) darf jedoch nicht dahingehend interpretiert werden, daß Probleme **nur** im Bewußtsein existierten. Menschen hungern oder verhungern unabhängig davon, ob wir davon wissen und es als vermeidbar interpretieren. Aber nur im letzteren Fall wird es zu 'unserem' Problem.

Damit ist bereits angedeutet, wie - völlig überraschend für den Wohlstandsökonomen der fünfziger Jahre - sich mit der Perfektionierung des Systems der Massenmedien der Problemdruck moderner Gesellschaften dramatisch erhöht hat. Die große Entdeckung - erst der Halbstarken, dann der Studenten - war, daß es Verhaltensweisen gibt, mit denen öffentliche Aufmerksamkeit erzwungen werden kann, mit denen die öffentliche und schließlich auch die politische Agenda beeinflußt werden kann. Die mediale Infrastruktur eröffnet vormals einflußarmen Gruppen die Möglichkeit des telegenen Spektakels und mit ihm eine Skandalisierung von Verhältnissen, die vorher unbekannt oder unverstanden waren oder als unveränderlich galten[2].

Diese Perspektive des symbolischen Interaktionismus verschränkt sich bei uns - vielleicht für manche überraschend - mit **rational-choice Erklärungsmustern**, wie sie u.a. in der bereits herangezogenen ökonomischen Theorie der Demokratie zum Ausdruck kommen. Menschen leben nicht nur in einer symbolischen Welt, die sie erlernt haben und die sie mit anderen zusammen fortführen und abwandeln, sondern Menschen versuchen auch, wenn es geht, kurzfristig oder langfristig Nachteile zu vermeiden und Vorteile zu realisieren. Nicht jede Handlung freilich ist in diesem Sinne strategisch gesteuert und schon gar nicht explizit kalkuliert. Immer dort jedoch, wo sich Alternativen anbieten, wo Wahlakte notwendig werden, steigert sich der Anteil strategisch-rationalen Handelns. Gewiß sind Teile unserer persönlichen Existenz sind durch Werte wie Glaube, Liebe und Hoffnung, aber auch Tapferkeit und Treue gegenüber kurzfristigen Kalkulationsversuchungen geschützt. Dennoch können sich uns auch bei anhaltendem Glauben und bei treuer Liebe in kritischen Situationen Bilanzierungen aufdrängen. Interessegeleitetes Handeln ist daher immer schon Teil der symbolischen Welt - und an der Herstellung der symbolischen Welt ist immer schon interessegeleitetes Handeln beteiligt gewesen (BOURDIEU 1982). Wo Ziele verfolgt und begrenzte Ressourcen eingesetzt werden, sind strategisches Handeln und rationale Kalkulation immer wieder

---

2) Wenn wir im folgenden die Thematisierungsprozesse und Definitionsleistungen untersuchen, so bedeutet dies keineswegs, daß die "Sachen selbst" ignoriert würden. Wer vom Ding in der Erscheinung spricht, leugnet darum doch nicht die Existenz eines Dinges an sich.

20

notwendig: auch für den, der Werte verwirklichen will und altruistisch tätig ist. Darum können individualistisch-utilitaristische Erklärungen durchaus realitätsnah sein, erst recht in der Politik, in der es um die Beeinflussung oder Durchsetzung gesamtgesellschaftlich verbindlicher Entscheidungen geht, langfristige Handlungsketten also immer schon im Bewußtsein der Handelnden präsent sind. Die ökonomische Theorie der Demokratie ist freilich kein Instrument, mit dem politische Entscheidungen vorausgesagt, gleichsam ihrer historischen Kontingenz entkleidet werden könnten. Die in der ökonomischen Theorie der Politik angesprochenen Bedingungen determinieren nicht die Entscheidungen, aber sie limitieren den Raum möglicher Optionen mit Rücksicht auf deren Kosten. Symbolischer Interaktionismus und individualistische Theorie sind für uns daher keine Gegensätze: Menschen verfolgen (manchmal mehr, manchmal weniger) ihr Interesse im Kontext einer symbolischen Welt, an der sie zwar ständig mitwirken, die aber dennoch für sie nicht disponibel ist, weil sich in ihr die Realitätskonstruktionen und möglicherweise auch die strategischen Handlungen und Kompromisse (und schließlich auch die Schutzkonstruktionen gegen Interessenkalküle) vieler Menschen sedimentiert haben.

Neben diesen beiden Theorietraditionen kommen schließlich auch noch **systemtheoretische Überlegungen** ins Spiel. In der Sprache der Systemtheorie lassen sich insbesondere gesamtgesellschaftliche Prozesse formulieren, die sowohl für die Problemgenese als auch für die Problembearbeitung in unserem Zusammenhang von Bedeutung sind. Die moderne Gesellschaft differenziert immer mehr soziale Teilsysteme aus, in denen sich eine je eigene Logik strategischen Handelns ausbildet (LUHMANN 1977, 1981; WILLKE 1989).

Vier Beispiele:
Schon im Zinsverbot der Bibel drückte sich eine Differenzierung zwischen der Rationalität ökonomischen Handelns und der Moral der Nächstenliebe aus, die in einer nachbarschaftlich organisierten Gesellschaft Solidarität verbürgte. **Die Verselbständigung ökonomischer Entscheidungslogik** führte die moderne Gesellschaft in den Umweltkonflikt. Ein weiteres Beispiel ist das **generative Verhalten** des Familiensystems, das - 'einzelwirtschaftlich', aus der Perspektive der Eltern, durchaus 'rational' - in Widerspruch zu den Bedingungen des Arbeitsmarktes tritt und zur Verelendung der Länder der

dritten Welt beiträgt. Drittens hat die Durchdringung der Kontinente durch den in den Staatsverbänden und Wirtschaftseinheiten generierten Handlungsimperativen zu **Wanderungsbewegungen und zur Vitalisierung ethnischer Differenzen** geführt, mit denen Politik und Wirtschaft heute zu kämpfen haben. Die **Expansion des Bildungswesens** schließlich verstärkt die altershomogene Kommunikation und die Selbstsozialisation (TENBRUCK 1965) der Jugend und läßt Differenzen in den Weltbildern der Generationen entstehen, die in politische Konflikte münden können.

Die zunehmende Ausdifferenzierung gesellschaftlicher Teilbereiche führt also zu Friktionen, die dann als soziale und schließlich als politische Probleme definiert, artikuliert und bearbeitet werden.

Systemtheoretische Überlegungen werden jedoch auch noch an einer anderen Stelle wichtig. Wissenschaftliche Expertise wird dann zusätzlich nachgefragt, wenn die politische Routine nicht mehr trägt. Wissenschaftliche 'Wahrheiten' sind jedoch - wie bereits ausgeführt - nicht von sich aus in politische Präferenzen überführbar. Dies bedeutet, daß die Differenzen gesellschaftlicher Teilsysteme nicht nur bei der Problemgenese, sondern auch bei der Problembearbeitung ins Spiel kommt. Die Implementation der 'policies' schließlich trifft auf heterogene und in sich komplexe Lebenszusammenhänge, die in den politischen Programmen kaum aufscheinen und ihre Berücksichtigung finden kann. Die in den Systemtheorien von SPENCER und DURKHEIM bis hin zu LUHMANN thematisierte soziale und kulturelle Differenzierung ist also der Bezugsrahmen, in dem sowohl die Generierung von Deutungsmustern als auch die Konsequenzen strategischen Handelns eingestellt werden müssen.

Abschließend ist hier auch noch ein Wort über die **Grenzen der Theorie und der generalisierenden Erklärung** angebracht. Historische Ereignisse, und also auch politische Entscheidungen, sind nicht generell auf 'Gesetze' rückführbar, die in soziologischen und ökonomischen Theorien formulierbar wären. In einer gegebenen politischen Konstellation wirken unterschiedliche Faktoren so aufeinander ein, daß die Linearität ihrer Abhängigkeitbeziehung nicht ohne weiteres unterstellt werden kann. 'Sternstunden' sind so labil, daß ihre möglicherweise irreversiblen Resultate häufig nicht prognostiziert werden können. Menschen hängen nicht an den Fäden der Gesetze, die wir formulieren, um ihr Verhalten zu erklären. Sie verhalten sich immer auch **zu** den Bedingungen, auf die sie stoßen. Dies führt im folgenden dazu, daß die die historische Darstellung ein Eigenrecht hat und wir mit offenem Ergebnis untersuchen müssen, welche Annäherung an die historische Wirklichkeit mit Hilfe allgemeiner Theorien möglich ist.

2. Untersuchungskommissionen im Prozess der politischen Problemdefinition und Entscheidungsfindung

Als die industriell hoch entwickelten Demokratien Westeuropas und Amerikas Anfang der 60er Jahre mit einer Vielzahl von politischen Protesten, sozialen Unruhen und neuen politischen Bewegungen konfrontiert wurden, waren Politiker und Wissenschaftler gleichermaßen überrascht. Niemand hatte dies für die "nivellierte Mittelstandsgesellschaft", für die "affluent society" vorhergesehen. Und so gab es auch keine wissenschaftliche Theorie die in der Lage gewesen wäre, die Ursachen für diese Konflikte zu identifizieren und damit ihre Entstehung und Entwicklung zu erklären. Die Motive der Beteiligten und ihre politischen Ziele waren weitgehend unbekannt. Bekannte und allgemein akzeptierte Erklärungsmuster, wie sie für die Interpretation der dominierenden politischen Konflikte der Moderne, der Klassenkonflikte, von Bedeutung waren, reichten hier offensichtlich nicht aus.

Sowohl bei den Wissenschaftlern als auch bei den Politikern herrschte eine Art Interpretations- und Deutungskrise. Viele griffen in dieser Situation auf altbekannte Erklärungsmuster und Theorien zurück, um diese neuen und verunsichernden Phänomene einordnen zu können und darauf reagieren zu können. Einige Beispiele für diese ersten Interpretationsversuche machen dies deutlich: Die Ghettounruhen in den USA, aber auch die ethnischen 'riots' in GB in den 80er Jahren wurden zunächst als das Werk von Verschwörern, als irrationaler Ausbruch des Pöbels (riff-raff) oder als Werk von Kriminellen interpretiert und damit zugleich diskreditiert. Die protestierenden Studenten waren für viele Rebellen ohne Grund (rebells without a cause), die man in ihrer Kritik und Motivation nicht verstand, und denen manche daher das Recht auf Empörung und Kritik absprechen wollten. Der Rückgriff auf psychologisierende Erklärungen - "Vaterkonflikt" - verdeutlicht, daß weder die institutionellen und strukturellen Ursachen der Konflikte verstanden wurden, noch die Anliegen und Ziele ernstgenommen oder als legitim anerkannt werden konnten.

Entsprechend gestalteten sich die ersten, unmittelbaren Reaktionen der Politiker in den USA: durch den Einsatz der Polizei und die Verschärfung von Gesetzen wurde versucht, die Unruhen und Proteste zu kontrollieren und zu unterdrücken. Anders war es zunächst in der Bundesrepublik: Hier wurden zwar gegen massive Proteste die Notstandsgesetze verabschiedet, gleichzeitig aber in vielen Bundesländern (voran Baden-Württemberg) Hochschulgesetze aufgelegt, in denen Mitbestimmungsrechte der Studenten verankert waren. Erst ab 1969 formierte sich der Widerstand der Institutionen gegen immer weiterreichende Forderungen. Überall dort, wo die Konflikte zwischen Polizei und Bewegungen ausgekämpft wurden, trug dies erst einmal zur Ausweitung und weiteren Eskalation der Konflikte bei. Nachdem deutlich geworden war, daß es sich bei diesen Protesten nicht um einmalige Eruptionen von unmotivierter Gewalt und 'krimineller Energie' handelte, mit der sich Polizei und Justiz zu beschäftigen hatten, sondern um neu entstandene Gruppen, die Gruppen- oder Gemeininteressen artikulierten, erst danach wurde die Interpretations- und Deutungskrise der Gesellschaft und des politischen Systems als solche offenbar. Erst nachdem bis dahin bewährte Erklärungs- und Handlungsmuster sich als unzutreffend und ineffizient erwiesen hatten, und das Fortbestehen der Proteste und Konflikte politischen Handlungsdruck erzeugte, wurden Untersuchungskommissionen eingesetzt, die den Auftrag hatten, die unverstandenen Phänomene zu analysieren und zu erklären, und zugleich auf dieser Grundlage Empfehlungen für politische Maßnahmen zu entwickeln. Es ist vor allem dieser letzte Aspekt, der den Untersuchungskommissionen eine besondere Rolle in der Entwicklung langfristiger politischer Strategien und Reaktionen zukommen läßt, und die Art und Weise mitbestimmt, in der eine Gesellschaft und ein politisches System auf neue Entwicklungen und Konflikte reagiert.

Die Analyse von Untersuchungskommissionen (der politischen Umstände ihrer Etablierung, ihre Aufgabe und Struktur, sowie ihre Analysen und Empfehlungen) bietet daher eine besondere Gelegenheit zu analysieren, wie (unterschiedliche) Gesellschaften und vor allem politische Institutionen auf Proteste und Konflikte reagieren, und welche Faktoren dabei eine Rolle spielen und zwar unabhängig davon, welchen

Einfluß sie unmittelbar ausüben. Untersuchungskommissionen bündeln in der Regel recht vielfältige Perspektiven und politischen Positionen: an ihnen sind Vertreter von Verbänden, Parteien, Behörden, unterschiedlicher Bevölkerungsgruppen, der Medien etc. beteiligt. In ihnen artikulieren sich unterschiedliche Vorstellungen über adäquate Interpretationen und Definitionen einerseits und angemessene politische Reaktionen andererseits und konkurrieren um Unterstützung. Untersuchungskommissionen können daher exemplarisch für den politischen Diskurs im Establishment einer jeweiligen Gesellschaft analysiert werden. Sie können zudem Hinweise geben über den Stellenwert und die Rolle wissenschaftlicher Politikberatung für die Entwicklung von neuer Politik (policies). Ein umfassendes Verständnis der Rolle der Politikberatung bei der Politikentwicklung ist freilich nur bei einer detaillierten Analyse der Entscheidungsfindungsprozesse und der unterschiedlichen Einflüsse auf diese möglich.

Während die bisherige Erforschung der 'politischen Reaktionen auf Proteste und Konflikte' sich häufig auf die unmittelbaren Reaktionen und Maßnahmen konzentriert hat (SACK/STEINERT 1984; COWELL/ JONES/YOUNG 1982) wollen wir hier unsere Aufmerksamkeit vor allem auf die mittel- und langfristigen Reaktionen des politischen Systems richten. Unsere Frage ist dabei, welche Bedeutung die wissenschaftliche Politikberatung in Form von Untersuchungskommissionen in solch kritischen Situationen für die Entwicklung und Implementierung neuer Politiken hat, bzw. haben kann, und wo die Grenzen wissenschaftlicher Einflußnahme liegen. Wir wollen anhand der Arbeit von Untersuchungskommissionen nachzeichnen, a) welche Bedeutung ihnen bei der Entwicklung neuer Interpretationen und Sichtweisen in den politischen Institutionen beizumessen ist, b) welchen Einfluß sie auf den Diskurs über politische Maßnahmen bzw. Empfehlungen für politische Reaktionen haben, und c) in welchem Maße und unter welchen Bedingungen die Empfehlungen der Kommissionen tatsächlich umgesetzt werden oder doch Einfluß auf politische Entscheidungen haben.

Wir wollen zudem den Einfluß und Stellenwert verschiedener Untersuchungskommissionen, die sich jedoch alle mit dem gleichen Thema beschäftigten, in drei verschiedenen Ländern miteinander vergleichen: den USA, GB und der BRD. In allen drei Ländern sind eine Reihe von Untersuchungskommissionen zur Analyse von Konflikten, Protesten oder sozialen Unruhen eingesetzt worden. In den USA vor allem im

Zusammenhang mit den Bürgerrechtsbewegungen, den Ghettounruhen und den Studentenprotesten in den 60er Jahren. In der BRD als Reaktion auf das Anwachsen der Jugendproteste, Hausbesetzerbewegungen, Ökologie- und Friedensbewegungen der 70er Jahre. Und in GB schließlich als Reaktion auf die Welle von ethnischen Unruhen und Krawallen in einer Vielzahl von Städten in den 80er Jahren. Unsere Frage ist hier, auf welche Weise sich unterschiedliche, aber ähnlich demokratisch verfaßte Gesellschaften hinsichtlich ihrer Auseinandersetzung mit verschiedenen Formen nicht institutionalisierter Konflikte voneinander unterscheiden und was ihnen gemeinsam ist.

Zunächst scheint es sich bei Bürgerrechtsbewegungen, Studentenbewegung, Jugendprotesten, Ghettounruhen, ethnischen Krawallen, Friedens- und Ökologiebewegung um Phänomene zu handeln, die hinsichtlich zentraler soziologischer und politologischer Aspekte durchaus verschieden sind. Und in der Tat gibt es, wie eine Vielzahl von empirischen Arbeiten zeigen, hinsichtlich der sozialen Struktur, der Zielsetzungen, der individuellen Motive, den Aktionsformen und den politischen Strategien nicht allzu viele Gemeinsamkeiten zwischen den sich spontan entwickelnden, meist gewaltsamen Ghettounruhen einerseits und den wohlorganisierten, langfristig planenden sozialen Bewegungen wie Friedensbewegung und Ökologiebewegung andererseits (BRAND/ BÜSSER/RUCHT 1983; BRAND 1982; WILLEMS 1988). Ein Vergleich der politischen Reaktionsweisen auf diese unterschiedlichen Phänomene in zudem unterschiedlichen Gesellschaften mit unterschiedlichen politischen Institutionen und Strukturen scheint von daher zunächst gewagt. Wenn wir dennoch einen solchen Vergleich versuchen, müssen wir angeben, hinsichtlich welcher Merkmale wir nach Gemeinsamkeiten und Unterschieden suchen und klären, wieso es es in den Reaktionsweisen auf diese verschiedenen Phänomene Ähnlichkeiten zwischen verschiedenen Ländern gibt oder doch geben sollte.

Die Grundannahme der vorliegenden Untersuchung ist, daß die verschiedenen Protest- und Konfliktphänomene hinsichtlich ihres politischen Status eine wesentliche Gemeinsamkeit aufweisen: es handelt sich in allen Fällen um soziale und politische Konflikte, deren Austragung noch nicht institutionalisiert ist, und die eben deshalb zur gewaltsamen Eskalation neigen. Für demokratische Gesellschaften, die Konflikte einerseits zulassen, andererseits aber durch institutionalisierte Sicherung von politischen Teilnahmerechten regulieren, stellen neue, nicht-institutionalisierte politische Konflikte immer eine besondere Herausforderung dar.

Aus makrosoziologischer Perspektive haben solche Konflikte eine bedeutende, gesamtgesellschaftliche Funktion: Sie können neue gesellschaftliche Problemlagen thematisieren (wie z.B. Ghettobildung und Segregation, ethnische und soziale Spannungen etc.) und so die Aufmerksamkeit von Politik und Öffentlichkeit auf ökologische, soziale, kulturelle oder psychische Folgeprobleme gesellschaftlicher Entwicklung lenken. Diese Thematisierungsleistung wird von Protestbewegungen oft zu einem frühen Zeitpunkt erbracht, bevor noch etablierte gesellschaftliche Interessengruppen, Verbände und Parteien dazu in der Lage sind. Mit diesen Vorannahmen ergeben sich drei Fragenkomplexe.

a) Für die Frage der **gesellschaftlichen Steuerungsfähigkeit** ist es nicht unerheblich, **ob und unter welchen Bedingungen die politischen Institutionen** in der Lage sind, auch nicht institutionalisierte gesellschaftliche Interessen wahrzunehmen und damit **diese Konflikte als gesellschaftliches Frühwarnsystem zu nutzen.** Dementsprechend ist zu untersuchen, wie die in den Protesten artikulierten Probleme von den politischen Institutionen wahrgenommen und interpretiert werden, und ob sich Veränderungen in den politischen Maßnahmen feststellen lassen. Die Beantwortung dieser Fragen ist nicht nur für eine Demokratietheorie, die sich empirischer Überprüfung stellt, sondern ganz generell für die Problematik der Steuerungsfähigkeit moderner Gesellschaften von Bedeutung. Sie betrifft darüberhinaus auch die für die Legitimation eines politischen Systems zentrale Frage, in wie weit dieses allen gesellschaftlichen Gruppen Zugang zur politischen Entscheidungsbildung ermöglicht und so den Verzicht auf Gewalt als Mittel der Interessenartikulation und -durchsetzung nahelegt und zur **innergesellschaftlichen Befriedung** beiträgt. Legt man die Ergebnisse der neueren sozialwissenschaftlichen Diskussion um die Steuerungs- und Problemlösungskapazität von Politik zugrunde, so dürfte diese nicht allzu hoch veranschlagt werden. Dies gilt sowohl für neuere Ansätze in der Systemtheorie, die der Politik Steuerungsmöglichkeiten allenfalls noch als 'Einwirkungsmöglichkeiten' auf die Rahmenbedingungen anderer gesellschaftlicher Teilsysteme wie z.B. der Wirtschaft einräumen (vgl. WILLKE, 1987); dies gilt aber auch für die ökonomische

Theorie der Politik, derzufolge sich das Verhalten der politischen Akteure in erster Linie an Kriterien des Machterwerbs und des Machterhalts, und erst vermittelt darüber an der Lösung gesellschaftlicher Probleme orientiert (vgl. DOWNS 1968; HERDER-DORNEICH/GROSER 1977). Und es gibt eine Vielzahl von politikwissenschaftlichen Ansätzen, die die politische Steuerungsfähigkeit aufgrund der wachsenden Komplexität in modernen Gesellschaften gefährdet sehen, und je nach theoretischer Perspektive und politischem Standpunkt unterschiedliche Lösungen anbieten (Veränderung der institutionellen Struktur, Reduzierung der Staatsaufgaben, Steuerung durch Marktmechanismen etc.; vgl dazu LEHNER 1979). Aber auch in der politischen Praxis selbst sind die Hoffnungen, anstehende Probleme effizient lösen zu können, gegenüber den 60er und 70er Jahren eher bescheiden geworden. Nichtsdestoweniger werden dem politischen System Problemlösungen und Steuerungsleistungen für gesamtgesellschaftliche Prozesse ständig abgefordert. Auch die professionelle Rhetorik konkurrierender Politiker selbst bekräftigt diese Tendenz, weil sie das Eingeständnis ausschließt, für bestimmte Fragen keine oder noch keine Antwort zu haben. Darum ist es für die Soziologie der Politik von besonderer Wichtigkeit, an konkreten Fällen den tatsächlichen Handlungsrahmen der Politik zu erforschen.

b) **Aus politisch-praktischer Perspektive** stellt sich für die BRD die Frage, **inwieweit die in den USA und in GB seit längerem voranschreitende Ghettobildung und die sich dort konzentrierenden Unruhe- und Protestpotentiale Entwicklungen vorwegnehmen, die auch auf die BRD zukommen können.** Parallelen zwischen den Krawallen in der BRD (v.a. im Umfeld der Hausbesetzerszene) hinsichtlich der sozialen Situation der Protestierenden (Arbeitslosigkeit, Wohnungsnot) können durchaus gesehen werden. Auch könnten die Jugendlichen der zweiten und dritten Generation der ehemaligen Gastarbeiter und die zu erwartenden Immigranten sowohl aus Osteuropa, als auch aus anderen v.a. südeuropäischen Ländern irgendwann einmal wohl ein ähnliches Problem darstellen, wie die 'Latinos', die 'Mexikaner', die 'Schwarzen' in den USA und die 'Westinder' und 'Pakistani' in GB. Wenn wir aber in der BRD ähnliche Entwicklungen vermuten müssen, wäre zu hoffen, daß wir von den anderen Gesellschaften lernen können, ob oder wie solche

Konflikte friedlich gelöst werden können. Anhand eines Vergleichs der Arbeit und Ergebnisse von Untersuchungskommissionen, die in allen drei Ländern zur Analyse dieser Konfliktphänomene eingesetzt wurden, versuchen wir, Gemeinsamkeiten und Unterschiede in der Wahrnehmung und politischen Bearbeitung dieser Phänomene herauszuarbeiten.

c) Anhand einer Analyse von Untersuchungskommissionen kann schließlich auch geprüft werden, **inwieweit und unter welchen Bedingungen wissenschaftliche Politikberatung zu einer verbesserten Problemlösungsfähigkeit der politischen Institutionen beitragen kann.** Die Mitgliedschaft von Wissenschaftlern bzw. die Beratung der Kommission durch Wissenschaftler bringt zusätzliche Kompetenz und Fachwissen und damit neue Informationen in den politischen Diskussions- und Meinungsbildungsprozess ein. Aber auch für Politiker, die in den Kommissionen mitarbeiten, scheinen Untersuchungskommissionen durch die Abkopplung vom politischen Alltagsgeschäft eine Möglichkeit zu eröffnen, über Parteigrenzen hinweg und befreit vom Druck zur Selbstdarstellung und Abgrenzung voneinander zu diskutieren und sich eine Meinung zu bilden. Die Kommissionsarbeit bildet daher eine Schnittstelle zwischen Wissenschaft und Politik. Sie stellt eine besondere Form des Austausches zwischen unterschiedlichen Gruppen dar, die die Meinungsbildung auf beiden Seiten beeinflußt. Auf der Grundlage der Analyse von Handlungsorientierungen, Entscheidungsprozessen und Machtstrukturen innerhalb der Kommissionen sollen daher die Wirkungen und Einflußchancen wissenschaftlicher Politikberatung herausgearbeitet werden. Uns interessiert dabei insbesondere die Frage, ob die oft beklagte Erfolglosigkeit wissenschaftlicher Politikberatung auf unterschiedliche Ziele von Wissenschaftlern und Politikern, auf praxisferne wissenschaftliche Denkweisen und auf einen Mangel an konkreten Vorschlägen zurückzuführen ist. Schließlich spielt es hinsichtlich der Einwirkungschancen wissenschaftlicher Politikberatung auf politische Entscheidungen und Maßnahmen auch eine Rolle, daß Kommissionen in der Regel ein wichtiger Faktor in der öffentlichen Meinungsbildung sind. Da zumindest die abschließenden Beratungsergebnisse der Regierung oder dem Parlament vorgelegt werden, ist ein Mindestmaß an Berichterstattung durch die Medien gesichert. In wie weit die Kommission selbst in der Lage ist, die Medienaufmerksamkeit als Instrument zur Stärkung ihres Einflusses auf den politischen Prozess zu nutzen, ist eine der Fragen, die sich in diesem Zusammenhang stellen.

Kommissionen stehen also im Zentrum des Forschungsinteresses dieser Untersuchung. Dies jedoch nicht deswegen, weil wir sie als die zentrale Variable im Prozess politischer Problembearbeitung und Entscheidungsfindung ansehen würden. Wir sind uns darüber im klaren, daß sie lediglich ein Faktor (und möglicherweise nicht einmal ein starker) unter vielen sind, die im Prozess der Politikformulierung eine Rolle spielen. Darum müssen wir **auch** fragen, wie die nicht durch Kommissionsempfehlungen vermittelte Reaktionen der Politik in den drei Ländern ausgesehen hat, damit wir den historischen Prozess abbilden und die Grenzen der wissenschaftlichen Einflußnahme bestimmen können.

II. DER THEORETISCHE BEZUGSRAHMEN

In diesem Kapitel sollen die theoretischen Vorarbeiten geleistet werden, die für eine Analyse und Interpretation der politischen Bedeutung von Untersuchungskommissionen benötigt werden. Ausgehend von der in Kap. I vorgenommenen Gegenstandsbeschreibung und Definition des Forschungsinteresses soll hier Politik als Problembearbeitungsprozess verstanden werden, der in der Parteiendemokratie durch spezifische Rahmenbedingungen und Restriktionen gekennzeichnet ist. Politischer Protest und soziale Unruhen können dann im Zusammenhang dieser begrenzten Wahrnehmungs- und Vertretungskapazitäten politischer Institutionen verstanden werden. Mit ihnen versuchen Interessengruppen, durch die Mobilisierung von Medien und Öffentlichkeit ihre Themen auf die politische Tagesordnung der Parteien, Parlamente und Regierung zu bringen. Die politischen Reaktionen und Maßnahmen gestalten sich dann entsprechend der modifizierten oder gar revidierten Problemdefinition dieser Institutionen und den auf ihre Entscheidungen einwirkenden Einflußfaktoren (Lobbys etc.) und Rahmenbedingungen (Parteienkonkurrenz etc.). Untersuchungskommissionen werden als eine (erste) Form der politischen Auseinandersetzung mit gesellschaftlichen Problemen verstanden und - als Instrument der Politikberatung - hinsichtlich der Grenzen und Möglichkeiten ihrer Einwirkungschancen befragt.

1. Politik als Problembearbeitungsprozeß

Im ersten Teil dieses Kapitels werden theoretische Konzepte über die Auseinandersetzung politischer Institutionen mit öffentlichen, nicht-institutionalisierten Konflikten diskutiert und weiterentwickelt. Wir wollen zu diesem Zweck Politik als einen kollektiven Prozess der

Problembearbeitung definieren, der auf die Durchsetzung (oder Verhinderung) gesamtgesellschaftlich verbindlicher Entscheidungen ausgerichtet ist. Wir unterstellen dabei nicht, daß Politik von den zugrundeliegenden Motiven und Interessen her oder auch vom Ergebnis her als Problembearbeitungs- und Problembewältigungsprozess immer schon adäquat beschrieben sei. Wir greifen vielmehr auf eine solche Definition zurück, weil sie einen wichtigen Teilaspekt (des Selbstverständnisses und der Legitimation) von Politik darstellt und zudem der hier im Vordergrund stehenden Forschungsfrage angemessen ist. Denn erst in einem solchen Kontext kann die Bedeutung der Kommissionen als Beratungsinstrument für eine problemorientierte Politik eingeschätzt werden.

Zunächst werden wir anhand der ökonomischen Theorien der Politik darstellen, welche Rahmenbedingungen in Gesellschaften mit demokratischer politischer Verfassung politische Wahrnehmung und Entscheidungsprozesse beeinflussen und begrenzen können. Unsere besondere Aufmerksamkeit gilt dann der Frage, wie im politischen System mit spezifischen Formen der Artikulation von Problemen, insbesondere mit spontanen Demonstrationen oder sozialen Unruhen, Bürgerinitiativen und sozialen Bewegungen umgegangen wird und welche Folgen dies für die Auseinandersetzung mit den Problemen hat.

1.1 Die Mechanik politischer Willensbildung in der Parteiendemokratie

Grundannahme der ökonomischen Theorien der Politik ist die Vorstellung, daß Politik - analog der Wirtschaft - verstanden werden könne als ein Markt, auf dem unterschiedliche individuelle Interessen in Form von Angebot und Nachfrage aufeinandertreffen. Dabei wird das individuelle politische Handeln als rationales Handeln verstanden, dessen Ziel die Realisierung individueller Interessen ist. Das Verhalten von Wählergruppen, Regierung, Parteien, Interessengruppen etc., läßt sich als die Aggregation individueller Interessen und Entscheidungen interpretieren.

Insbesondere Anthony Downs hat diese generellen Grundannahmen zur Erklärung demokratischer Entscheidungsprozesse von SCHUMPETER (1950) weiterentwickelt (vgl. DOWNS 1968). Er begreift demokratische Gesellschaften als komplexe Tauschsysteme. Der Bereich der

Politik ist demzufolge geprägt durch den Austausch von spezifischen Leistungen, wie etwa verbindlichen Verfahren und Entscheidungen einerseits gegen Wählerstimmen und somit Machtbefugnisse andererseits. Nach dem 'Eigennutz-Axiom' besteht die Handlungsorientierung von Politikern und Parteien darin, Prestige, Einkommen und Macht zu erlangen, die mit öffentlichen Ämtern verbunden sind (vgl. DOWNS 1968, 27ff.). Der Wähler verhält sich rational durch die Wahl der Partei, die ihm seiner Meinung nach den größten Nutzen bringt. Für den Politiker wiederum schafft dies - so Downs - die Notwendigkeit, die Wünsche und Präferenzen der Wähler berücksichtigen zu müssen, um die notwendigen Wählerstimmen zum Erwerb oder Erhalt der Macht auf sich vereinigen zu können. Trotz des herrschenden Kalküls der individuellen Nutzenmaximierung bei Politikern und Wählern werde auf diese Weise ein Zustand allgemeiner gesellschaftlicher Wohlfahrt erreicht. Denn schließlich, so kann man den Downs`schen Gedanken fortführen, werden sich die Präferenzen der Mehrheit der Wähler in der Regierungsbildung widerspiegeln. Politik kann insofern durchaus als ein Prozess der Interessenvertretung und der Problembearbeitung definiert werden.

Die von den ökonomischen Theorien der Demokratie in den Vordergrund gerückte Rationalität des politischen Verhaltens von Wählern und Politikern stellt ohne Zweifel eine zentrale Variable zur Erklärung von Wahlentscheidungen in Konkurrenzdemokratien dar. Mit ihrer Hilfe können die Handlungsorientierungen und -verflechtungen der politischen Akteure und damit die 'Mechanik der politischen Willensbildung' überzeugend nachgezeichnet werden. Doch schon Downs hat deutlich gemacht, daß die Annahme rationalen Handelns auf durchaus kritisierbaren Vorannahmen beruht (vollkommene Information, Erstellbarkeit von Nutzendifferentialen der einzelnen Parteien, Sachorientierung der Wähler) und zudem nicht erklären kann, warum z.B. in den westeuropäischen Demokratien die Wahlbeteiligung oft sehr hoch liegt, obwohl nach den individuellen Nutzenaxiomen eine Wahlenthaltung in Situationen mit relativ klar vorhersehbaren Ausgängen (einzelne Stimmabgabe fällt nicht ins Gewicht) rational wäre. Er hat daher versucht die Erklärungskraft der ökonomischen Theorie der Demokratie zu erhöhen durch Integration zusätzlicher Faktoren wie z.B. der affektiven Systembindung, der Partei- oder Kandidatenidentifikation, der Verinnerlichung demokratischer Normen. Sicherlich lassen sich mit den Annahmen der ökonomischen Theorie der Demokratie keine politischen Entscheidungen prognostizieren. Dennoch formuliert sie Kalkulationsbedingungen die von Bürgern und Politikern immer auch mit berücksichtigt werden.

Die Phänomene des politischen Protestes indizieren nun, daß im Parteiensystem nicht alle politischen Interessen aggregiert und artikuliert werden können, und nicht alle Probleme adäquat bearbeitet werden.

Das Auftreten von neuen gesellschaftlichen Problem- und Konfliktlagen ist durch den permanenten sozialen Wandel in wissenschaftlich-technischer, ökomomischer und kultureller Hinsicht bedingt (vgl. Kap. I). Im Zuge dieses Wandels verändern sich Interessenlagen, Chancen und Risiken. Neue Konfliktfelder und Konfliktlinien kristallisieren sich heraus. So scheint die Bedeutung der sozialen Differenzierung aufgrund von Klassenlage und Konfession abzunehmen. Gleichzeitig entstehen neue Problemlagen und Konfliktfelder, für deren Austragung und Regulierung die adäquaten institutionellen Mechanismen nicht oder noch nicht vorhanden sind. Dies läßt sich am Beispiel der ökologischen Probleme und der Entstehung neuer sozialer Bewegungen erkennen (vgl. BECK 1988; ECKERT 1987), die auf Grenzen der institutionalisierten Problemverarbeitung hinweisen.

Welches sind die strukturellen und institutionellen Ursachen dafür, daß neue gesellschaftliche Interessenlagen bzw. Problemdefinitionen von den rechtlich verfassten politischen Institutionen nicht wahrgenommen bzw. nicht bearbeitet werden und sich in eigenen, nicht institutionalisierten Formen manifestieren?

1.2 Restriktionen der Problemverarbeitungskapazität des politischen Systems

Ein Grund für die Schwierigkeiten von demokratisch verfaßten politischen Ordnungen, nicht für alle Interessenlagen und sich neu herausbildenden Probleme rechtzeitig adäquate Verarbeitungsmechanismen bereitstellen zu können, liegt in der Mechanik der politischen Willensbildung in der Parteiendemokratie begründet (vgl. ECKERT 1990). Diese kann wie folgt beschrieben werden: Parteien - und zwar nicht nur 'Volks'parteien - stehen immer unter dem Zwang, eine Vielzahl von Interessen von lokalen und funktionalen Gruppen zu vertreten und sich gleichzeitig und darüber hinaus noch als Anwalt eines Gesamtinteresses glaubhaft machen zu müssen. Dies gilt nicht nur im Ein- und Zweiparteiensystem, sondern auch im Mehrparteiensystem, sofern die Parteien an ihrer Koalitionsfähigkeit interessiert sind. Parteien müssen darum immer unterschiedliche Einzelinteressen in sich vermitteln und 'darüberhinaus Kompromisse zwischen den in ihnen vertretenen Einzelinteressen und dem - wie immer jeweils definierten - 'Gesamtinteresse' eingehen. Parteien haben daher nur eine beschränkte Transportfähigkeit für Einzelinteressen und sind jeweils zu Kosten-Nutzenrechnungen gezwungen: Was kostet die Vertretung eines Interesses an Organisationszeit? Welche Einbußen an Unterstützung sind bei der Wahrnehmung spezifischer Interessen in Kauf zu nehmen, welche Unterstützung ist zusätzlich zu erwarten?

Parteien bieten so zwar die Chance, ein Problem oder gar bestimmte Lösungsvorstellungen durch den ganzen Willensbildungsprozeß hindurchzutragen, können dies aber nur, indem sie Kompromisse eingehen, Koalitionen bilden, Unterstützung aushandeln und damit eine gewisse Intransigenz gegen neue und noch 'wenig einträgliche' Interessen ausbilden. Das Instrument der parteilichen Willensbildung hat seine Grenzen, die nicht (oder nicht notwendigerweise) in der Korruption der Funktionsträger, sondern in den Randbedingungen liegen, unter denen diese arbeiten müssen. Denn die spezifischen Leistungen von Parteien, die Interessenartikulation und Interessenaggregation, stehen in einem gewissen Widerspruch zueinander. Wer etwas erreichen will, muß vorsichtig sein, darf sich nicht zuviel aufladen, sollte keine 'schlafenden Hunde' wecken, wird durch zusätzliche Themen nicht zusätzliche Gegner mobilisieren wollen. Nur so kann er hoffen, eine Mehrheit für sein Anliegen zu gewinnen. Eine an Mehrheitsgewinnung und Mehrheitsbehauptung orientierte Politik muß also Unverträglichkeiten beachten und Filter einbauen. In dem Modell, das J. Schumpeter und A. Downs als 'ökonomische Theorie der Demokratie' entwickelt haben, bedeutet dies, daß die Großanbieter von Politik häufig Spezialitäten nicht wirklich in ihr Sortiment aufnehmen können, ganz ähnlich, wie große Wirtschaftskonzerne bestimmte Produkte nicht rentabel anbieten können, weil die Allgemeinkosten zu hoch sind.

In zeitlicher Hinsicht wirken sich die Kalkulationserfordernisse etablierter politischer Akteure als Tendenz zur Kartellierung gegenüber 'Newcomern' aus. Gruppierungen mit noch geringer Organisationskraft und Koalitionsmacht haben erst einmal geringe Chancen, sich unmittelbar erfolgreich in die Auseinandersetzungen einzumischen.

1.3 Protestgruppen als 'Kleinanbieter' von Politik

Die geschilderten Restriktionen im politischen System eröffnen aber im gleichen Zuge Chancen für solche 'politischen Kleinunternehmer', die nicht aufgenommene oder aber mittlerweile ausgegrenzte Probleme neu artikulieren. (Nicht aufgenommen waren in der Bundesrepublik lange Zeit Themen der Ökologie, ausgegrenzt werden seit der deutschen Einigung zunehmend Positionen der Vertriebenenverbände). Die Varianten unkonventioneller Artikulationsformen reichen von spontanen Demonstrationen, Revolten bis hin zu Streiks, Bürgerinitiativen und neuen sozialen Bewegungen.

Uns interessiert nun besonders, wie sich diese nicht-institutionalisierten Formen der Problemartikulation auf den politischen Meinungs- und Willensbildungsprozeß auswirken. Sofern es sich dabei um einmalige oder kurzlebige Aktionen handelt, können sie als spontane Entladungen (oder Inszenierungen) von Unzufriedenheit und Leidensdruck verstanden werden. Ihre Auswirkungen auf das Verhalten politischer Institutionen werden nur dann längerfristiger und grundsätzlicher Natur sein, wenn solche Ereignisse immer wieder vorkommen und so auf zugrundeliegende strukturelle Spannungen verweisen. Wenn es sich um organisierte Protestgruppen handelt, die längerfristige Ziele systematisch verfolgen, werden sie irgendwann in den Kreis der 'akkreditierten Interessengruppen' aufgenommen werden müssen. Die politischen Wirkungen von Protestgruppen insgesamt können jedoch nur nach Analyse der spezifischen Formen ihrer Einflußnahme verstanden werden.

Bürgerinitiativen haben im Vergleich zu Parteien den Vorteil, selbst keine regierungsfähigen Mehrheiten bilden zu müssen. Sie können sich auf wenige Themen konzentrieren und brauchen dabei weniger Rücksichten auf Interessenkoalitionen und Unterstützungsvereinbarungen zu nehmen. Wenn sie die Öffentlichkeit mobilisieren, üben sie Handlungsdruck auf die politischen Institutionen aus. Daher sind sie in ihrer Strategie von den Gesetzmäßigkeiten der Medienöffentlichkeit abhängig.

Bei der Vielzahl möglicher Themen und unter der Bedingung konkurrierender Informationsträger gilt es Aufmerksamkeit für die eigene

Angelegenheit zu erzielen und sich gegen andere Informationen durchzusetzen. Wie gelingt das? Aufmerksamkeit kann grundsätzlich nur dann erregt werden, wenn Neuigkeiten zu verbreiten sind. Unter den heutigen Bedingungen einer durch Massenmedien hergestellten Öffentlichkeit gelingt dies besonders gut durch unkonventionelle und spektakuläre Inszenierungen dessen, was an Inhalten transportiert werden soll. Die Aktionen von Bürgerinitiativen und sozialen Bewegungen sind kreativ und phantasievoll und nehmen dabei auch Regelverletzungen und deren mögliche Sanktionierung in Kauf. Auf diese Weise gelingt es ihnen oft, an der Themenstellung der öffentlichen Meinung mitzuwirken. Dies bedeutet jedoch nicht gleichzeitig, daß sie die öffentliche Meinung im Sinne der eigenen Position beeinflussen können, denn die Beeinflussung der öffentlichen Meinung ist ein hochkomplexer Vorgang, bei dem die Aktivitäten der Protestgruppen lediglich einen von vielen Einflußfaktoren darstellen.

Weiterreichende politische Veränderungen sind freilich erst dann zu erwarten, wenn es auch zu Aggregation und Durchsetzung der entsprechenden Interessen kommt. Die Durchsetzung eines Anliegens im gesellschaftlichen Willensbildungsprozeß gelingt jedoch kaum ohne die Unterstützung von Verbänden, Parteien, Parlamenten und Verwaltungen, die diesbezüglich über größere Ressourcen als die Protestgruppen verfügen.

2. Problemwahrnehmung und Reaktion in den politischen Institutionen

Wir haben bisher dargelegt, in welchem Zusammenhang in der Parteiendemokratie nichtinstitutionalisierte Formen der Problemartikulation, des Protestes und des öffentlichen Konfliktes, stehen. Nun gilt es, die Formen zu erfassen, in denen sich politische Institutionen mit diesen Phänomenen auseinandersetzen. Wie also verhalten sich Regierungen, Parteien und Parlamente, wenn sie Phänomenen wie den uns interessierenden Rassenunruhen, Ghettorevolten, Hausbesetzungen oder Anti-AKW Protesten gegenüberstehen? Und welche Bedeutung haben Untersuchungskommissionen in diesem Kontext?

Zunächst sollen die Bedingungen dafür identifiziert werden, daß ein soziales/gesellschaftliches Problem auf die politische Tagesordnung kommt (Kap. II.2.1). Anschließend sind diejenigen Variablen zu bestimmen, die das Verhalten der politischen Institutionen im Prozeß der Auseinandersetzung mit dem entsprechenden Thema determinieren (Kap. II.2.2), um schließlich erste Überlegungen zur möglichen Bedeutung von Untersuchungskommissionen in diesem Prozeß zu generieren (Kap.II.3-II.3.3).

Unter dem Stichwort 'agenda setting' werden in der politikwissenschaftlichen Diskussion Konzepte gehandelt, die sich mit den Fragen beschäftigen, wie sich die politische Tagesordnung konstituiert, durch welche Prozesse Themen auf die politische Tagesordnung (Agenda) gelangen und auf welch unterschiedliche Weisen sich politische Institutionen mit diesen Themen auseinandersetzen. In Anlehnung an die ökonomische Theorie der Demokratie wird von der Konkurrenz einer Vielzahl von Themen und gesellschaftlichen Akteuren um stets knappe Ressourcen ausgegangen. Aufgrund dieser Konkurrenz kann nur eine bestimmte Anzahl an Themen überhaupt auf die politische Tagesordnung gelangen, wobei die Chancen dazu sowohl von der Art der Mobilisierung für ein Thema (BENYON/SOLOMOS 1987,168) als auch von bestehenden Zugangsbarrieren für bestimmte Themen abhängen (COBB/ELDER 1972, 89ff.).

2.1 Die Konstituierung der politischen Tagesordnung

Was ist die 'politische Tagesordnung' und wie konstituiert sie sich? Entsprechend der Ausdifferenziertheit des politischen Systems existieren eine Vielzahl an **formalen politischen Agendas**, die unterschiedliche Themen behandeln und für unterschiedliche gesellschaftliche Akteure wichtig sind. Man denke beispielsweise nur an die Ausdifferenzierung nach kommunalen, Länder- und Bundesangelegenheiten und an die gewaltigen dazugehörigen politischen Verwaltungsapparate. Unsere Aufmerksamkeit gilt hauptsächlich der nationalen politischen Ebene. Die formale politische Agenda auf nationaler Ebene besteht aus denjenigen Themen, für die von Seiten der Regierung oder der parlamentarisch verfaßten Opposition Handlungsbedarf besteht. Die politischen Institutionen um die es geht, sind Regierungen, Parlamente, Parteien und Ministerien.

Von diesen formalen politischen Agenden muß die öffentliche politische Tagesordnung unterschieden werden (BENYON/SOLOMOS 1987, 167f.). Die **öffentliche politische Agenda** konstituiert sich aus denjenigen Themen, die in der öffentlichen Diskussion Priorität haben, und für die in der Öffentlichkeit politischer Handlungsbedarf artikuliert wird. Sie besteht also aus Problemen, die öffentlich thematisiert worden sind und bei einem nicht unerheblichen Teil der Öffentlichkeit Aufmerksamkeit und Interesse hervorgerufen haben. Zentrale Bedeutung im Prozeß der Selektion, durch den Themen auf die öffentliche Tagesordnung gelangen, haben die Massenmedien. Gelingt es, die am Außergewöhnlichen, Sensationellen und Spektakulären orientierte Medienaufmerksamkeit zu erregen und über längere Zeit aufrechtzuerhalten, so hat ein Thema gute Chancen, auf die öffentliche politische Tagesordnung zu gelangen.

In der Theorie des agenda setting wird davon ausgegangen, daß die öffentliche politische Tagesordnung und die formale politische Tagesordnung voneinander abweichen und deswegen miteinander in Konflikt geraten können. Je größer die Disparitäten zwischen öffentlicher und formaler politischer Tagesordnung, desto häufiger und intensiver seien die Konflikte im politischen System einer Gesellschaft (BENYON/SOLOMOS 1987, 168).

Die Gründe für das Abweichen von öffentlicher politischer Tagesordnung und formaler politischer Tagesordnung werden deutlich, wenn die unterschiedlichen Prozesse betrachtet werden, durch die Themen auf die formale politische Tagesordnung gelangen können. Hier werden drei typische Prozeßverläufe voneinander unterschieden. Nach dem **'insider-Modell'** werden Themen durch Regierungsinstitutionen selbst oder indirekt durch Lobbies auf die politische Tagesordnung gesetzt. Öffentlichkeit wird dabei so weit wie möglich gemieden, um die potentielle Opposition zu minimieren und so die Durchsetzungschancen zu erhöhen. Beim **'Mobilisierungsmodell'** werden die Themen zwar auch von Insidern initiiert, benötigen zu ihrer Durchsetzung jedoch öffentliche Unterstützung. Zu einem für günstig gehaltenen Zeitpunkt geht die Regierung selbst mit dem Thema in die Öffentlichkeit und versucht sich die notwendige Unterstützung zu sichern. Das **'outsider-Modell'** hingegen beschreibt die Auseinandersetzung mit Themen, die zuerst auf der öffentlichen politischen Tagesordnung stehen und dort eine Brisanz entfalten, die die Regierungsinstitutionen zur Reaktion zwingt.

Disparitäten zwischen öffentlicher politischer Tagesordnung und formaler politischer Tagesordnung ergeben sich notwendigerweise daraus, daß weder alle Themen der öffentlichen politischen Tagesordnung auf die formale politische Tagesordnung gelangen können, noch die formale politische Tagesordnung ausschließlich aus 'outsider'-initiierten Themen bestehen kann.

Mit Hilfe des outsider-Modells kann nun beschrieben werden, wie die in unserer Untersuchung interessierenden Probleme wie ethnische Konflikte, Ghettorevolten oder Themen wie Hausbesetzungen und ökologische Gefährdungen den Weg von der öffentlichen Diskussion auf die formale politische Tagesordnung schaffen. Dazu muß für ein Thema erstens ein gewisser Grad an öffentlicher Aufmerksamkeit und Unterstützung erzeugt werden, zweitens die Anerkennung als ein von den politischen Institutionen legitimerweise zu behandelndes Problem erreicht werden damit drittens Handlungsdruck bei den politische Institutionen in Bezug auf dieses Thema hervorgerufen wird.

2.2 Der Umgang mit 'outsider' initiierten Themen

Die Durchsetzungschancen für 'outsider'-initiierte Themen werden aufgrund der eingeschränkten Zugangsmöglichkeiten zum politischen System und den zu erwartenden Widerständen innerhalb des politischen Systems generell in der Literatur eher niedrig veranschlagt (vgl. DOWNS 1972; STINGER/RICHARDSON 1980; BENYON/SOLOMOS 1987). Outsider-initiierte politische Themen, die den Weg bis hin zur formalen politischen Agenda geschafft haben, werden innerhalb der politischen Institutionen und durch die dort vertretenen Interessengruppen und Fraktionen neu interpretiert und definiert. Nur selten kommt es dabei zu völligen Revisionen und Umdefinitionen der Problemsicht in der öffentlichen Agenda. Häufig jedoch werden Veränderungen in der Problemdefinition, insbesondere hinsichtlich der erforderlichen politischen Maßnahmen, vorgenommen, die die spezifischen Interessenstrukturen in der etablierten Politik reflektieren und zudem die Handlungsorientierungen (und -grenzen) politischer Institutionen widerspiegeln. Eine Reihe von Gründen sprechen daher dafür, daß oft nicht die von Protestgruppen und Unterstützern erwünschte Problemlösung übernommen wird, sondern durch eine Neudefinition des Problems bei gleichzeitiger Delegitimierung der ursprünglichen Definition politische Reaktionen begründet werden, die von den Protestgruppen dann häufig als ein ausschließlich symbolisches politisches Handeln oder 'bloß kosmetische' Korrekturen angesehen werden (vgl. BENYON/ SOLOMOS 1987, 172f.).

So ist es durchaus möglich, daß die politischen Institutionen zu einer Problemdefinition kommen, die eine (politische) Lösung des Problems ausschließt oder doch so unwahrscheinlich erscheinen läßt, daß überhaupt keine politischen Maßnahmen ergriffen werden. Auch kann es sein, daß die institutionelle Problemdefinition vollkommen andere Lösungs- bzw. Bearbeitungsstrategien (aufgrund knapper Ressourcen, fehlender Macht zur Neuverteilung von Ressourcen oder politischer Kosten-Nutzenkalküle) entwickelt, als dies in der Öffentlichkeit gefordert wird. Schließlich können manche Probleme überhaupt 'unter der Decke' gehalten werden: So haben etwa Bachrach/Baratz auf die Bedeutung von 'non-decisions' hingewiesen. In ihrer Untersuchung der Rassenpolitik von Baltimore, USA, konnten sie ungleich verteilte Privilegien im politischen System identifizieren (BACHRACH/ BARATZ 1977, 139). Die in einem Gemeinwesen herrschenden Gruppen sind ihrer Ansicht nach aufgrund dieser Privilegien gar nicht gezwungen, sich mit manchen Konflikten überhaupt auseinanderzusetzen. Durch einen gemeinsamen Bestand an Werten, Vorurteilen, Glaubenshaltungen und Verfahrensweisen seien institutionelle Präjudizien geschaffen, die verhinderten, daß bestimmte Konflikte überhaupt an die Oberfläche träten und politische Entscheidungen erforderten. Trete dieser Fall trotzdem ein, wie bei outsider initiierten Themen, dann würde dieser Komplex von Einseitigkeiten und Vorurteilen mobilisiert, um die priviligierten Positionen zu verteidigen (mobilisation of bias). Untergeordnete Gruppen seien aus demselben Grund kaum dazu in der Lage, ihre Bedürfnisse in politische Änderungsvorschläge umzumünzen (BACHRACH/BARATZ 1977, 140).

Auch Cobb/Elder sehen das amerikanische politische System geprägt durch die Unterschiedlichkeit der Zugangschancen zu politischen Entscheidungen, wobei die Ursachen in institutionellen Einseitigkeiten (institutional bias) gesehen werden (COBB/ELDER 1972, 89ff.). Ihrer Ansicht nach führt diese Einseitigkeit dazu, daß bestimmte Gruppen wie z.B. Wirtschaftsverbände oder Berufsverbände von Ärzten, Rechtsanwälten etc. über mehr Ressourcen und strategisch bessere Positionen zur

Einflußnahme verfügen, andere hingegen nur wenig Einfluß auf die Kosten-Nutzen-Kalküle von Parteien und Regierungen hätten. Auch für das britische politische System wird die These des 'mobilisation of bias' für zutreffend gehalten (BENYON/SOLOMOS 1987, 170). Für die Bundesrepublik kommen LEHNER (1979, 1981) und LEHMBRUCH (1979) zu ähnlichen Schlußfolgerungen.

Als Resümee der bisherigen Ausführungen ist daher festzuhalten, daß die Übernahme der Problemdefinitionen und Forderungen von Protestgruppen bezüglich politischer Maßnahmen und Lösungsstrategien durch die politischen Institutionen zunächst äußerst unwahrscheinlich ist. Erstens werden eben die Widerstände in den politischen Parteien weiterbestehen, die eine offensive Auseinandersetzung mit neuen Themen und ein Eingehen auf die sich in den Protesten artikulierenden Forderungen bisher verhindert haben. Dies gilt z.B. für den zu erwartenden Druck auf politische Parteien durch einflußreiche Lobbies oder 'pressure groups', aber auch für die Befürchtung innerhalb von Parteien, durch das Erfüllen von Forderungen bestimmte Wählergruppen abzuschrecken. Zweitens könnte das Erfüllen der Forderungen von Protestgruppen gleichzeitig die Privilegien der Eliten in den politischen Institutionen bedrohen.

Selbst wenn also outsider-initiierte Themen Zugang zur formalen politischen Agenda erlangt und auch dort als politisches Problem Aufmerksamkeit gefunden haben, so wird sich die Reaktion der verantwortlichen Akteure nie allein aus der öffentlichen Problemdefinition und den öffentlichen Forderungen bestimmen lassen. Es wird vielmehr zu einer Revision von Problemdefinition und (daraus abzuleitenden) politischen Maßnahmen kommen, die immer auch schon strategisch ausgerichtet sind, d.h. auf Machterhalt, parteipolitischen Nutzen, Ressourcenverteilung und potentielle Widerstände Rücksicht nehmen. Von daher lassen sich verschiedene Strategien des Umgangs mit outsider-initiierten Themen in den politischen Institutionen identifizieren:

a) Eine mögliche Strategie zielt auf **Kompromißschließung** ab, indem sich politische Institutionen Teile der Kritik zu eigen machen, die Vertreter moderater Kritik zu kooptieren versuchen und dadurch radikalere Forderungen zurückdrängen.

b) Eine andere Strategie kann eine **Neudefinition des Problems** versuchen, um die Brisanz des Themas zu entschärfen und

Lösungsmöglichkeiten propagieren zu können, die den Rahmenbedingungen politischen Handelns gerecht werden, oder auch nur parteipolitischen Interessenkalkülen entsprechen. Hierbei können Kommissionen eine wichtige Rolle spielen.

c) Wenn aufgrund von erwarteten Widerständen, Interessenkonflikten oder Ressourcenknappheit eine Problemlösung nicht ernsthaft verfolgt werden soll, so kann eine rein **symbolische Politik** dazu dienen, den Anschein zu erwecken oder die Bereitschaft zu signalisieren, sich mit den jeweils artikulierten Problemen auseinanderzusetzen. Dabei ist jedoch von Anfang an klar, daß bestenfalls geringe Ressourcen für eine demonstrative politische Maßnahme (showcasing) mobilisiert werden können (z.B. Einsetzung einer Kommission). Eine Maßnahme symbolischer Politik kann auch in der Neustrukturierung bestehender politischer Maßnahmen oder Organisationen bestehen, ohne dabei zusätzlichen Ressourcen zu mobilisieren.

d) Schließlich kann eine Strategie der Auseinandersetzung auch im expliziten **Zurückweisen von Forderungen** bestehen, was jedoch dann eher unwahrscheinlich sein dürfte, wenn deren Legitimität bereits öffentlich anerkannt ist, und solange die outsider-Themen auf der öffentlichen Agenda eine zentrale Rolle spielen.

3. Untersuchungskommissionen als Instrument der politischen Auseinandersetzung mit den Protesten

Welche dieser Strategien in den politischen Institutionen in den USA, Großbritannien und der Bundesrepublik Deutschland in den in dieser Untersuchung betrachteten öffentlichen Konflikten verfolgt werden und welche beabsichtigten und unbeabsichtigten Auswirkungen sich daraus ergeben, muß hier zunächst offen bleiben. Denn die Festlegung auf eine Prämisse, also auf die Unterstellung einer bestimmten Strategie in dieser Frage, könnte nur dann gerechtfertigt werden, wenn die bisherige Forschung zu diesem Thema bereits eindeutige Ergebnisse hervorgebracht hätte. Da solche Ergebnisse unseres Wissens für die interessierenden Phänomene in keinem der drei Länder vorliegen, muß der Untersuchung der Kommissionen ein Vorverständnis zugrundegelegt werden, das für ein breites Spektrum möglicher Ergebnisse offen ist.

Daher wurde darauf verzichtet, den in den politischen Institutionen Handelnden bestimmte Strategien in der Auseinandersetzung mit den jeweiligen Konflikten zu unterstellen. Vielmehr waren diese selbst Gegenstand der Untersuchung, genauso wie die in den Kommissionen generierten Strategien und deren Einfluß in der offiziellen Politik.

Im Zentrum der Aufmerksamkeit stehen also, wie in Kap. I begründet, Kommissionen als eine Form der Auseinandersetzung politischer Institutionen mit öffentlichen politischen Konflikten. Sie repräsentieren aufgrund ihrer Zusammensetzung ein recht breites (wenn auch nicht unbedingt repräsentatives) Spektrum an politischen Positionen und können aufgrund ihrer Aufgabenstellung (die Ursachen der Proteste zu erklären und Handlungsvorschläge für die politischen Institutionen zu entwickeln) aufschlußreich für Wahrnehmungsformen sowie der Diskussions- und Meinungsbildungsprozesse im politischen System sein. Weil sie exemplarisch für den politischen Diskurs der jeweiligen Gesellschaft analysiert werden können, haben sie einen besonders großen heuristischen Wert.

In den Kommissionen entwickelten Politiker und Wissenschaftler zusammen Konzepte zur Wahrnehmung und Interpretation der jeweiligen Protestphänomene, die in die Meinungsbildungsprozesse von Parteien, Fraktionen, Parlamenten, Regierungen und der Öffentlichkeit einfließen. Der daraus resultierende Charakter als Schnittstelle zwischen Politik, Wissenschaft und Öffentlichkeit wirft die Fragen auf,

- welche Bedeutung Kommissionen für die Meinungsbildung innerhalb der politischen Institutionen und die Entwicklung politischer Maßnahmen haben;
- ob und inwieweit sie für die Politiker einen vom tagespolitischen Handlungsdruck befreiten Ort der Information und Meinungsbildung darstellen;
- wie die Bedeutung der sozialwissenschaftlichen Beratung in der Kommissionsarbeit einzuschätzen ist;
- ob Kommissionen als Instrument zur Erhöhung der Problemlösungskapazität des politischen Systems verstanden werden können;
- ob und wie Kommissionen die öffentliche Meinungsbildung beeinflussen;
- ob und inwieweit sich für die hinsichtlich ihrer Struktur und Organisation verschiedenen Kommissionen in den USA, Großbritannien und der Bundesrepublik eine ähnliche Bedeutung im Prozeß der

politischen Auseinandersetzung feststellen lassen;
- welche Auswirkungen ihre Arbeit schließlich gehabt hat;
Zur Untersuchung dieser Fragestellungen sind zwei Aspekte der aktuellen politikwissenschaftlichen Diskussion wichtig geworden. Zunächst geht es um die generelle Frage, inwieweit wissenschaftliche Politikberatung überhaupt als Mittel zur Erhöhung der Problemlösungskapazität des politischen Systems verstanden werden kann. Der in Kap. II.3.2 folgende Abriß zur Entwicklung der wissenschaftlichen Politikberatung wird auf die sich verändernden Erwartungen an die sozialwissenschaftliche Beratungstätigkeit eingehen. Der Wandel dieser Erwartungen hängt eng zusammen mit einer veränderten, in jüngster Zeit pessimistischeren Einschätzung sowohl der staatlichen Problemlösungskapazität überhaupt als auch der Möglichkeiten, mit Hilfe wissenschaftlicher Beratung diese Problemlösungskapazität entscheidend verbessern zu können (II.3.1).

Anschließend werden die Ergebnisse bisheriger empirischer Untersuchungen zur Bedeutung von Kommissionen zusammengefaßt (II.3.3). Hierbei geht es vor allem darum, die kommissionsinternen Prozesse und die sie bestimmenden Variablen darzustellen.

3.1 Systemtheoretische Überlegungen zur Politikberatung

Ein Ansatz, der die grundlegenden, strukturell bedingten Probleme der Politikberatung zu formulieren vermag, ist die Systemtheorie. In der Systemtheorie gelten Bereiche wie die Wirtschaft, die Wissenschaft, die Familie und die Politik als weitgehend eigenständige soziale Systeme. Diese gesellschaftlichen Teilsysteme - uns interessieren besonders die Politik sowie die Wissenschaft - funktionieren nach ihren je spezifischen Reproduktions-, Kommunikations- und Operationsmodi, unterliegen aber auch ihren jeweils eigenen systemspezifischen Zwängen und Präferenzmustern. So ist die Wahrheit das spezifische Kommunikationsmedium innerhalb der Wissenschaft, während die Politik auf den Erwerb und den Erhalt von Macht ausgerichtet ist (vgl. LUHMANN 1974, 233; LUHMANN 1981, 287; WILLKE 1989, 127ff; WEIHE 1985, 1011; BUTEWEG 1988, 38). Aufgrund dieser strukturellen Verschiedenheit der Subsysteme Wissenschaft und Politik resultieren Schwierigkeiten für die Interaktion von Politik und Wissenschaft.

Um dies zu verdeutlichen soll hier etwas ausführlicher auf Überlegungen Luhmann's hinsichtlich theoretischer und praktischer Probleme anwendungsbezogener Sozialwissenschaft eingegangen werden. Er plädiert zunächst gegen die handlungstheoretische Maxime der Instrumentalität von Wissenschaft für die politische Praxis und stellt die Frage, "ob es überhaupt vertretbar ist, die Beziehung von Theorie und Praxis oder das Problem der Anwendung sozialwissenschaftlicher Erkenntnis als ein Problem richtigen Handelns zu begreifen." (LUHMANN 1977, S.17). Weder die bisherigen Erfahrungen anwendungsorientierter Wissenschaften noch deren Reflexionsprobleme seien durch eine handlungstheoretisch orientierte Perspektive sinnvoll bearbeitbar. Er fordert demgegenüber eine systemtheoretisch orientierte Problemsicht, die zunächst die verschiedenen Systemreferenzen gesellschaftlicher Teilsysteme zu unterscheiden hat: Erstens die Beziehung eines Teilsystems zu sich selbst (Reflexion), zweitens die Beziehung zum umfassenden System (Funktion), drittens die Beziehung zu anderen Teilsystemen (Leistung). Bezogen auf Wissenschaft als gesellschaftliches Teilsystem bedeutet dann "Reflexion" das Nachdenken über "die jeweiligen Problem- und Theorietraditionen, an denen man Thematiken als wissenschaftlich erkennt ... "; "Funktion" die "Entwicklung von Wissen unter dem Schematismus Wahrheit/Unwahrheit - nicht einfach bloß die Vermehrung von Wissen ..."; und "Leistung" schließlich das, was Wissenschaft den anderen "Teilsystemen der Gesellschaft erfolgreich zu übermitteln vermag." (Luhmann, a.a.O., S. 21). Anhand dieser Unterscheidung verschiedener Systemreferenzen ist es dann möglich zu zeigen, daß die Anwendung wissenschaftlicher Erkenntnisse (Leistung) nicht einfach "eine Funktion der Funktion von Wissenschaft" ist (LUHMANN, a.a.O., S.21) sondern eben zusätzlichen Bedingungen unterliegt: "Sie ist nicht mit der Wahrheit als solcher schon erbracht. Sie setzt Konvertibilität von Wahrheit in andere Medien voraus - zum Beispiel in Geld oder Macht" (ebd., S.21).

Die erfolgreiche Übermittlung von Kenntnissen aus der Wissenschaft in die Politik - was ja die Politikberatung beabsichtigt - läßt sich dann nicht mehr allein als Frage des richtigen Handelns verstehen, sondern als Frage nach den strukturellen Bedingungen und Möglichkeiten der Verstehbarkeit und Anwendbarkeit wissenschaftlicher Aussagen im politischen System.

Die Systemtheorie betont zunächst die grundlegenden Probleme der

Konvertierbarkeit und damit der Kommunikation zwischen den beiden Teilsystemen. Da Kommunikation nur dort stattfinden kann, wo an denselben Code angeschlossen werden kann, folgt aus der selbstreferentiellen Geschlossenheit der Teilsysteme "die prinzipielle Unmöglichkeit der bereichsübergreifenden Kommunikation." "Die kommunikative Vermittlung von Sinn zwischen den ausdifferenzierten Funktionssystemen" (SCHARPF 1989, 11; LUHMANN 1988, 346) wird durch die selbstreferentielle Geschlossenheit der Teilsysteme gerade verhindert. Bei diesen Diskrepanzen zwischen Wissenschaftssystem und Anwendungsystemen handelt es sich um ein strukturelles Problem und nicht lediglich um Schwierigkeiten der Transformation bzw. Probleme der Kommunikation, die durch eine verbesserte Verständigung gelöst werden könnten (LUHMANN, 1977, 31). "Wenn es zutrifft, daß unsere Gesellschaft dadurch diese Probleme erzeugt, daß sie in Funktionssysteme differenziert ist, wird es kaum sinnvoll sein, von der kommunikativen Interaktion zu erwarten, daß sie die Differenzen aufhebt durch Konsens im Wahren und Guten" (LUHMANN 1977, 31f). Für die wissenschaftliche Politikberatung bedeutet dies, daß sie die strukturellen Grenzen ihrer Einwirkungschancen stärker in den Blick nehmen kann. "Es geht nämlich zumeist gar nicht darum, ob man ein wissenschaftlich als richtig erkanntes Handeln richtig reproduziert oder nicht; sondern es geht darum, die Entscheidungslage (z.B. in der Politik; d.V.) durch Einbau von wissenschaftlich kontrollierbaren Relationen zu verändern, was Konsequenzen für die schließlich gewählte Entscheidung haben kann, aber nicht muß. Dies kann im Effekt sehr Verschiedenes bedeuten: Erweiterung oder Einengung der Möglichkeiten; Steigerung oder Senkung des erkennbaren Risikos (...)" (ebd., 31f). Die Erwartungen hinsichtlich der Einwirkungsmöglichkeiten von Wissenschaft auf Politik werden vor dem Hintergrund dieser Überlegungen erheblich reduziert werden müssen. Politikberatung kann die Entscheidungslage von politischen Akteuren verändern, indem sie zusätzliche Gesichtspunkte zu bedenken gibt. Sie kann jedoch nicht die Entscheidung selbst bestimmen.

Eine Verbesserung der Theorien anwendungsorientierter Forschung führt nach Luhmann auch nicht dazu, "daß genau proportional dazu auch die Rezeptionsfähigkeit der Anwendungssysteme steigt im Sinne einer linearen Progression: Je besser wissenschaftlich gemacht, desto brauchbarer" (ebd., 33). Und die schlichte Aufforderung zur Zusammenarbeit verkennt - nach Luhmann - nicht minder die eigentliche Problematik, um die es geht. Es fehle nicht an dem notwendigen guten Willen der Akteure, sondern das Problem liege in der Asymmetrie der beiden unterschiedlichen Subsysteme Wissenschaft und Politik (vgl. LUHMANN 1981, 287f). Freilich hält er eine Verständigung nicht für unmöglich. Sie bedarf jedoch der Einsicht in die strukturellen Grenzen der Kommunikation und - darauf aufbauend - einer Vorverständigung über den für eine erfolgreiche Kommunikation notwendigen Kontextwechsel (LUHMANN 1977, 29; WEIHE 1985, 101ff). Es bleibt zu fragen, inwiefern diese Vorverständigungen im Rahmen einer Untersuchungskommission vorhanden sind bzw. aufgebaut werden können.

3.2 Die Entwicklung der wissenschaftlichen Politikberatung

In Politikwissenschaft und Soziologie werden Verhältnis und Austauschbeziehungen zwischen Politik und Wissenschaft - als deren Spezialfall Untersuchungskommissionen hier verstanden werden - in einer ganzen Reihe von Forschungsfeldern thematisiert. Genannt seien hier nur die wissenschaftliche Politikberatung, policy analysis, policy science, empirische Politikforschung, policy research, Politikfeldanalyse, Wirkungs- und Programmforschung, impact analysis, Implementations- und Evaluierungsforschung. Die Vielfalt der Etiketten steht jedoch nicht für eine ebenso große Vielfalt an unterschiedlichen Gegenstandsbereichen, Forschungsmethoden oder theoretischen Perspektiven der einzelnen Forschungsrichtungen (vgl. hierzu: NOHLEN 1985, Bd.1, 188-190, 216f., 355-358, 703f., 708-716). Im Gegenteil, die große Anzahl an Überschneidungen und Gemeinsamkeiten einerseits und die nicht trennscharfe Terminologie andererseits lassen es sinnvoll erscheinen, eine synoptische Darstellungsweise für die Entwicklung der wissenschaftlichen Politikberatung zu wählen. Wir werden im folgenden policy-research und wissenschaftliche Politikberatung als Sammelbegriffe für die betrachteten Forschungsrichtungen verwenden. Anhand der historischen Entwicklung der verschiedenen Forschungen im Bereich wissenschaftlicher Politikberatung und ihres Selbstverständnisses soll der Frage nachgegangen werden, wie diese ihre Möglichkeiten zur Erhöhung der staatlichen Problemlösungskapazität einschätzen. Dabei interessiert uns besonders die Frage, wie Untersuchungskommissionen als Instrumente wissenschaftlicher Politikberatung beurteilt werden.

Unter der Kategorie Policy-Forschung werden wissenschaftliche Arbeiten zusammengefaßt, die sich mit Inhalten, Gründen und Voraussetzungen von staatlichen 'policies' sowie deren Folgen und Wirkungen beschäftigen (JANN 1985, 66). 'Policies' werden in dieser Konzeption als Ergebnisse der Politikformulierung i.S. von staatlichen Programmen, Gesetzen und Maßnahmen definiert. In analytischer Perspektive faßt die Policy- Forschung den politischen Prozeß als Problemverarbeitung. Damit wird aber keinesfalls behauptet, daß der politische Prozeß nach Anlaß und Ergebnis und auch im Verständnis der beteiligten Akteure lediglich ein Problemverarbeitungsprozeß ist (MAYNTZ 1982, 74).

Policy-Studien lassen sich danach unterscheiden (JANN 1985, 68)
- an welcher Phase des staatlichen Problemverarbeitungsprozesses angesetzt wird (Politikformulierung, -durchführung, -wirkung)
- aus welcher Perspektive die Untersuchung angelegt ist, ob ex-ante erklärt wird wie policies aussehen sollten oder ob ex-post untersucht wird warum bestimmte policies auf eine bestimmte Art durchgeführt werden bzw. gewirkt haben
- welche Faktoren in die Analyse einbezogen werden
- an welchen Politikbereichen sie ansetzen.

Die in den USA entwickelten Forschungsrichtungen der 'policy analysis' und der 'policy science' wollen nach ihrem Selbstverständnis politischen und administrativen Entscheidungsträgern helfen, die beste 'policy' zu wählen und daher schon bei der Generierung unterschiedlicher Alternativen behilflich sein. Dies kann sowohl aus einer ökonomischen Perspektive (z.B. cost-benefit-analysis) oder aus einer politikwissenschaftlichen Perspektive (d.h. unter besonderer Berücksichtigung politisch-administrativer Faktoren) erfolgen (JANN 1985, 71-73).

Implementations- und Evaluierungsforschungen fragen nach den Schwierigkeiten bei der Durchführung und Umsetzung von 'policies' sowie nach den erwünschten und unerwünschten Auswirkungen staatlicher politischer Maßnahmen. Ähnlich beschreibt die impact analysis ihren Gegenstandsbereich: "impact analysis centers on the question of what policy cause(s)" and is "assessing those consequences which may reasonably be attributed to a given policy action" (COOK/SCIOLI 1975, 96). Dadurch soll eine Rationalisierung und Effektivierung von Entscheidungsprozessen und Programmen und schließlich eine Erhöhung der staatlichen Problemlösungskapazität erreicht werden (vgl. WEISS 1974, 20 ff.; WINDHOFF-HERITIER 1980, 20). Implementations- und Evaluierungsforschung entwickeln sich daher auch vorwiegend auf der Ebene der Ministerialbürokratie und werden in der Regel unter Regierungsverantwortung ausgeführt. Erstmals 1961 im amerikanischen Verteidigungsministerium als PPBS (Planning-Programming-Budgeting-System) entwickelt, erfuhr sie in den USA wegen der Unzufriedenheit mit den Wirkungen der seit Anfang der 60er Jahre initiierten großen Sozialprogramme Ende der 60er Jahre mächtigen Aufschwung (LEVINE 1984, 104-109).

Für die BRD wird die Entwicklung der wissenschaftlichen Politikberatung - mit geringfügigen Differenzen in der Terminologie und der Einteilung in zeitliche Abschnitte - übereinstimmend folgendermaßen beschrieben (MÜLLER-ROMMEL 1984; JANN 1985): In einer **vorplanerischen Phase** bis Anfang der 60er Jahre hat sich wissenschaftliche Politikberatung in Form von Ratschlägen und Gutachten von wissenschaftlichen Experten vollzogen. Diese eher präskriptiv-normative Orientierung wollte zur Verbesserung der staatlichen Problemlösungskapazität bereits im Stadium der Politikformulierung beitragen. Der Prozeß der Formulierung und der Durchführung von Politikinhalten selbst wurde allerdings überhaupt nicht thematisiert (JANN 1985, 82).

Die zweite Phase von Ende der 60er bis Mitte der 70er Jahre ist durch einen 'Reformkonsens' zwischen Politikern und Wissenschaftlern bezüglich des Glaubens an die aktiven politischen und staatlichen Gestaltungsmöglichkeiten hinsichtlich sozialer und ökonomischer Probleme geprägt gewesen. Ziel der engen Kooperation zwischen Sozialwissenschaftlern und Politikern war es "über eine Verwissenschaftlichung der Politik eine Steigerung der politisch-administrativen Rationalität im Entscheidungs- und Handlungsprozeß zu erzielen" (MÜLLER-ROMMEL 1985, 28). Ausgangspunkt des damals formulierten "**Konzeptes einer aktiven Politik**" war die Vorstellung, die Problemverarbeitungskapazität des politisch-administrativen Systems durch interne Reformen (Verbesserung von Informationsverarbeitung, Konfliktregelung, Planung und Koordination) steigern zu können (JANN 1985, 84f.). Zur gleichen Zeit haben sich Ansätze zu einer "experimentellen Politik" entwickelt, bei der Reformprojekte durch wissenschaftliche Begleitforschung überprüft und ggf. verbessert werden sollten. Auffälligstes Kennzeichen der zweiten Phase war die Konzentration der

Forschung auf die Formulierung von 'policies' und hierbei wiederum die Akzentuierung der Bedeutung politisch-administrativer Faktoren. Seit Mitte der 70er Jahre hat nun ein Perspektivenwechsel zu einer ex-post Analyse der Probleme von Durchführung und Wirkung stattgefunden. Dieser ist auf Enttäuschungen mit den Experimenten der "aktiven Politik" zurückzuführen. Nicht mehr Planung, sondern Evaluation rückten ins Zentrum des Interesses. Policy-Forschung entwickelte sich immer stärker in Richtung **Implementations- und Evaluierungsforschung** (MAYNTZ 1983,). Sie ist am sinnvollsten als **Restriktionsanalyse** zu konzipieren, die diejenigen Faktoren herausfindet, die dem Erfolg eines Programmes förderlich oder hinderlich sind (JANN 1985, 96).

Sowohl der Perspektivenwechsel von der Planungs- zur Evaluierungsperspektive als auch die gegenwärtige Unzufriedenheit in Politik und Wissenschaft was die wissenschaftliche Politikberatung angeht (RITTER 1982), werden jedoch selten systematisch auf ihre Ursachen hin untersucht. Es fehlt in den hier dargestellten Forschungsfelder an einem Versuch, in einer breitangelegten Perspektive die Bedeutung von wissenschaftlicher Politikberatung im Prozeß der politischen Problembearbeitung zu thematisieren. In der Diskussion über die wissenschaftliche Politikberatung werden Schwierigkeiten und gegenseitige Enttäuschung im Verhältnis von Politik und Wissenschaft meist als Übersetzungs- und Umsetzungsprobleme thematisiert (MÜLLER-ROMMEL 1985). Mangelndes wechselseitiges Verständnis von Politikern und Wissenschaftlern, Unterschiede hinsichtlich Denkstrukturen, Arbeitsstil und -methoden, Zeitbudget und Informationsbedürfnis werden als Schwachstellen benannt. Ob hier jedoch allein mit einem "wissenschaftspolitischen Dolmetscher" (MÜLLER-ROMMEL 1985, 38) - qualifiziert als Fragesteller, Übersetzer und Interpret sozialwissenschaftlicher Informationen - Abhilfe geschaffen werden kann, darf bezweifelt werden. Wahrscheinlicher ist, daß nicht Kommunikationsprobleme zwischen wohlmeinenden Politikern und Wissenschaftlern für Probleme der Politikberatung verantwortlich zu machen sind, sondern die Rahmenbedingungen politischen Handelns, die in den wissenschaftlichen Empfehlungen meist nicht berücksichtigt sind. Politische Institutionen haben oft (entsprechend ihres spezifischen, auf Machterhalt orientierten Codes) weder ein Interesse an bestimmten Themen noch die entsprechende

Macht zur Umsetzung von Empfehlungen. Eine Konsequenz dieser fehlenden Perspektive in der Politikberatung könnte darin bestehen, die Ursachen für das beklagte Ignorieren, Versickern oder die nicht zufriedenstellende Umsetzung von wissenschaftlichen Empfehlungen in der Politik an falscher Stelle zu suchen. Wewer formuliert diesen Einwand wie folgt:

"Der rationalistische Grundirrtum der beratungsorientierten Politikwissenschaft bestand und besteht in dem Glauben, die Politik sei im Grunde an der Lösung gesellschaftlicher Probleme interessiert und scheitere mit ihrem guten Willen lediglich an schlechten Instrumenten, ungenügender Koordination und ungenügendem Wissen" (WEWER 1989, 122). Nach WEWER`s Ansicht sind in den 80er Jahren solcherlei "Machbarkeitsillusionen einer zunehmend skeptischen Einschätzung der Möglichkeiten staatlicher Intervention und Problemlösung gewichen" (WEWER 1989, 122). In der politikwissenschaftlichen Diskussion spiegele sich dieser Wandel im Diskurs über Neokorporatismus und politische Steuerung wider. Gehe die Pluralismus-Theorie noch von der These aus, Lösungen für drängende Probleme des Gemeinwesens könnten notfalls - auch gegen gewichtige Interessen - durch staatliche Maßnahmen durchgesetzt werden, nehme die Neokorporatismus-Theorie Abschied vom Leitbild "aktiver Politik", kraftvoller staatlicher Intervention und Gestaltung. Fungiert der Staat aber nur noch als mehr oder weniger impotenter Moderator korporatistischer Interessen, kann die Steuerungs- und Problemlösungskapazität der Politik nicht mehr sehr hoch veranschlagt werden. Themenkonkurrenz und die daraus zwangsläufig resultierende 'Nichtbefassung' mit einer Reihe von Themen hindern politische Institutionen daran, sich mit allen in einer Gesellschaft auftretenden Problemen auseinandersetzen zu können. Doch selbst wenn ein Thema die Aufmerksamkeit der politischen Institutionen gewonnen hat (outsider-Mobilisierung), ist damit nicht bereits eine adäquate Problemlösung gesichert: die politischen Institutionen können oder wollen aus verschiedenen Gründen (Interessenkonflikte, mobilisation of bias) oft keine Ressourcen zur Erfüllung der an sie herangetragenen Forderungen mobilisieren. Für die Neugestaltung der Politikberatung bedeutet dies, daß sie den politischen, ökonomischen und sozialen Rahmenbedingungen und Handlungszwängen politischer Entscheidungsträger stärker als bisher Rechnung tragen muß, um zu realistischen Einschätzungen der

Handlungsmöglichkeiten und damit zu realisierbaren Empfehlungen zu kommen; zugleich aber auch, daß sie ihre eigene Rolle bescheidener formulieren muß: sie kann neue Informationen, Erkenntnisse, Empfehlungen in den politischen Entscheidungsprozeß einfiltern, kann jedoch nur geringfügig beeinflussen, ob und wie diese Inputs sich in politisches Handeln umsetzen lassen.

3.3 Politische und gesellschaftliche Rahmenbedingungen für die Einflußchancen von Kommissionen - Resumee und Folgerungen

Eine Einschätzung des Einflusses von wissenschaftlicher Politikberatung, hier konkret von Untersuchungskommissionen, auf den politischen Problembearbeitungsprozeß muß diese Argumente berücksichtigen.

Folglich wäre das oft beklagte Defizit in der Umsetzung von Kommissionsempfehlungen weniger in deren mangelnder Pragmatik, Konkretion oder Unverständlichkeit zu suchen. Vielmehr müßten die gesellschaftlichen und politischen Rahmenbedingungen der Kommissionsarbeit daraufhin untersucht werden, inwieweit sie die Auswirkungen von Kommissionsempfehlungen auf politische Maßnahmen bestimmen. Unter den gesellschaftlichen und politischen Rahmenbedingungen der Kommissionsarbeit werden dann auch Einflüsse verstanden, die nicht direkt mit dem Zusammenwirken von Kommissionen und politischen Institutionen zusammenhängen, sondern aus dem weiteren gesellschaftlichen und politischen Kontext stammen. Hierzu zählt beispielsweise ein Nachlassen der Proteste, was sich als Verminderung des diesbezüglichen Handlungsdruckes für die politischen Institutionen niederschlagen kann. Es kann sich dabei aber auch um einen Regierungswechsel handeln, aufgrund dessen politische Prioritäten neu gesetzt werden und eine Kommission einen neuen Stellenwert erhält. Schließlich kann das Thema einer Kommission wegen Veränderungen der politischen Tagesordnung für die Öffentlichkeit und die politischen Institutionen uninteressant werden. (Wie schlagartig solche Prioritätenverschiebungen auf der politischen Agenda eintreten können, zeigen die jüngsten Entwicklungen in der ehemaligen DDR und in Osteuropa besonders anschaulich, die etwa die öffentliche Diskussion der Ergebnisse der von der Bundesregierung 1988 eingesetzten 'Gewaltkommission' auf die hinteren Plätze verwiesen hat.)

III. UNTERSUCHUNGSKOMMISSIONEN ALS INSTRU-MENT DER WAHRNEHMUNG VON PROBLEMEN: THESEN ZUM UNTERSUCHUNGSGEGENSTAND

Die in dieser Untersuchung behandelten Kommissionen stellen spezifische Typen von Kommissionen dar. Der Vergleich ihrer Struktur und Organisation macht sowohl die Ähnlichkeiten als auch die Unterschiede zwischen dem Typ der Presidential-Commission in den USA, der Enquete-Kommission in der Bundesrepublik und den verschiedenen Kommissionen in Großbritannien deutlich (vgl. Kap.IV.). Presidential-Commissions und Enquete-Kommissionen eignen sich gut für einen Vergleich, die britischen Kommissionen können jedoch wegen ihrer geringfügigen wissenschaftlichen Beratung nur begrenzt als Instrumente wissenschaftlicher Politikberatung angesehen werden. Warum der Politikberatungsprozeß in Großbritannien anders als in den USA und der Bundesrepublik verlief, (es z.B. keine Royal-Commission gegeben hat, die das eigentliche Pendant zu Presidential-Commissions oder Enquete-Kommission darstellt) war u.a. Gegenstand unserer Untersuchung.

Wir haben insgesamt 10 Fragen formuliert, die unseren Nachforschungen zugrundeliegen.

1. Die Bedeutung der Problemstellung für die Einsetzung des Instrumentes der Untersuchungskommissionen

Unsere erste Frage, welche Art von Problemen zur Einsetzung von Untersuchungskommissionen führen, wird in der Forschung sehr unterschiedlich beantwortet (Frage 1). Generell kann festgehalten werden, daß je nach Art der Problemstellung ein bestimmter Typ von Kommission bevorzugt wird. Während z.B. bei einer Problemstellung wie der Novellierung eines Gesetzes unter klarer Vorgabe der politischen Zielsetzung eher eine einem Ministerium zugeordnete Sachverständigenkommission eingerichtet wird, wird vom Instrument der Enquete-Kommission nur bei sehr weitreichenden und grundlegenden Problemstellungen Gebrauch gemacht. Die Themen von Enquete-Kommissionen wie z.b. 'neue Informations- und Kommunikationstechnologien', 'Gentechnologie' oder 'Bedrohung der Erdatmosphäre' bestätigen die Vermutung, daß Enquete-Kommissionen in der Bundesrepublik nur bei Problemen eingesetzt werden, deren Ursachen und Auswirkungen als sehr vielfältig und weitgehend unbekannt eingeschätzt werden.

Die Art der Problemstellung wirkt sich auf die Erwartungen hinsichtlich der möglichen Leistungen einer Enquete-Kommission aus. Hier ist daher zweitens zu fragen, mit welchem Auftrag solche Kommissionen eingesetzt werden. Formal, d.h. gemäß des vom Parlament festgelegten Arbeitsauftrages sollen Enquete-Kommissionen immer zwei Aufgabenbereiche bearbeiten. Der erste beinhaltet die Einschätzung der Ursachen der jeweiligen Entwicklungen und Probleme sowie der Auswirkungen, Chancen und Risiken für die verschiedenen gesellschaftlichen Bereiche. Gemäß des zweiten Auftrags soll die Kommission Empfehlungen zu politischen Handlungsmöglichkeiten entwickeln. In den bisherigen Forschungen zu Enquete-Kommissionen hat sich herausgestellt, daß den Empfehlungen zu konkreten Einzelmaßnahmen oder der Vorbereitung von Gesetzesvorhaben nur sekundäre Bedeutung zukommt. Die eigentliche Aufgabe von Enquete-Kommissionen liegt demnach nicht in der unmittelbaren Vorbereitung politischer Maßnahmen, sondern in der Bereitstellung von Informationen, Denkmustern und Konzepten zur Wahrnehmung sozialer Phänomene (WEISS 1974; RITTER 1982). In diesem Sinne beurteilt Kretschmer Enquete-Kommissionen als Instrument, mit dem Diskussions-, Meinungsbildungs- und Entscheidungsprozesse innerhalb des politischen Systems einen Schritt vorangetrieben werden können (KRETSCHMER 1983, 273).

Ein differenzierteres Bild zeigt die Forschung zu möglichen Problemstellungen von amerikanischen Presidential-Commissions. Wolanin kommt in einer Studie über den Einfluß von 99 Presidential Commissions auf die US-Politik zum Ergebnis, daß die Mehrzahl der Kommissionen im Bereich der Empfehlungen konkrete und pragmatische Vorschläge gemacht hätten. Diese Vorschläge seien in der Regel von der Exekutive aufgenommen worden und schließlich in bundesstaatliche politische Maßnahmen umgesetzt worden (WOLANIN 1975, 193). Dieses Ergebnis überrasche, da es der in der amerikanischen politikwissenschaftlichen Diskussion oft vertretenen These widerspreche, Presidential-Commissions würden zur Vermeidung einer ernsthaften Auseinandersetzung mit Problemen, als Mittel ausschießlich symbolischer Politik eingesetzt.

Wolanin's Ergebnis, daß die Mehrzahl der von ihm untersuchten Kommissionen einen erheblichen Einfluß auf politische Maßnahmen hatten, trifft jedoch nicht zu auf jene Kommissionen, die sich, ähnlich unserer Enquete-Kommission, mit sehr umfassenden Problemstellungen zu beschäftigen hatten, oder die aufgrund akuter Krisensituationen eingesetzt wurden. Zu dieser Gruppe von Presidential-Kommissionen gehören auch die in unserer Untersuchung interessierenden Kerner-, Eisenhower- und Scranton-Kommissionen. Die Gründe für deren marginalen Einfluß auf politische Maßnahmen bestehen laut WOLANINs Untersuchung sowohl in der umfassenden Problemstellung, die die Generierung pragmatischer politischer Handlungsvorschläge verhindere, als auch in der Absicht der Regierung, mit der Kommission primär Zeit gewinnen zu wollen (WOLANIN, 1975, 194f.).

Als vorläufiges Resümee der diskutierten Ergebnisse zum Anlaß der Einsetzung und zum Aufgabenbereich von Enquete-Kommissionen und der hier ausgewählten Presidential-Commissions ergibt sich: Enquete-Kommissionen und Presidential-Commissions wurden dann eingesetzt, wenn sich politische Institutionen mit Problemen beschäftigten, die ihrer Natur nach vielfältige gesellschaftliche Ursachen und weitreichende Folgen aufweisen und die politischen Institutionen weder eine eindeutige Sichtweise dieser Probleme, noch eindeutige Vorstellungen zum Umgang mit diesen Problemen entwickelt haben. In Großbritannien werden in solchen Fällen üblicherweise Royal-Commissions eingesetzt. Daß es dann trotz der erheblichen sozialen Probleme nur zur Einsetzung einer ministeriellen Kommission (Scarman) bzw. nur zur Entwicklung von Kommissionen auf lokaler Ebene und durch einzelne Organisationen (Polizei, Stadtrat, Bezirk) kam verdeutlicht, daß hier von Seiten der Regierung versucht wurde, das Problem herunterzuspielen.

An die Frage nach Einsetzung und Aufgabenbereich von Kommissionen schließt sich unsere zweite Frage nach der Bedeutung von Kommissionen mit einer sehr umfassenden Problemstellung an. Liegt die zentrale Bedeutung von Untersuchungskommissionen eher in der Generierung konkreter Einzelmaßnahmen oder im Bereich der Darstellung, Wahrnehmung und Definition von Problemen? Dienen solche Kommissionen den konkreten Maßnahmen und Entscheidungsberatungen oder sind sie eher ein katalytischer Faktor in Meinungsbildungs- und Entscheidungsprozessen innerhalb politischer Institutionen? (Frage 2).

2. Die Auswahl der Kommissionsmitglieder

Nachdem die Bedeutung der Problemstellung für die Auswahl der Kommission zusammengefaßt wurde, gilt es im nächsten Schritt, die personelle Zusammensetzung einer Kommission zu betrachten. Eine Forschungsfrage ist hier, wer anhand welcher Eignungskriterien über die Berufung der Mitglieder entscheidet. Dies ist insofern von Bedeutung, als zu untersuchen ist, ob die Auswahl der Themen, der Verlauf der Diskussions- und Entscheidungsprozesse in der Kommission und auch die Kommissionsergebnisse zu einem gewissen Grad von der Zusammensetzung der Kommission abhängig sind.

Den drei zu untersuchenden amerikanischen Presidential-Commissions wird hinsichtlich ihrer Zusammensetzung in den vorliegenden Studien ein typisches Muster attestiert, das mit dem Begriff des 'interest-group-liberalism' gekennzeichnet wird. Aufgrund der vom Präsidenten bestimmten Zusammensetzung der Kommissionen mit Repräsentanten der Eliten aus Politik, Wirtschaft und Justiz seien die ethnischen Minderheiten sowohl als Betroffene als auch gemäß ihres Bevölkerungsanteils unterrepräsentiert gewesen. Dies habe sich auf das Spektrum der Perspektiven zur Analyse der Ursachen der Proteste und zur Entwicklung von Handlungsvorschlägen als Beschränkung ausgewirkt (KOPKIND 1971, 383f.; FEAGIN/HAHN 1973, 210ff.; POPPER 1970). Die Möglichkeit der Beeinflussung der Kommissionsarbeit über die Zusammensetzung wird auch in der bundesdeutschen Diskussion gesehen. Nach Hoffmann-Riem rekrutiert sich das wissenschaftliche Personal von Enquete-Kommissionen entlang vorgegebener politischer Konfliktlinien und Mehrheitsverhältnisse zwischen den Parteien; d.h. Wissenschaftler werden in der Erwartung, die politische Linie der sie berufenden Partei zu vertreten, als Sachverständige nachgefragt (HOFFMANN-RIEM 1988). Es ist dann zu fragen, inwieweit Entscheidungen darüber, welche gesellschaftlichen Gruppen in einer Kommission repräsentiert sind bzw. sich vor ihr artikulieren können, die Ergebnisse der Kommissionsarbeit im vorhinein bestimmen (Frage 3)?

3. Die Arbeitsweise einer Kommission: Handlungsorientierungen, Konflikte und der Einfluß der Wissenschaftler

Wie die Mitglieder einer Kommission ihren Arbeitsauftrag interpretieren, welche thematischen Schwerpunkte sie dabei setzen, wie kommissionsinterne Entscheidungsprozesse verlaufen und welche Konflikte dabei entstehen, hängt in erheblichem Maße von den Erwartungen der Kommissionsmitglieder, ihren Handlungsorientierungen und Interessen ab. Gefragt wird hier, welche Handlungsorientierung in Kommissionen vorherrschen und welche Konflikte und Handlungsstrategien damit zusammenhängen.

In der Literatur wird überwiegend von einer Kompromißorientierung ausgegangen, die sich zwar nicht auf alle Themen beziehe, aber eine gemeinsame Darstellung der von der Kommission als zentral angesehener Probleme nach außen zum Ziel habe. Mehrere Gründe werden dafür angeführt. Erstens sei es ein gemeinsames Ziel aller Kommissionsmitglieder, der Öffentlichkeit das Bemühen um die Auseinandersetzung mit dem jeweiligen Thema zu demonstrieren. Zweitens antizipierten Kommissionsmitglieder ihre geringe Macht hinsichtlich der Umsetzung von Empfehlungen in politische Maßnahmen. Die Vorstellung, nur durch eine von allen oder zumindest einer breiten Mehrheit getragenen Position überhaupt Einflußchancen zu haben, schaffe einen Druck zum Kompromiß innerhalb einer Kommission (KRETSCHMER 1983, 268, LIPSKY/OLSON 1970, 181ff., TUTCHINGS 1979, 45). Dies gebe jedoch Minderheiten ein Druckmittel auch zur Durchsetzung zunächst nicht mehrheitsfähiger Positionen in die Hand: denn mit der Drohung, durch ein eigenes Votum oder gar den Austritt aus der Kommission den möglichen Einfluß einer Kommission zu konterkarieren seien kommissionsinterne Verhandlungen beeinflußbar. Drittens schließlich bestehe für Kommissionen und einzelne Kommissionsmitglieder immer die Gefahr, bei der Produktion unerwünschter Ergebnisse durch Interventionen der Politik sämtliche Einflußchancen zu verlieren. Politische Interventionen mit dem Ziel, unliebsam gewordene Kommissionen oder Kommissionsmitglieder ihrer Handlungsmöglichkeiten zu berauben, liegen bei allen Kommissionen im Bereich des Möglichen. Solche Interventionsstrategien können darin bestehen, einzelne Mitglieder oder ganze Unterkommissionen nicht zuzulassen, auszutauschen oder zu entlassen (HOFFMANN-RIEM 1988; KOPKIND 1971, 386;

LIPSKY/OLSON 1970, 123-125) oder die Ressourcen einer Kommission zu beschneiden. Umgekehrt können Kommissionen versuchen, über eine möglichst breite öffentliche Aufmerksamkeit Druck auf die Politiker auszuüben, sollten diese die Arbeit der Kommission unbeachtet lassen. Die Veröffentlichung von Zwischenberichten oder das Abhalten von Pressekonferenzen zu gut ausgewählten Zeitpunkten kann hier u.U. Wirkung zeigen (WOLANIN 1975, 184-189). Ob es Kommissionen allerdings gelingt die öffentliche Aufmerksamkeit zu erlangen, hängt primär vom Stellenwert des Themas einer Kommission in der aktuellen öffentlichen Diskussion und erst sekundär von der Öffentlichkeitsarbeit der Kommission selbst ab.

Der These von der Kompromißorientierung der Kommissionsmitglieder steht ihre Zugehörigkeit zu unterschiedlichen Parteien und Interessengruppen entgegen. Trotz der bereits dargestellten Hinweise auf Kompromißorientierung muß ja grundsätzlich davon ausgegangen werden, daß einzelne Kommissionsmitglieder als Repräsentanten von miteinander konkurrierenden Organisationen deren spezifische Interessen durchsetzen möchten. Frage 4 lautet daher, ob in den Kommissionen eher eine Konflikt- oder eher eine Kompromißorientierung besteht und auf welche Ziele ggf. eine Kompromißorientierung ausgerichtet ist.

Unter dem Aspekt der sozialwissenschaftlichen Politikberatung interessiert nun besonders, ob aus den unterschiedlichen Rollen und Handlungsorientierungen von Politikern und Wissenschaftlern spezifische Konflikte erwachsen (Frage 5). Diese könnten z.B. in der Unvereinbarkeit der Ziele bestehen, als Wissenschaftler ein möglichst hohes Maß an wissenschaftlicher Glaubwürdigkeit, als Politiker hingegen ein möglichst hohes Maß an politisch-pragmatischer Relevanz zu verfolgen (LIPSKY/OLSON 1970, 127).

In der Literatur wird zudem vermutet, der Einfluß der Sozialwissenschaftler auf die Kommissionsarbeit sei aufgrund ihrer politischen Grundorientierung vorhersagbar. Die Auswahl der Wissenschaftler entlang vorgegebener Mehrheitsverhältnisse und Konfliktlinien zwischen den Parteien führe dazu, daß die Wissenschaftler die Position der sie berufenden Partei vertreten würden (HOFFMANN-RIEM 1988). Gegen diese These der bloßen Vertretung von bereits feststehenden Positionen steht aber im Falle der von uns untersuchten Kommissionen die Annahme, daß gerade das Fehlen von festen politischen Standpunkten in Bezug auf die in einer Kommission diskutierten Probleme die Voraussetzung der Einsetzung dieser Kommissionen gewesen ist. Von daher müßte von einer Offenheit der Politiker für neue Informationen und Sichtweisen und einem offenen Meinungsbildungs- und Entscheidungsprozeß ausgegangen werden, nicht aber von der Bestätigung bereits feststehender Standpunkte.

In unserer diesbezüglichen Forschungsfrage gehen wir nicht von einem bereits im Voraus bestimmbaren Standpunkt der Wissenschaftler auf die Kommissionsarbeit aus, obwohl durchaus eine Zurechenbarkeit der Wissenschaftler zu bestimmten politischen Grundorientierungen angenommen werden kann. Vielmehr fragen wir danach, inwieweit dieser Einfluß von unterschiedlichen kommissionsinternen Situationen abhängig ist (Frage 6). Dabei vermuten wir unvorhersehbare Meinungsbildungsprozesse, wenn die Kommission am Anfang der Diskussion steht, daher offen für neue Perspektiven ist, sich klare Mehrheitsverhältnisse noch nicht abgezeichnet haben und die Wissenschaftler durch kompetente Beiträge neue Impulse geben können.

Hinsichtlich der Einflußchancen von Kommissionen fragen wir dann weiter, welche Rolle bestimmte strukturelle Rahmenbedingungen wie beispielsweise Zeitknappheit und Ressourcen, im Gegensatz zu Rahmenbedingungen von Politik und öffentlicher Agenda spielen (Frage 7).

In enger Verbindung zu diesem Themenkomplex steht dann die Frage, ob der von verschiedenen Seiten beklagte geringe Einfluß wissenschaftlicher Politikberatung auf "policies" auf einer mangelnden Konkretion und Praktizierbarkeit wissenschaftlicher Empfehlungen beruht, oder das Ergebnis politischer Entscheidungen ist (Frage 8).

4. Die politische Bedeutung von Untersuchungskommissionen

Haben sich alle vorherigen Fragen mit einzelnen Aspekten der Kommissionsarbeit auseinandergesetzt, so geht es darüberhinaus nun um eine zusammenfassende Einschätzung der politischen Bedeutung von Kommissionen. Es geht um eine Beurteilung ihrer spezifischen Leistungen für die Politik und für die gesellschaftliche Auseinandersetzung mit Protest und Unruhen. In der wissenschaftlichen Diskussion werden Enquete-Kommissionen und Presidential-Commissions eine Reihe unterschiedlicher Leistungen zugeschrieben, die wir überprüfen wollen. Dabei ist zu beachten, daß sich die einzelnen Leistungen nicht gegenseitig ausschließen müssen, sondern ergänzen können.

Als erstes ist zu fragen, ob Kommissionen insbesonders der Vorbereitung politischer Entscheidungen im Sinne der Aufbereitung von Informationen, Strukturierung von Problemen und Ausarbeitung von Alternativvorschlägen dienen. Dies wird in der Literatur meist als 'Artikulations- und Informationsfunktion' von Kommissionen bezeichnet (REHFELD 1981; KRETSCHMER 1983, 264ff.) (Frage 9 a)).[3]

Zweitens wollen wir im Anschluß an die amerikanische Diskussion fragen, ob Kommissionen als korporatistische Gremien verstanden werden können, die lediglich dem Interessenclearing und der Kompromißfindung zwischen den beteiligten Akteuren dienen. Die Bewertung dieses Sachverhaltes ist jedoch unterschiedlich. Wolanin hält Kommissionen zwar für ein wirkungsvolles Instrument zur Vorbereitung des internen 'policy-making-process' im Weißen Haus (WOLANIN 1975, 144f.). Gleichwohl hätten sie aber in wesentlichen Teilbereichen für innovative Änderungen gesorgt bzw. als Akzelerator für wichtige politische Initiativen gedient (WOLANIN 1975, 142f.). Demgegenüber wird den Presidental-Commisions eine bloß korporatistische Leistung von Feagin/Hahn zugeschrieben, wenn sie behaupten, daß nur die herrschenden Eliten in der Kommission repräsentiert seien und dort ihre Interessenpolitik verfolgten (FEAGIN/HAHN 1973, 225f.) Wir wollen fragen, welche dieser Interpretationen für die ausgewählten Untersuchungskommissionen zutrifft (Frage 9 b)).

Häufig wird behauptet, daß mit dem formalen Untersuchungsauftrag immer nur ein Teil der wirklichen Bedeutung der Kommission - oftmals der unbedeutendere - erfaßt werden könne (FEAGIN/HAHN 1973, 225, 260; LIPSKY/OLSON 1977, 451; PLATT 1970). Demnach stünden nicht die Art der von einer Kommission erarbeiteten Ursachenanalyse

---

3) Der hier verwandte Funktionsbegriff unterscheidet sich jedoch von der Luhmannsche Definition, die unseren Ausführungen zugrunde liegt. Wir sprechen hier eher von Leistungen, insofern es um die Interaktion zwischen zwei gesellschaftlichen Subsystemen geht - auch wenn Untersuchungskommissionen genau genommen die Schnittstelle zwischen diesen Subsystemen markieren und sonst nicht eindeutig dem Subsystem Wissenschaft zuzuordnen sind.

oder die Art der von ihr empfohlenen politischen Maßnahmen im Vordergrund des Interesses derjenigen politischen Institutionen, die Kommissionen einsetzten. Von größerer Relevanz sei vielmehr die schlichte Tatsache, daß sich eine Kommission mit einem bestimmten Thema beschäftige. Denn mit Hilfe einer Kommission könnten die entsprechenden politischen Institutionen ihre Bereitschaft öffentlichkeitswirksam demonstrieren, sich mit dem entsprechenden Problem auseinandersetzen zu wollen. Die Einsetzung einer Kommission sei ein symbolischer Akt insofern, als damit bekräftigt würde, daß ein bestimmtes Problem oder öffentliches Anliegen ernst genommen und auch einer Lösung zugeführt werden soll. Sie sei eine Form symbolischer Politik die den Politikern einen Zeitgewinn verschaffe, ohne daß sie direkt auf Forderungen reagieren müßten.

Den unterschiedlichen Interpretationen von symbolischer Politik ist gemeinsam, symbolische Politik als Strategie der Politiker im Sinne von Herrschaftstechnik anzusehen. Hinsichtlich der Einschätzung der mit symbolischer Politik verfolgten Ziele existieren jedoch große Auffassungsunterschiede. Diese gründen auf unterschiedlichen Sichtweisen von den jeweiligen politischen Machtverhältnissen und den entsprechenden Strategien der politischen Akteure, aber auch auf unterschiedlichen Einschätzungen der staatlichen Problemlösungskapazität. Die Bewertung der symbolischen Politik zugrundeliegenden Intentionen ist also vom diesbezüglichen politischen Standpunkt des jeweiligen Betrachters abhängig. So kann symbolische Politik als Strategie verstanden werden, die lediglich den Anschein erwecken soll, daß auf die Forderungen von Protestgruppen eingegangen werde, während in Wirklichkeit keine Bereitschaft dazu existiert (FEAGIN/HAHN 1973; PLATT 1970). Symbolische Politik wird aber auch als Form der Auseinandersetzung mit Problemen interpretiert, deren Lösung etwa auf Grund erwarteter Widerstände und Interessenkonflikten als zur Zeit nicht realisierbar erscheint. Schließlich gibt es Positionen, die in der Entlastung (whitewashing) etablierter politischer Institutionen wie der Regierung, der Justiz oder der Polizei von Fehlern und Verantwortung eine zentrale Bedeutung von Kommissionen sehen (PLATT 1971; FEAGIN/HAHN 1973, 225; LIPSKY/OLSON 1970, 111). Welche Form von symbolischer Politik - so ist hier zu fragen - läßt sich für unsere Untersuchungskommissionen feststellen? (Frage 9c).

Wenn unterschiedliche Problemdefinitionen und Sichtweisen um öffentliche Anerkennung konkurrieren, stellen Untersuchungskommissionen eine wichtige Ressource dar. Sie erhöhen die Akzeptanz derjenigen Positionen und Perspektiven, die sie bekräftigen, und diskreditieren und schwächen zugleich die anderen Sichtweisen. Es kann also durchaus sein, daß Untersuchungskommissionen mit ihren Ergebnissen nicht die Regierungsposition stärken sondern ihr Legitimität entziehen.

Aus diesen Gründen muß gefragt werden, welche Bekräftigungsleistung bzw. kritische Infragestellung von den Untersuchungskommissionen in der Konkurrenz von Interessen, Meinungen, Positionen ausgegangen ist (Frage 9d).

5. Handlungsspielräume von Untersuchungskommissionen und die Unprognostizierbarkeit der Ergebnisse und Wirkungen

Was immer Untersuchungskommissionen an gesellschaftlichen Interessen und politischen Positionen repräsentieren, sie konstituieren sich als eigene soziale Systeme mit einer Eigendynamik, die eine Prognose der Ergebnisse und Wirkungen erheblich erschwert. Zu fragen ist daher nach den Handlungsspielräumen und der 'relativen Autonomie' der Kommissionen hinsichtlich der Auslegung des Untersuchungsauftrages und der Definition der zu untersuchenden Probleme (Frage 10).

Insbesondere dann, wenn sie als Krisenkommission eingesetzt werden und einen Querschnitt unterschiedlicher gesellschaftlicher Interessengruppen repräsentieren, sind Untersuchungskommissionen in der Lage, als unabhängige Forschungs- und Diskursgruppen selbst - nach eigenen Regeln und eigenen Maßstäben - darüber zu bestimmen, wie das Problem zu definieren ist, welche Ursachen und Folgen zu bezeichnen sind, und welche Maßnahmen daher adäquat und praktikabel erscheinen. Selbst wenn also externe Zwänge, Erwartungen und Interessen in die Untersuchungskommissionen (in unterschiedlichem Ausmaß) hineinspielen, können sich diese dennoch zu semiautonomen Forschungsgruppen mit einer eigenen Definition ihres Selbstverständnisses und ihres Auftrags entwickeln. Von daher können Kommissionen häufig auch zu Ergebnissen und Empfehlungen kommen, die niemand erwartet (oder erwünscht) hat. Sie haben daher häufig auch gesellschaftliche und politische Wirkungen und Folgen, die weder vom Auftraggeber, noch von anderen Interessengruppen erwartet wurden. Doch auch die Kommissionen selbst sind nur begrenzt in der Lage, diese Wirkungen zu kontrollieren.

IV. UNTERSUCHUNGSKOMMISSIONEN IN DEN USA, GROSSBRITANNIEN UND DER BUNDESREPUBLIK DEUTSCHLAND

1. Forschungsfragen, Methoden und Datenquellen

Die vorliegende Studie arbeitet mit Datenmaterial aus unterschiedlichen Quellen. Dies hat verschiedene Gründe: Die zentralen Fragen nach Struktur, Arbeitsweise, Selbstverständnis und politischer Bedeutung der Untersuchungskommissionen waren nicht allein anhand der Analyse der Kommissionsberichte sowie der wissenschaftlichen Literatur sondern nur aufgrund zusätzlicher Experteninterviews zu beantworten. Zum anderen haben sich in dieser Arbeit auch Fragen gestellt, die über die eigentliche Arbeit der Kommissionen hinausgehen und somit nicht anhand der Kommissionsberichte beantwortet werden können. Dies betrifft vor allem die Wirkungen der Kommissionsberichte auf politische Entscheidungen und die öffentliche Meinung, darüberhinaus aber auch die tatsächlichen Veränderungen in den jeweiligen Politikfeldern, auf die die Kommissionen einzuwirken versuchten. Hier war es notwendig, neben den Interviewaussagen zusätzlich Dokumente und wissenschaftliche Literatur auszuwerten.

Kommissionsberichte

In den vergangenen zwanzig Jahren wurden nicht nur in der Bundesrepublik, sondern auch in den USA und in Großbritannien eine Vielzahl von Kommissionen und Untersuchungsausschüssen als Reaktion politischer Institutionen auf Proteste und öffentliche Konflikte eingesetzt. So liegen für die USA eine Fülle von Kommissionsberichten vor. Eine Vielzahl von staatlichen, regionalen oder kommunalen Untersuchungskommissionen beschäftigte sich Ende der 60er Jahre mit den Phänomenen der Ghetto-Unruhen und gewalttätiger Konflikte und legte umfangreiche Dokumentationen und Berichte vor (REPORT OF THE MCCONE COMMISSION 1965; GOVERNOR`S SELECT COMMISSION 1968). Für Großbritannien stellt sich die Lage ähnlich dar. Auch hier liegt eine Fülle von Kommissionsberichten vor, die teilweise von der Regierung, teilweise von Stadtparlamenten initiiert wurden. Daneben beschäftigten sich auch zahlreiche 'Nicht-Regierungs-Kommissionen' beispielsweise der Kirchen oder auch die 'Commission for Racial Equality' und verschiedene 'Police-Committees' mit dem Thema der race-riots und führten eigene Untersuchungen durch (vgl. REPORT OF THE ARCHBISHOF 1985; COMMISSION FOR RACIAL EQUALITY 1980; REPORT OF A PANEL OF INQUIRY 1983),die jedoch im Folgenden nicht berücksichtigt werden können.

Um die Kommissionen der ausgewählten Länder vergleichen zu können, mußte eine entsprechende Auswahl anhand verschiedener Kriterien erfolgen. So wurden zunächst Kommissionen ausgewählt, die die Analyse der Ursachen und Eskalationsbedingungen öffentlicher Konflikte und politischer Proteste mit häufig gewalttätigen Ausschreitungen zum Thema hatten. Neben der gleichen Thematik - öffentliche, nichtinstitutionalisierte Konflikte - stellte die politische Ebene, auf der die verschiedenen Kommissionen eingesetzt wurden, ein weiteres Kriterium der Auswahl dar. Unter dem Aspekt der Vergleichbarkeit erschien es sinnvoll, nur Kommissionen in die Untersuchung einzubeziehen, die auf bundesstaatlicher Ebene initiiert worden sind. Eine Ausnahme hierbei bildet Großbritannien, wo nur eine der drei untersuchten Kommissionen dieses Kriterium erfüllt. Da jedoch gerade in Großbritannien als Folge gewalttätiger kollektiver Unruhen eine Vielzahl von Untersuchungskommissionen eingesetzt worden waren, erschien uns die Aufnahme der anderen sinnvoll. Nur so konnte geprüft werden, inwieweit die einzige Regierungskommission als exemplarisch für den politischen Diskurs gelten kann. Auch hinsichtlich der Ursachenanalyse und der Empfehlungen scheint ein Vergleich der aus unterschiedlichen politischen Perspektiven entstandenen Kommissionen interessant.
Folgende Kommissionen wurden in die Analyse einbezogen:

USA:
- The National Advisory Commission on Civil Disorders (Kerner-Commission)
- National Commission on the Causes and Prevention of Violence (Eisenhower-Commission)
- The President's Commission on Campus Unrest (Scranton-Commission)

Bundesrepublik Deutschland:
- Enquete-Kommission des Deutschen Bundestages: 'Jugendprotest im demokratischen Staat'

Großbritannien:
- Inquiry by the Rt.Hon.The Lord Scarman, O.B.E.: The Brixton Disorders (Scarman-Commission)
- Independent Inquiry into Handsworth Disturbances (Silverman-Commission)
- Report of the Review Panel: A Different Reality (Review-Panel)

Im Verlauf unserer Arbeit erstellten wir zunächst Kurzcharakteristiken zu den ausgewählten Kommissionen, um die genannten Auswahlkriterien zu überprüfen. Thematisiert wurden Auftrag sowie Struktur und Arbeitsweise. Darüber hinaus enthalten sie Informationen zu den von den Kommissionen analysierten Protestphänomenen und den erstellten Empfehlungen. In diesem Zusammenhang wurden sowohl die zugrundeliegenden Gegenstandsbereiche als auch die Ursachenannahmen in den verschiedenen Berichten untersucht.

Experteninterviews

Da für uns nicht nur die Ergebnisse, sondern vor allem die Arbeitsweise und die spezifischen Leistungen der Kommissionen von Bedeutung waren wurden zur Ergänzung und Absicherung der Literaturstudie Experteninterviews durchgeführt. Interviewpartner waren sowohl Wissenschaftler als auch Politiker, die entweder als Mitglieder oder als Berater für die Kommissionen tätig waren. Darüberhinaus wurden Experten auf dem Gebiet der Politikberatung und Protestforschung befragt. Die Befragung dieser 'Primärquellen' sollte Aufschluß geben über kommissionsinterne Prozesse und ermöglichte Einschätzungen des Einflusses auf verschiedene politische Maßnahmen.

Kriterium für die Auswahl der Befragten - sowohl der Politiker, als auch der Wissenschaftler - war ihre Kompetenz auf dem Gebiet der Politikberatung. Sie sollten entweder selbst an der Ausarbeitung von Analysen und politischen Empfehlungen beteiligt gewesen oder durch ihre wissenschaftliche Arbeit im Bereich der Protestforschung oder Analyse der Kommissionsarbeit ausgewiesen sein.

Bei den Befragten in den **USA** handelte es sich i.d.R. um Mitarbeiter der Kommissionen und um Personen, die an der Erstellung von Gutachten beteiligt waren. Kommissionsmitglieder selbst konnten hier aufgrund der zu lange zurückliegenden Kommissionsaktivität nicht befragt werden. Es wurden anstelle dessen anerkannte Experten für die Analyse der Kommissionsarbeit um Stellungnahme gebeten. In der **Bundesrepublik** wurden primär Personen befragt, die Mitglieder in der Enquete-Kommission waren bzw. als Sachverständige gehört wurden. In **Großbritannien** wurden Personen ausgewählt, die selbst Mitglied der Kommissionen waren, sowie Wissenschaftler, die sich speziell mit den 'riots', ihren Ursachen und Auswirkungen beschäftigt hatten. Eine Liste aller Befragten findet sich im Anhang.

Als Untersuchungsmethode wählten wir schwach standardisierte Einzelinterviews. Wir erhofften uns auf offene Fragen nuanciertere und informationsreichere Antworten als es durch die bloße Wahl von Antwortalternativen möglich gewesen wäre. Mit Hilfe des Frageleitfadens konnten wir auf einzelne Interviewpartner individuell eingehen und die Schwerpunktsetzung der Themen variieren, wenn sich beispielsweise zeigte, daß einzelne Befragte zu bestimmten Fragekomplexen keine Angaben machen konnten, in anderen Bereichen jedoch besonders informiert waren.

Der Interviewleitfaden wurde in modifizierter Form für alle drei Länder verwendet. Er ist an den zuvor entwickelten Fragen orientiert und gliedert sich in zwei große Bereiche. Zum einen zielen die Fragen auf eine allgemeine Einschätzung der Kommission. Dabei werden Aspekte wie Rahmenbedingungen und Einflüsse, denen die Kommissionen ausgesetzt sind, interne Konflikte sowie Einfluß und politische Bedeutung behandelt. Ein zweiter Fragenkomplex bezieht sich auf die von den Kommissionen ausgesprochenen Empfehlungen, ihre Umsetzung und ihre Wirkung.

Die Interviews wurden alle mittels eines Kassettengerätes aufgezeichnet und anschließend vollständig transkribiert. Sie wurden mit Hilfe eines Kategorienschemas auf Grundlage der Forschungsfragen ausgewertet, das um die Gesichtspunkte erweitert wurde, die sich in den Interviews selbst ergeben hatten und die für die Analyse von Gemeinsamkeiten und Unterschieden bedeutsam geworden waren. Aus Gründen der Lesbarkeit verzichten wir jedoch im folgenden darauf, die Ergebnisse jeweils einzeln auf die oben formulierten Fragen zu beziehen.

2. Untersuchungskommissionen in den USA

2.1. Kurzcharakteristik der amerikanischen Kommissionen

2.1.1 Die Kerner-Commission

Die Kommission wurde am 29. Juli 1967 von Präsident L.B. Johnson auf der Grundlage der Executive Order 11365 für die Dauer eines Jahres eingesetzt.

Ihr **Auftrag** war es zu klären, was im Verlauf der Rassenunruhen in verschiedenen Städten der USA 1967 geschehen war und welche Ursachen diesen Ereignissen zugrunde lagen. Folgende Fragestellungen waren Ausgangspunkt des Kommissionsauftrages:

- Warum kommt es in einigen Städten zu Unruhen, in anderen dagegen nicht?
- Wie gut ist die Polizei ausgerüstet?
- Wie ist ihr Ausbildungsstand?
- Wie wirken sich die Beziehungen zwischen Polizei und Bewohnern auf die Unruhen aus?
- Wer war an den Unruhen beteiligt?
- Welchen Einfluß haben bestimmte, in Ghettos vorliegende Bedingungen wie Arbeitslosigkeit, familiäre Instabilität, geringe Ausbildung, fehlende Motivation, mangelnde Gesundheitsfürsorge?
- Welche Programme (sowohl auf regierungs- als auch lokalpolitischer Ebene) haben sich in der Vergangenheit als wirksam zur Bekämpfung der Armut erwiesen?
- Welche Möglichkeiten zur Behebung der in den Städten entstandenen Schäden stehen der öffentlichen Hand zur Verfügung?
- Wie ist der Einfluß der Medien auf Unruhen?

Darüber hinaus sollte ermittelt werden, wie auf präventivem Wege zukünftige Ausschreitungen zu verhindern sind. Gefragt wurde sowohl nach kurzfristigen Maßnahmen zur Vermeidung von Unruhen als auch nach langfristigen Konzepten, um die sozialen Spannungen zu reduzieren, als deren Ausdruck die Unruhen interpretiert worden waren.

Struktur und Arbeitsweise

Die Kommission bestand aus 11 Mitgliedern. Zum Vorsitzenden wurde der Gouverneur von Illinois, Otto Kerner, ernannt. Stellvertretender Vorsitzender war John Lindsay, damaliger Bürgermeister von New York City und Mitglied zahlreicher Kommitees. Die übrigen Mitglieder waren F.R. Harris, Senator von Oklahoma (Demokrat), E.W. Brooke, Senator von Massachusetts (Republikaner), J.D. Corman, Abgeordneter des 22nd Districts, California (Demokrat), I.W. Abel, Präsident der American Federation of Labor & Congress of Industrial Organizations (größter amerikanischer Gewerkschaftsverband), H. Jenkins, Polizeichef von Atlanta, Georgia, W.M. McCulloch, Abgeordneter des 4th Districts, Ohio (Republikaner), K.G. Peden, Bevollmächtigte der Handelskammer (Commissioner of Commerce) des Staates Kentucky, C.B. Thornton, Vorsitzende der Litton Industries Inc., sowie R. Wilkins, Direktor der National Association for the Advancement of Colored People (NAACP).

Neben der eigentlichen Kommission gab es zwei beratende Ausschüsse - National Advisory Panel on Insurance in Riot Affected Areas und Advisory Panel on Privat Enterprise - die jeweils einen Bericht an die Kommission lieferten.

Der Kommission zugeordnet war ein Stab von Experten, an deren Spitze David Ginsburg stand. Er wurde als Executive Director von Präsident Johnson ernannt. Dieser Expertenstab bestand aus insgesamt 10 Forschungsleitern, denen wiederum 15 Berater und Stellvertreter und über 90 Mitarbeiter zugeordnet waren. Die Kommission verfügte zusätzlich über 73 weitere Mitarbeiter, Assistenten und Sekretäre.

Abb. 1: National Advisory Commission on Civil Disorders 1968 (Kerner-Kommission) - Organisationsübersicht

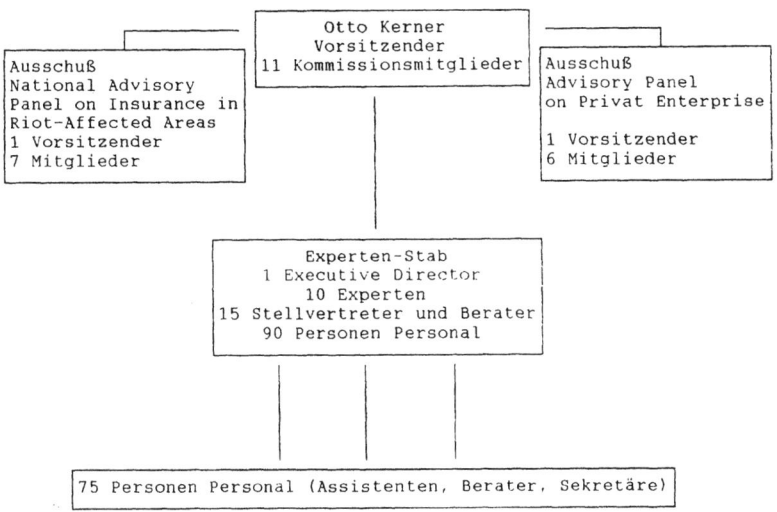

Die Kommission arbeitete in zwei Phasen. In der ersten Phase stand die Frage nach den Ereignissen, ihren Ursprüngen und ihren Verlaufsformen im Vordergrund. Während einer zweiten Phase konzentrierte man sich auf die Auswertung und Analyse.

Eine Vielzahl von Untersuchungen wurde durchgeführt. Neben Ortsbesichtigungen in verschiedenen von den Ausschreitungen betroffenen Städten und Anhörungen von Beteiligten und Zeugen wurden Experten aus zahlreichen Bundesstaaten zu Rate gezogen.

In den Monaten August bis November wurden Hearings unter Ausschluß der Öffentlichkeit in Washington abgehalten, bei denen insgesamt 130 Zeugen der Unruhen gehört wurden. Bei den Zeugen handelte es sich um Politiker aus den von den Unruhen betroffenen Städten, um Bürgermeister und deren Mitarbeiter, Vertreter von Polizei und Feuerwehr, Beamte und Mitarbeiter verschiedener Human Relation Commissions und eine Vielzahl von Beamten, die mit der Kontrolle der Unruhen befaßt waren bzw. die Auskunft über die Geschehnisse geben konnten. Zu den schwersten Unruhen wurden als Zeugen auch Mitglieder der Bundesregierung, Gouverneure, Staatsbeamte und Beamte des Law Enforcement gehört. Neben einer Beschreibung des Verlaufs gaben die Zeugen auch subjektive Einschätzungen der Ursachen für die Unruhen und Empfehlungen für künftiges Vorgehen und Handeln wider. Die Kommission hat in ihre Zeugenanhörungen auch Bewohner der Ghettos, Führer der Bürgerrechtsbewegung, bekannte Schriftsteller, Reporter, Soziologen, Historiker, Psychologen, Ökonomen und eine Reihe von Politikern mit einbezogen, die bereits mit Problemen der Städte, der Armut und der Minoritäten befaßt waren. Angesichts des hohen Stellenwertes von Maßnahmen zur Prävention und zur Kontrolle von Unruhen führte die Kommission Gespräche mit Vertretern des Justizministeriums, des Bundeskriminalamtes (FBI), des Militärs und Experten der Polizei und Wissenschaft in Fragen der Beziehungen zwischen Polizei und Gemeinde.

Während der zweiten Phase (Dezember bis Februar) fanden eine Reihe von Sitzungen der Kommissionsmitglieder und ihrer Mitarbeiter statt, bei denen die Ergebnisse der Befragungen und Feld-Studien sowie erste Entwürfe des Berichts diskutiert und über auszusprechende Empfehlungen beraten wurde.

Gegenstandsbereich und Ergebnisse

Die Kommission sollte die Ursachen der Rassenunruhen, die im Sommer 1967 in 150 Städten der USA stattgefunden hatten, ergründen und Empfehlungen aussprechen, wie zukünftig solchen Geschehnissen begegnet werden könnte bzw. welche Maßnahmen ergriffen werden müßten, um solche gewaltsamen Unruhen zu vermeiden.

Die Kommission befürchtete eine soziale Spaltung der amerikanischen Gesellschaft in Richtung auf eine Zwei-Rassen-Gesellschaft - in 'Schwarze' und 'Weiße'. Ihren Empfehlungen lag die Einschätzung zugrunde, daß die Erfahrung von Diskriminierung und Segregation über einen langen Zeitraum gewalttätige Reaktionen bei den betroffenen Minderheiten bewirkte. Sie betonte die Notwendigkeit schneller, unmittelbarer Maßnahmen mit dem Ziel, die demokratischen Ideale für alle Bürger der amerikanischen Gesellschaft Realität werden zu lassen.

Als grundlegende Prinzipien der ausgesprochenen Empfehlungen werden genannt:
- Auflistung von Programmen mit der Gewichtung der Probleme nach ihrer Dringlichkeit;
- unverzügliche Realisierung der Programme;

- neue Initiativen bei der Umsetzung und Unterstützung von Experimenten.

Der erste Teil des Abschlußberichtes besteht aus einer detaillierten Untersuchung von Unruhen in verschiedenen Städten der USA im Sommer 1967. In 23 Städten wurden vor Ort Interviews durchgeführt und Feldstudien erstellt. Im Anschluß daran fand eine Auswahl von 10 Städten statt, in denen eine spezielle Forschungsgruppe Tiefeninterviews durchführte. Insgesamt wurde ein Personenkreis von 1200 Personen befragt, in dem verschiedene Bevölkerungsgruppen repräsentiert waren. So wurden beispielsweise sowohl Kommunalpolitiker und leitende Angehörige der Polizei und der Armee wie auch Sprecher aus Black Power Gruppen und an Unruhen Beteiligte interviewt. Ferner fanden Experten-Hearings statt und in nicht-öffentlichen Sitzungen informierte sich die Kommission anhand von Zeugenberichten. Daneben dienten offizielle Dokumente wie z.B. Polizeiprotokolle und Berichte der National Guard zur chronologischen Vervollständigung der Ereignisse.

Anhand des vorliegenden Materials wurden in einem weiteren Schritt typische Charakteristiken von Unruhen erarbeitet. Untersucht wurden gemeinsame Merkmale der Städte, Charakteristika der Beteiligten und Nichtbeteiligten an Unruhen, Deeskalationsversuche von Behörden und Bewohnern, die Bedeutung der Lebensbedingungen im Ghetto, die Auswirkungen von Hilfsprogrammen zur Verbesserung dieser Bedingungen und die Bedeutung der Beziehungen zwischen Polizei und Gemeinde.

Die Kerner-Kommission bewertete sozio-ökonomische Bedingungen als ausschlaggebend für soziale Unruhen. Die Bedingungen, die dem Ausbruch zugrundelagen, wurden folgendermaßen gewichtet:
an erster Stelle:
- Polizeipraktiken und Beziehung zwischen Polizei und Bevölkerung
- Arbeitslosigkeit und Unterbeschäftigung
- unzulängliche Wohnungen
an zweiter Stelle:
- unzulängliche Ausbildung
- fehlende Freizeitangebote und -programme
- mangelnde Wirksamkeit demokratischer Strukturen und Beschwerdemöglichkeiten

an dritter Stelle:
- abschätzige Haltung von 'Weißen'
- Diskriminierung von Seiten der Justiz
- Unzulänglichkeiten von Bundeshilfsprogrammen
- mangelnde kommunale Dienstleistungen
- diskriminierendes Konsum- und Kreditgebaren
- unzulängliche Sozialhilfeprogramme

Der zweite Teil des Abschlußberichtes beginnt mit der Schilderung der Hauptursachen für das latente Gewaltpotential in der schwarzen Bevölkerung. Frustration und das Gefühl von politischer und gesellschaftlicher Machtlosigkeit bildeten nach Ansicht der Kommission eine explosive Mischung (vgl. KERNER-REPORT, 11, 235ff). Nach einem Exkurs zur Geschichte der Unterdrückung von 'Farbigen' in den USA seit der Kolonialzeit wird detailliert die aktuelle Lebenslage dieser Bevölkerungsgruppe beschrieben.

Im dritten Teil werden Möglichkeiten zur Verbesserung der Situation von farbigen Minderheiten formuliert. Es werden Maßnahmen empfohlen, die neuen Unruhen entgegenwirken sollen. Die Empfehlungen sind an verschiedene Adressaten (insbesondere Bundesregierung und Stadtparlamente) gerichtet und nach unterschiedlichen Bereichen (Integration, Beschäftigung, Städte- und Wohnungsbau etc.) gegliedert.

2.1.2   Die Eisenhower-Commission

Laut Executive Order 11412 wurde diese Kommission am 10. Juni 1968 auf Anordnung von Präsident Lyndon B. Johnson einberufen. Ihr **Auftrag** war es, Analysen und Empfehlungen zu folgenden Problemen zu erarbeiten:

- Ursachen und Verhütung von ungesetzlichen Gewalthandlungen in der amerikanischen Gesellschaft, einschließlich Attentaten, Mord und Körperverletzung;
- Ursachen und Verhütung der Nichtachtung von Recht und Ordnung, der Respektlosigkeit gegenüber der Öffentlichkeit und der gewaltsamen Störung der öffentlichen Ordnung, die durch Einzelpersonen und Gruppen verursacht worden sind;
- weitere, vom Präsidenten noch zu bestimmenden Fragestellungen.

Nicht alle der vom Präsidenten in Auftrag gegebenen Fragestellungen sind für unsere Untersuchung von Bedeutung. Wir haben daher nur einige der Berichte berücksichtigt.

Struktur und Arbeitsweise der Kommission

Als Vorsitzender wurde Milton D. Eisenhower, ein ehemaliger Universitätspräsident und früherer Präsidentenberater in Lateinamerikafragen, ernannt. Stellvertretender Vorsitzender wurde Leon A. Higginbotham, ein Bundesrichter. Weitere Mitglieder waren die beiden Senatoren Philip A. Hart (Demokratische Partei) und Roman Hruska (Republikanische Partei), sowie als Mitglieder des Repräsentantenhauses Hale Boggs und William M. McCulloch. Dazu kamen noch Terrence J. Cooke, Erzbischof, Patricia Harris, Botschafterin, Eric Hoffer, Philosoph, Albert E. Jenner Jr. und Leon Jaworski als Vertreter einzelstaatlicher Parlamente, und schließlich W. Walter Menninger, Psychiater. Diese 13 Personen galten als Mitglieder der Kommission im engeren Sinne und waren als einzige stimmberechtigt. Aus der folgenden Übersicht wird deutlich, wie umfassend die Themenstellung der Kommission gewesen ist, wie die Kommission strukturiert und organisiert war und wieviel Personal ihr zur Verfügung gestanden hat (siehe Abb. 2, S. 74).

Abb. 2: National Commission on the Causes and Prevention of Violence, Washington D.C. 1968/1969 (Eisenhower-Kommission) - Organisationsübersicht

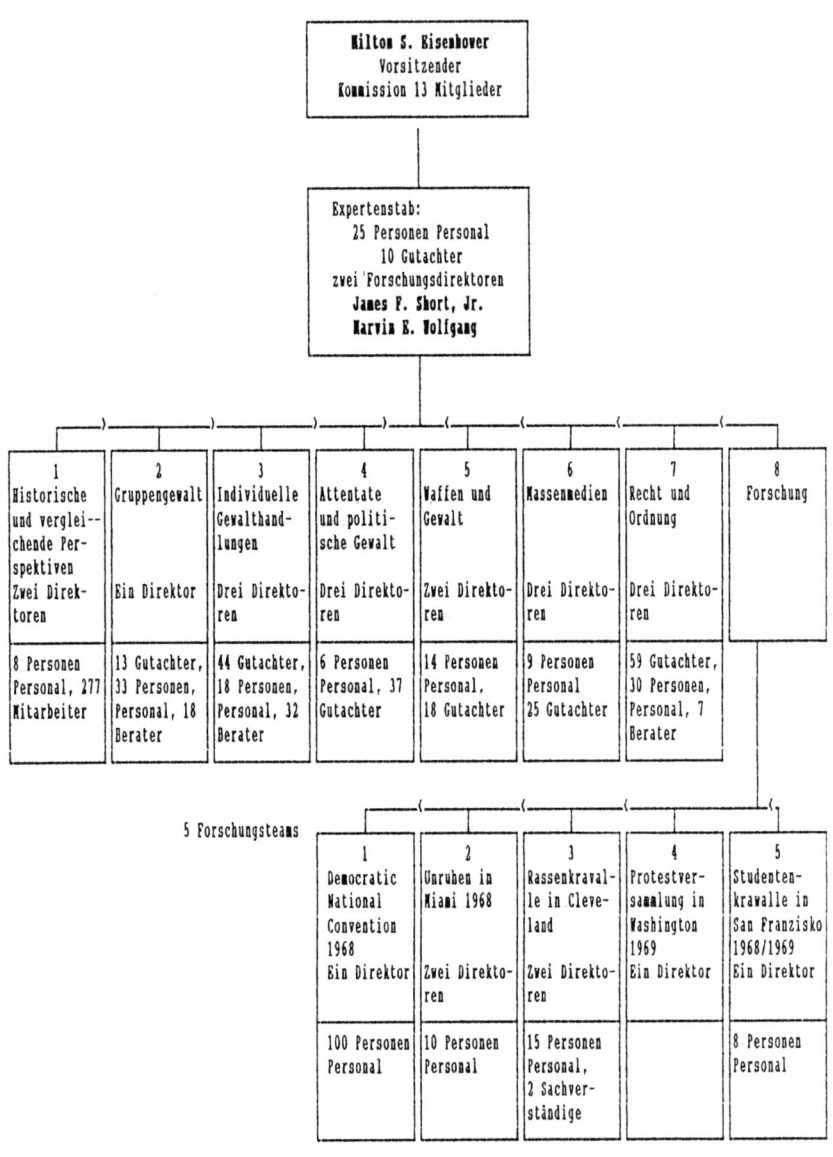

Über die Arbeit in den Unterkommissionen und Forschungsteams hinaus wurden mehr als 140 Forschungsaufträge und Spezialanalysen an externe Berater in Auftrag gegeben. Mit welchen Untersuchungsgegenständen sich die Kommission beschäftigte läßt sich an ihren offiziell veröffentlichten Schriften erkennen, deren Themen im folgenden kurz dargestellt werden.

Veröffentlichungen
(Die folgenden Titel sind alle im Jahre 1969 erschienen; vgl. die englischsprachigen Originaltitel im Literaturverzeichnis.):
Bände 1 und 2:
Graham, Hugh E./ Gurr, Ted R. (Hrsg.): Ursachen, Prozesse und Konsequenzen der Gewalt in der nordamerikanischen Geschichte
Band 3
Skolnick, Jerome (Hrsg.): Analyse von Gruppengewalt im Zuge von Studenten-, Rassen- und Antikriegsprotesten; Vorschläge zu Reaktionen der politischen und sozialen Institutionen
Band 4
Sahid, Joseph R. (Hrsg.): Untersuchungen eines Forschungsteams zur Demonstration anläßlich der Amtseinführung Präsident Nixons in Washington 1969
Band 5
Masotti, Louis H./Corsi, Jerome R. (Hrsg.): Untersuchungen eines Forschungsteams zu den Rassenunruhen in Cleveland im Juli 1968
Band 6
Orrick, William H. (Hrsg.): Untersuchungen eines Forschungsteams der Studentenunruhen am Staatscollege San Francisco im Winter 1968/69
Band 7
Newton, George D./Zimring, Franklin D. (Hrsg.): Rolle von Waffen bei Gewaltkriminalität, Unfällen, Selbstmorden und Wege zur Waffenkontrolle
Band 8
Kirkham, James F./Levy, Sheldon D./Crotty, William J. (Hrsg.): Studie zu weltweiten Attentaten gegen politische Führer
Band 9
Baker, Robert K./Ball, Sandra J., (Hrsg.): Die Wirkungen von Gewaltdarstellungen in Massenmedien

Band 9A
Briand, Paul J.: Ergebnisse der Anhörungen
Band 10
Campbell, James F./Sahid, Joseph R./Stang, David P. (Hrsg.): Das
Kriminaljustizsystem der USA. Vorschläge zur Reform
Band 11, 12, 13
Mulvihill, Donald J./Tumin, Melvil/Curtis, Lynn A. (Hrsg.): Individuelle Gewaltkriminalität
Band 15
Abschlußbericht der Kommission:
"To Establish Justice, To Ensure Domestic Tranquility"

Die zentrale Kommission delegierte die Aufgaben an die Unterkommissionen, die sowohl personell als auch in ihrer inhaltlichen Arbeit von der zentralen Kommission unabhängig waren. Die Unterkommissionsberichte wurden bis auf zwei Studien (Skolnick-Report, Walker-Report) von Forschungsteams unter der Autorität der Gewaltkommission veröffentlicht. Sie stellen jedoch nicht unbedingt die Meinung der Gewaltkommission dar. Deren Standpunkt ist im Abschlußbericht wiedergegeben.

Gegenstandsbereich und Ergebnisse

Aufgabe der Eisenhower-Kommission war es, vor dem Hintergrund der in allen Bereichen der amerikanischen Gesellschaft zunehmenden Gewalthandlungen deren Ursachen und Formen umfassend zu beschreiben und Empfehlungen zur Bekämpfung von Gewaltkriminalität zu treffen. Der hohe Ressourceneinsatz ermöglichte es der Kommission, ihren weitreichenden Arbeitsauftrag hinsichtlich der genannten Aspekte intensiv zu bearbeiten. Unsere Analyse der Arbeit der Gewaltkommission wird im folgenden diejenigen Themen ausklammern, die für unsere Schwerpunktsetzung auf öffentliche politische Konflikte und Gruppengewalt uninteressant sind. Dazu zählen die Themen über individuelle Gewalttaten wie Raub, Vergewaltigung, Mord und Totschlag, über politisch motivierte Attentate, über die Bedeutung von Handfeuerwaffen, sowie das Thema der Gewalt in Fernsehsendungen. Eingehen werden wir auf die im Zusammenhang mit öffentlichen politischen Konflikten relevanten Themen der Gruppengewalt, des zivilen Ungehorsams, der Studentenunruhen und des Verhältnisses von Gewalt und Kriminaljustiz.

Als Quellen der Analyse haben wir den Abschlußbericht (FINAL REPORT) und die Berichte der in unserem Zusammenhang relevanten Unterkommissionen (Bände 3, 4, 5, 6, 10, 15 der Publikationen der Kommission) zugrundegelegt. Weiterhin stützten wir uns auf eine bereits vorliegenden Bericht über die Eisenhower-Kommission (SCHNEIDER 1988).

Bevor im folgenden die Analyse der Ursachen und die Empfehlungen der Kommission hinsichtlich der uns interessierenden Phänomene referiert werden, ist in einigen Anmerkungen auf den Grundtenor des Abschlußberichtes einzugehen.

Ausgangspunkt der Überlegungen der Kommission ist die in den 60er Jahren stark angewachsene Gewaltkriminalität, in der eine ernsthafte Bedrohung des inneren Zusammenhalts der amerikanischen Gesellschaft gesehen wird (FINAL REPORT, XV f.). Die Kommission glaubt zwar nicht, alle relevanten Aspekte ihres komplexen Auftrages ausreichend bearbeitet zu haben. Sie ist jedoch davon überzeugt, wertvolle Einsichten in die Ursachen der in den USA virulenten Gewaltformen gewonnen zu haben und glaubt, daß es aufgrund ihrer Erkenntnisse möglich sei, die meisten Gewalthandlungen zu verhindern (FINAL REPORT, XV).

Die zur Vermeidung von Gewalt vorgeschlagenen Maßnahmen lassen sich danach kategorisieren, ob sie eher Präventions- oder aber Kontrollziele erfüllen können. Unter die Kontrollkategorie fallen Vorschläge wie die Verdoppelung der Investitionen ins Kriminaljustizsystem bei dessen gleichzeitiger Reform, die Entwicklung von Einsatzstrategien bei Demonstrationen und Aufständen etc. Unter die Präventionskategorie fallen eine Reihe von Vorschlägen, die an den von der Kommission analysierten Ursachen ansetzen. Dazu zählen unter anderem größere Mitbestimmungsmöglichkeiten für Jugendliche (Herabsetzung des Wahlrechtalters, Reform des Militärdienstes, Schaffen von Möglichkeiten des sozialen Engagements), die Verbesserung der Lebensbedingungen insbesondere in den Slums durch Wohnungsbau, Einrichtung von Arbeitsplätzen und Mindesteinkommen (FINAL REPORT, XIX, XXII).

Nach Auffassung der Kommission ist eine neue Prioritätensetzung in der Politik des Bundes notwendig, um dem enormen Defizit im Bereich von Wohlfahrt und Sozialpolitik zu begegnen (FINAL REPORT, XXIV). Hierzu wird empfohlen, die Militärausgaben drastisch zu senken - was erst durch die Beendigung des Vietnamkrieges möglich würde - sowie zusätzlich zu diesen eingesparten Geldern die Zuwächse am Bruttosozialprodukt für sozialpolitische Maßnahmen zu verwenden (FINAL REPORT, XXV-XXIX). Durch einen jährlich zu erstellenden Sozialbericht und der Evaluierung ergriffener Maßnahmen soll die Wirksamkeit einer solchen neuen Politik überprüfbar gemacht werden.

Die Kommission glaubt, durch die Analyse der Ursachen von Gewalt und der Ausarbeitung von Empfehlungen die wissenschaftlichen Grundlagen für die notwendigen politischen Interventionen bereitgestellt zu haben (FINAL REPORT, XIX). Aufgabe der Politik sei es nun, für die Umsetzung der vorgeschlagenen Maßnahmen und in der Bevölkerung für die erfordeliche Akzeptanz zu sorgen (FINAL REPORT, XXXf.).

Erstens also sieht die Kommission bei den politischen Institutionen eine hohe Kapazität zur Steuerung der Entwicklungen. Zweitens scheint es bei den vorgeschlagenen Maßnahmen hauptsächlich um eine Umverteilung von Mitteln im Staatshaushalt zu gehen. Ein notwendiger Wandel der politischen Institutionen wird zwar auch angesprochen, jedoch inhaltlich nicht weiter konkretisiert.

2.1.3 Die Scranton-Commission

Präsident Nixon setzte die Kommission laut Executive Order vom 13.6.1970 ein. Der Abschlußbericht wurde am 26.9.1970 vorgelegt.
Die Kommission hatte den **Auftrag** folgende Aufgaben zu bearbeiten:
- Ermittlung der Ursachen für die gewalttätigen Ausschreitungen an den Universitäten und für das Versagen der üblichen Formen der Auseinandersetzungen;
- Entwicklung spezifischer Verfahren zum Umgang mit Beschwerden
- Ausarbeitung pragmatischer Vorschläge zur Aufrechterhaltung des Forschungs- und Lehrbetriebes im Falle von Unruhen, Beibehaltung von Möglichkeiten für friedliche Proteste.

Struktur und Arbeitsweise der Kommission

Neben dem Vorsitzenden William W. Scranton, ehemaliger Gouverneur von Pennsylvania, gehörten der Kommission noch folgende Mitglieder an: Bayless Manning, Dekan der Stanford Law School, James Ahern,

Polizeichef in New Haven, Conneticut, Benjamin O. Davis, Chef der Öffentlichen Sicherheit in Cleveland, Erwin D. Canham, Hrsg. des Christian Science Monitor, James C. Cheek, Präsident der Howard University, Martha A. Derthick, Prof. für Politikwissenschaften in Boston, Revius O. Ortique, Staatsanwalt aus New Orleans, sowie Joseph Rhodes jr., Junior Fellow an der Harvard University.

Die folgende Übersicht verdeutlicht die Organisationsstruktur und die personelle Ausstattung der Kommission:

Abb.3 :The President's Commission on Campus Unrest (1970) (Scranton-Commission) - Organisationsübersicht

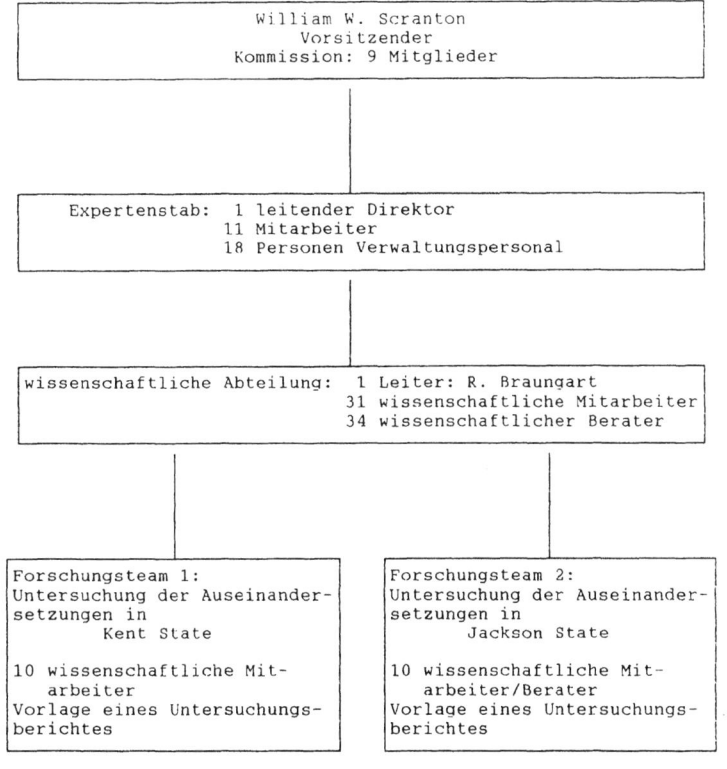

Die Kommission führte vier Anhörungen durch: in Washington D.C., in Los Angeles, in Jackson (Mississippi) und in Kent (Ohio). Zwei Forschungsteams untersuchten die Unruhen von Kent und Jackson. Die Studien der Forschungsteams analysieren und beschreiben das Entstehen, den Verlauf und die direkten polizeilichen und politischen Reaktionen auf die Auseinandersetzungen. In diesen Studien werden nur der unmittelbare Anlaß und der Verlauf der Konflikte untersucht. Die den Konflikten zugrundeliegenden sozialen Ursachen sind nicht Gegenstand der Untersuchung. Die Empfehlungen der beiden Studien beziehen sich lediglich auf die Verbesserung der Ausrüstung, der Einsatzmethoden und des Trainings der Polizei (Unterkommissionsbericht nach PLATT 1971, 518ff.).

Wichtigstes Dokument der Kommissionsarbeit ist der von den stimmberechtigten Kommissionsmitgliedern verabschiedete Abschlußbericht. Dieser analysiert die Ursachen der Auseinandersetzungen an den Universitäten und legt eine Reihe politischer Handlungsempfehlungen vor. Die folgende Analyse der Kommissionsarbeit ist ausschießlich am Abschlußbericht orientiert.

Gegenstandsbereich und Ergebnisse

Aufgabe der Kommission war es, alle möglichen Formen des Protestverhaltens an den amerikanischen Hochschulen gegen Ende der 60er Jahre zu untersuchen (FINAL REPORT, IX f.). Gegenstände und Anlässe dieser Proteste waren recht unterschiedlicher Natur. Es handelte sich dabei beispielsweise um den Protest gegen den Vietnam-Krieg, um Rassendiskriminierung in der amerikanischen Gesellschaft oder um Kritik an den mangelnden studentischen Mitwirkungs- und Einflußmöglichkeiten an den Universitäten. Die Kommission sollte neben der Analyse der Ursachen dieser Proteste vor allem Vorschläge dazu machen, wie von seiten der politischen Institutionen mit den unterschiedlichen Formen des Protestes umgegangen werden solle. Folglich unterscheidet die Kommission in ihrem Schlußbericht Formen des Protestes, die als "ordentliche Manifestationen von Dissens" (ebd., X) zu tolerieren seien von solchen Protesten, die zu unterbinden seien. Zur ersten Kategorie werden Demonstrationen, Märsche oder das Aufstellen von Mahnwachen oder Streikposten gezählt. Unter die zweite Kategorie fallen in der Sichtweise der Kommission sit-ins, das Stören von Lehrveranstaltungen, die Behinderung von Lehrenden und Studenten beim Reden oder Zuhören und jegliche Art gewalttätiger Aktionen.

Die Kommission macht drei wesentliche Ursachen für die gewalttätigen Ausschreitungen an den Universitäten aus: Rassenprobleme, den Vietnamkrieg (bzw. die kurz vor Beginn der Unruhen gerade erfolgte Invasion amerikanischer Truppen in Kambodscha) und Probleme an den Universitäten. Keine dieser Ursachen könne jedoch für sich genommen die massiven Proteste erklären. Nur im Zusammenhang mit dem Eintreten der amerikanischen Gesellschaft in die postindustrielle Ära und dem dadurch verursachten Wertewandel könnten die Proteste richtig verstanden werden (Abschlußbericht 51f.). Im Zuge dieses Wertewandels ('new culture' oder 'new youth culture' genannt) sei vor allem bei jungen Menschen eine neue Werthierarchie entstanden. Werte wie Gleichheit, Gerechtigkeit, Humanität und Unantastbarkeit des menschlichen Lebens würden demnach gegenüber materialistischen Orientierungen wie Karrieredenken oder Streben nach materiellem Wohlstand in den Vordergrund treten. Das Gemeinsame der Proteste bestehe in der Kritik an gesellschaftlichen Erscheinungen, die einer solchen Wertorientierung besonders kraß widersprächen. Die Kommission lehnt daher auch alle Erklärungen, die nur einen einzelnen Grund als Ursache der Proteste ansehen (z.B. permissive Erziehungsmethoden, schwindender Respekt vor den Gesetzen, universitäre Probleme) als verfehlt ab.

In der weiteren Analyse der Protestursachen geht der Abschlußbericht ausschließlich auf die universitären Probleme ein. Diese werden in veralteten Lehrplänen, die keinen Bezug zu aktuellen sozialen Problemen aufweisen, und in mangelnden studentischen Mitwirkungsmöglichkeiten im Universitätsbetrieb gesehen. Die ebenfalls von der Kommission als Protestursachen angeführten Rassenkonflikte und der Vietnam-Krieg werden nicht näher thematisiert.

2.2 Zusammensetzung der Kommissionen und Artikulationschancen unterschiedlicher Gruppen

Hinsichtlich der Zusammensetzung der jeweiligen Kommission haben wir geprüft, inwieweit aufgrund politisch motivierter Selektionsprozesse das Spektrum der politischen Meinungen in der Kommission von vorneherein eingeengt wird, so daß die Ergebnisse der Kommissionsarbeit zu einem bestimmten Grad vorhersehbar sind. Die den Selektionsprozessen zugrundeliegenden Kriterien können nur vor dem Hintergrund der Erwartungen in denjenigen politischen Institutionen verstanden werden, in denen darüber entschieden wird, ob und wann Kommissionen eingesetzt werden und wer zum Kommissionsmitglied berufen wird bzw. wer sich vor der Kommission äußern darf. Von einer Vorhersehbarkeit der Ergebnisse kann nur dann ausgegangen werden, wenn in den entsprechenden politischen Institutionen relativ klare Vorstellungen darüber bestehen, was Aufgabe, Zweck und Ergebnis der Kommission sein sollen.

Diese Vorstellungen konnten über die Aussagen in den Interviews natürlich nur sehr mittelbar in Erfahrung gebracht werden, da weder die entsprechenden politischen Entscheidungsträger selbst noch ihre Berater oder engen Vertrauten in den Kommissionen befragt werden konnten. Schlüsse hinsichtlich der Erwartungen der Regierung an die Kommission können also nur anhand der Erfahrungen und Interpretationen anderer Kommissionsmitglieder, die uns als Interviewpartner zur Verfügung standen, abgeleitet werden. Die aufgrund dieser indirekten Erhebungsmethode gewonnenen Daten sind jedoch nicht unmittelbar überprüfbar und bedürfen der Abstützung. Wir haben daher zusätzlich die Zusammensetzung der Kommission daraufhin untersucht, ob bestimmte politische Meinungen typischerweise nicht repräsentiert waren und ob aufgrund dessen die Art der möglichen Ergebnisse der Kommissionsarbeit bereits prognostizierbar war.

Der erste Schritt bei der Zusammensetzung einer Kommission war die Auswahl des nach außen hin repräsentierenden Vorsitzenden und des geschäftsführenden Direktors (Executive Director). Diese Entscheidung wurde vom Präsidenten bzw. der Regierung getroffen. Von allen interviewten Experten wurden neben den Vorsitzenden die 'Executive Directors' als die wichtigsten Vertrauten des Präsidenten angesehen. Die Executive Directors seien diejenigen gewesen, die die gesamte Arbeit der Kommission zu organisieren hatten, angefangen von der Auswahl und Einstellung des Mitarbeiterstabes über das Sammeln, Sichten und Weiterleiten der Informationen bis zur Erarbeitung der Entwürfe für die zu veröffentlichenden Kommissionsberichte. Gleichzeitig sei über diese Position der unmittelbare Kontakt zum Weißen Haus hergestellt worden, so daß die Regierung jederzeit über die aktuellen Vorgänge in der Kommission unterrichtet werden konnte. Nach Aussagen der Experten ist die Bestimmung des Vorsitzenden und des Executive Directors der bedeutendste Mechanismus, über den die Regierung die Anbindung der Kommission und ihre Einwirkungsmöglichkeit auf sie strukturell sicherstellt. Die Existenz dieses Anbindungs- und Rückkoppelungsmechanismus sage für sich genommen jedoch noch nichts Konkretes zur Erwartbarkeit der Ergebnisse der Kommissionsarbeit aus.

In der Beschreibung der Zusammensetzung der Kommission stimmen die Interviewaussagen insofern überein, daß man sie für ausgewogen hält. 'Ausgewogen' bedeutet für die Interviewten das Fehlen von politisch extremen rechten oder linken Positionen. Ein Blick auf die in der Kommission vertretenen Gruppen verdeutlicht dies. In allen drei untersuchten Presidential-Commissions haben Vertreter der beiden großen Parteien (Demokraten und Republikaner), Vertreter aus Interessenverbänden der Wirtschaft, politische Repräsentanten verschiedener Städte und Regionen der USA, sowie 'schwarze' Politiker und manchmal auch Polizeivertreter mitgearbeitet. Durch diese relativ große Bandbreite an vertretenen Gruppen sollte versucht werden, Akzeptanz und Glaubwürdigkeit der Kommission in der Öffentlichkeit als eine nicht einseitig auf die Interessen der Regierung zugerichtete Veranstaltung sicherzustellen. In allen Kommissionen fehlte eine direkte Repräsentation derjenigen, die aktiv in die Unruhen und Proteste verwickelt waren, also beispielsweise Vertreter der Bürgerrechtsbewegung[4], militanter 'schwarzer' Organisationen oder studentischer Verbände. Außerdem war die 'weiße' Bevölkerung in allen drei Kommissionen gemäß ihres Gesamtanteils an der Bevölkerung überrepräsentiert. Von daher seien in den Ursachenanalysen und Empfehlungen der Kommissionen wenig radikale Positionen zu erwarten.

Für die Erklärung dieses Musters der Zusammensetzung werden unterschiedliche Gründe genannt, die immer bereits Annahmen über den Anlaß der Einsetzung von Kommissionen und ihre Zielsetzung reflektie-

---

4) Die einzige Ausnahme macht hier die Mitgliedschaft eines Vertreters der Bürgerrechtsorganisation 'National Association for the Advancement of Colored People' in der Kerner-Kommission.

ren. Als Anlaß der Einsetzung wird das Vorhandensein einer Krisensituation angesehen. Hierzu stellvertretend Platt, Professor an der California State University, der sich seit Jahren mit dem Thema 'Riot Commissions' beschäftigt und selbst in einer Unterkommission der Eisenhower-Commission mitarbeitete:

> "I think that this whole rash of commissions that were set up ... were motivated by a real crisis in how to deal with urban protests and student revolts, and I think that they really didn't know how to handle them and had real problems handling them".

Das Einberufen von Untersuchungskommissionen wird in dieser Aussage als eine der ersten Reaktionen der etablierten politischen Institutionen auf diese Krisensituation bewertet. Die Regierung sei durch diese neuartige Problemsituation in einer schwierigen Lage gewesen. Einerseits habe sie nicht gewußt, wie sie die Probleme kurzfristig hätte bewältigen können; andererseits habe sie Handlungsfähigkeit demonstrieren müssen, um Ängste bei den Wählern und der Wirtschaft zu beschwichtigen, die ihrerseits die Rahmenbedingungen für ihre Aktivitäten bedroht sah[5]. Aus diesem Grund sei ein wesentliches Kriterium zur Auswahl der Kommissionsmitglieder ihre Eignung als 'symbolische Führer' gewesen, was ein hohes Maß an Bekanntheit und Reputation voraussetze. Werde jemand zum Mitglied einer Kommission berufen, trete fachliche Kompetenz im Bezug auf die Problemdiskussion gegenüber letztgenannter Eigenschaft in den Hintergrund. Das folgende Zitat von Marx (Professor am MIT, Cambridge - ehemaliger Mitarbeiter und Berater eines Forschungsstabes der Kerner-Commission) verdeutlicht dies:

> " ... commission members are almost figure heads but they are symbolic leaders who have careers and they are very busy outside and they usually don't do very much work. The work is done by the staff people".

---

5) Insbesondere die in der zweiten Hälfte der 60er Jahre im Zuge der 'ghetto riots' entstandenen enormen Sachschäden waren Anlaß zu dieser Sorge.

2.3 Handlungsorientierungen der Mitglieder

Wie bereits dargestellt, standen die Interviewpartner, die in den USA erreichbar waren, zwar alle in einer Beziehung zu den Kommissionen, gehörten jedoch selbst nicht dem kleinen Kreis derjenigen an, die die Entscheidungen treffen konnten. Von daher sind ihre Aussagen allein nicht aussagekräftig genug, um Orientierungen von Kommissionsangehörigen herauszufinden. Aus diesem Grund wurden zusätzliche Indikatoren herangezogen, um die vermutete Konsensorientierung und Kompromißbereitschaft in der Kommission überprüfen zu können. Gemeint ist ein Verhalten der Kommission im Fall von schwerwiegenden Konflikten, das darauf gerichtet ist, ein Auseinanderfallen der in der Kommission vertretenen Positionen in zentralen Fragen zu verhindern.

Zusätzlich zu den Aussagen über die Handlungsorientierungen der Kommissionsmitglieder im engeren Sinne haben wir auch Aussagen zum Verhalten des festen Mitarbeiterstabes berücksichtigt, da die Kommissionsmitglieder übereinstimmend als eher symbolische Führer angesehen werden, der größte Teil der konkreten Arbeit (und damit auch die Verdichtung politischer Positionen) durch die festen Mitarbeiter in Verbindung mit dem Weißen Haus geleistet worden sei.

Die grundsätzliche Orientierung der Kommissionsmitglieder bewegt sich nach Einschätzung von Olson, Professor an der Universität Seattle, Dept. of Political Science, der sich mit Kommissionen, insbesonders mit 'Riot Commission politics' beschäftigt, in einem Spannungsfeld. Dessen Pole bestehen zum einen aus der Notwendigkeit einen Kompromiß finden zu müssen, zum anderen in der Tatsache, aufgrund der Zugehörigkeit zu unterschiedlichen Interessengruppen sehr hart miteinander zu konkurrieren. Dies ging im Extremfall bis zur Androhung des Vetos des ehemaligen New Yorker Bürgermeisters John Lindsay, der aufgrund seiner starken Machtposition als einziger 'Schwarzer' in der Kerner-Kommission mit dieser Drohung den Rassismus der 'Weißen' als Ursache der Rassenkonflikte habe festschreiben können. An diesem Beispiel zeigt sich sehr deutlich, wie sehr der Kommission an einem Kompromiß gelegen war, da sie sich trotz gegenteiliger Auffassung in dieser zentralen Frage David Lindsay anschloß. Ansonsten scheint es in der Kerner-Kommission keine

Konflikte in Grundsatzfragen gegeben zu haben, so daß Rossi, Professor an der University of Massachusetts, Amherst (Forschungsgebiet: Ghetto-Aufstände, 'riots') und Berater der Kerner-Commission, zugestimmt werden kann:

"There wasn't much conflict among the Kerner-Commission either".

Rossi warnt jedoch davor, die Idee der Kompromißorientierung zu sehr zu strapazieren. Auch solle man im Hinblick auf die Empfehlungen der Kommission nicht unbedingt von einer exakt kalkulierten Strategie ausgehen.

Frage: "I want to know whether you see a strategy behind the mixture of recommendations and explanations for the causes of events a commission is providing".

Antwort: "What you are saying is are they pursuing a mixture of the stick and the carrot, rewards and punishments? Control and as well raising the standard of living? The bundle looks like it. Whether they had that in mind is very hard to tell. It's very easy to over-rationalize".

Für die Eisenhower- und die Scranton-Kommission sind grundsätzliche Differenzen innerhalb der Kommissionen nicht bekannt geworden, was natürlich keineswegs bedeutet, es hätte keinerlei Konflikte gegeben. Einzelne Konflikte gab es in allen drei Kommissionen wohl reichlich, jedoch üblicherweise innerhalb eines gewissen Rahmens. Dieser Rahmen wurde nun je nach politischem Standort des Interviewten recht unterschiedlich beschrieben, seine Existenz in jedem Falle aber anerkannt. Short, Soziologieprofessor und Direktor des Social Research Center der Washington State University und ehemaliger Co-Direktor der Eisenhower-Commission, geht dabei von einem 'nationalen Interesse' als einer Art übergeordnetem Wert aus:

"I believe that the dynamics of the commissions are such that these are people who, though they may disagree politically, ideologically nevertheless feel compelled to come together, maybe because of something called a national interest".

Tony Platt hingegen glaubt, diese geringe Konflikthaftigkeit der Kommissionen doch eher als Ausdruck ähnlicher politischer und ideologischer Präferenzen deuten zu können: Man teilte eine reformliberale Grundeinstellung und hatte somit eine durchaus ähnliche Vorstellung von Sinn und Nutzen der Kommission.

"Well, I would say that overall there is a shared political, ideological agenda. But within there, there is definitely conflicts over all kinds of things" (PLATT).

Nach dieser Interpretation wird also durch die Auswahl der Kommissionsmitglieder bereits die wesentliche Weichenstellung für die Kompromißfähigkeit innerhalb der Kommission hergestellt, was Lipsky und Olson in ihrer Studie über Presidential-Commissions als 'elite consensus' bezeichnet haben (vgl. LIPSKY/OLSON 1977, S. 443ff.).

2.4 Zusammenarbeit zwischen Politikern und Wissenschaftlern

Die soziologische Systemtheorie geht davon aus, daß Politiker und Wissenschaftler sich in ihrem Verhalten an unterschiedlichen, systemspezifischen Verweisungszusammenhängen orientieren (müssen). Für die Wissenschaftler lassen sich diese Verweisungszusammenhänge in erster Linie als Auseinandersetzung mit Theorie- und Problemtraditionen und als Interesse an der Entdeckung von wissenschaftlichen Wahrheiten beschreiben. Politiker hingegen seien primär auf den Erwerb oder Erhalt von Macht bedacht. Inwieweit die auf diesen unterschiedlichen Orientierungen fußenden Berufsrollen von Wissenschaftlern und Politikern zu Problemen in der Kommissionsarbeit führen können, ist Gegenstand der uns interessierenden Frage. Dies betrifft sowohl Verständigungsprobleme als auch die Frage danach, unter welchen Bedingungen die wissenschaftliche Arbeit politisch relevante Auswirkungen hat und wie sich diese beschreiben lassen. Systemtheoretisch formuliert stellt sich also die Frage, unter welchen Bedingungen sich Wahrheit in Macht konvertieren läßt bzw. konvertiert wird, Wissenschaft also Leistungen für die Politik erbringt?

In Bezug auf die drei untersuchten Presidential-Commissions muß die

Frage weiter differenziert werden. Denn die für die Kommission arbeitenden Sozialwissenschaftler waren unterschiedlich eng an die Kommissionsarbeit angebunden. Der größte Handlungsspielraum wurde denjenigen Sozialwissenschaftlern zugeschrieben, die nicht direkt als Mitglieder einer Unterkommission an die Kommission angebunden sind, sondern einen Forschungsauftrag für die Kommission bearbeiten. Durch diese nur lockere Anbindung komme es nur zu einer geringen Zahl an Interaktionen und Rückkoppelungen zwischen der Kommission und den Sozialwissenschaftlern, so daß Meinungsverschiedenheiten und Konflikte immer erst in einem relativ späten Stadium evident würden. Zu diesem Zeitpunkt sei es dann oft nicht mehr möglich, Kompromisse zu schließen. Sowohl die Leitung einer Kommission als auch die im Auftrag einer Kommission arbeitenden Wissenschaftler hätten dann versucht, auf unvereinbaren Wegen den Erfolg ihrer Arbeit sicherzustellen.

Prägnantestes Beispiel hierfür sei die Ablehnung einer Studie für die Kerner-Kommission mit dem Titel "The Harvest of Racism" und die Entlassung der dafür verantwortlichen Sozialwissenschaftler aus den Diensten der Kommission. Hierzu Marx:

> "I think that it looked that it was going to be a 'runaway-commission', where the commission would go further than the President would want it. I think that they then decided to speed up the process and to just bring out one report. In making that decision they also fired almost all the staff members...".

Indem die politischen Auftraggeber die Annahme des unerwünschten Berichtes verweigerten und die entsprechenden Sozialwissenschaftler entließen, stellten sie sicher, daß die Kommission keine "zu weit gehende" Analyse verbreitete.

In ähnlicher Weise wird von den Interviewten der Umgang mit unerwünschten Berichten in der Eisenhower-Kommission interpretiert. Weil zwei in Auftrag gegebene Studien der Kommission in ihrer Analyse zu weit gegangen seien, die Öffentlichkeit durch Vorabdrucke aber bereits informiert gewesen sei und eine Verweigerung der Annahme daher als der größere Schaden erschien, habe sich die Kommission entschlossen, sämtliche Berichte - bis auf den Abschlußbericht - als Berichte **an** die Kommission anstatt als Berichte **der** Kommission zu veröffentlichen. Bei den unerwünschten Berichten handelt es sich zum einen um die

Analyse der Ursachen von kollektiven Protesten, den sogenannten Skolnick-Report, zum anderen um die Untersuchung der gewalttätigen Auseinandersetzungen anläßlich einer Großdemonstration beim Parteitag der Demokratischen Partei, in der Politikern und Polizei die Hauptverantwortung für die gewalttätigen Auseinandersetzungen zugeschrieben wird (Walker-Report).

Gravierende Verständigungsschwierigkeiten zwischen Sozialwissenschaftlern und Politikern innerhalb der drei Kommissionen aufgrund der ausschließlichen Orientierung der Wissenschaftler an inner-wissenschaftlichen Verweisungszusammenhängen hat es, folgt man Gesprächspartnern, nicht gegeben. Im Gegenteil, die Sozialwissenschaftler seien sich der politischen Rahmenbedingungen ihrer Arbeit sehr wohl bewußt gewesen (vgl. hierzu auch Kap. IV.2.6). Dennoch sei es zu Konflikten zwischen Sozialwissenschaftlern und Politikern in der Kommission gekommen. Während letztere die Ausgaben für wissenschaftliche Forschungen möglichst gering halten wollten, waren die Sozialwissenschaftler der Überzeugung, erst auf der Grundlage fundierter Erhebungen zu schlüssigen Aussagen gelangen zu können. Von öffentlichen Hearings dagegen hätten die Sozialwissenschaftler keine neuen Erkenntnisse erwartet. Den Politikern hingegen hätte die Zahl der Möglichkeiten, ihr Engagement und ihre Position auf diese Weise deutlich zu machen, gar nicht groß genug sein können.

Konsens besteht in den Interviewaussagen auch über die Wahrnehmung der politischen Verhältnisse in der Kommission. Unter dem Machtaspekt gesehen waren die Sozialwissenschaftler am unteren Ende der Hierarchie in der Kommission eingeordnet. Die politischen Entscheidungen seien primär von den Kommissionsmitgliedern i.e.S. und den Rechtsanwälten im Mitarbeiterstab gefällt bzw. beeinflußt worden. Diesen Sachverhalt schildert R. Braungart (Professor an der University of Syracuse; Mitarbeiter in der Scranton-Commission) folgendermaßen:

"There was conflict between three types of people. One are the political appointees. The president appoints ten or twelve commission members. ... The next level you had a level of lawyers who were mainly looking at legal questions. The next level was just research gathering, social scientists gathering information... At the centre were lawyers struggling for power and status".

Obwohl sich die Sozialwissenschaftler am unteren Ende der Hierarchie befunden hätten, glaubten sie doch, wesentliche Akzente hinsichtlich der Wahrnehmung und Interpretation der Probleme gesetzt zu haben. So sei es ihnen gelungen, die auf der Verunsicherung der Politiker beruhende Offenheit für neue Erklärungen der Rassenkonflikte auszunutzen. Durch die sozialwissenschaftliche Forschung und Beratung sei die zentrale Frage nach den Ursachen der Rassenkonflikte und der gewalttätigen Auseinandersetzungen in einer neuen Weise thematisiert worden. Anfangs hätten sowohl in der Öffentlichkeit als auch bei vielen Politikern entweder Verschwörungs- und Revolutionstheorien oder der Verdacht der organisierten Kriminalität als Erklärung der Unruhen eine wesentliche Rolle gespielt. Durch die wissenschaftlichen Untersuchungen sei es aber gelungen, das soziale Problem der Diskriminierung ethnischer Minderheiten in Ausbildung, Wohnen, Arbeitsplatz, Partizipation etc. als entscheidende Ursache ins Bewußtsein der Kommissionsmitglieder zu rücken. Aus diesem Grund habe auch im Abschlußbericht eine Dominanz der 'law and order'-Mentalität verhindert werden können.

Resümierend kann also festgehalten werden: Aus den unterschiedlichen Rollen und Handlungsorientierungen von Politikern und Wissenschaftlern entstehen in der Kommissionsarbeit mitunter Konflikte, die nicht mehr in Kompromissen aufgelöst werden können. Dieses Ergebnis widerspricht der Vermutung, der Einfluß der Wissenschaftler sei bereits aufgrund des Auswahlprozesses und der Zurechenbarkeit zu politischen Grundorientierungen von Anfang an absehbar. Verständigungsschwierigkeiten zwischen Wissenschaftlern und Politikern grundsätzlicher Art treten jedoch nicht auf, weil sich die Wissenschaftler an den politischen Anforderungen der Kommissionsarbeit orientieren und kompromißbereit sind und die Politiker beraten werden wollen. Aufgrund der Machtverhältnisse in den Kommissionen sind die Einflußchancen der Wissenschaftler zu Beginn von Meinungsbildungsprozessen am größten, dann nämlich, wenn die Politiker noch keine festen Sichtweisen entwickelt haben.

2.5 Empfehlungen

Kerner-Kommission

Zur Integration und Partizipation

Der erste Teil der Kommissionsempfehlungen richtet sich an die Stadt-parlamente und die Gemeinden und betrifft die Verbesserung der Integration verschiedener ethnischer und sozialer Minoritäten in die Gemeinde sowie eine Stärkung der politischen Partizipation dieser Gruppen. So wurde vorgeschlagen, verschiedene Formen der Nachbarschaftshilfe, die eine Kommunikation zwischen der Gemeinde und der öffentlichen Verwaltung verbessern sollen, zu unterstützen. Die Einrichtung von Beschwerdestellen sollten verstärkter öffentlicher Kontrolle unterliegen. Das Rechtshilfeprogramm solle ausgebaut werden. Gemeindenahe Verwaltungseinrichtungen und öffentliche Dienste seien einzurichten. Politische Partizipationsmöglichkeiten für Ghettobewohner in Form von Programmen, die eine Verbesserung der politischen Repräsentation dieser Minderheiten ermöglichen, sollten erarbeitet werden. Durch die Bereitstellung personeller und finanzieller Mittel solle eine verbesserte Bürgernähe und -beteiligung forciert werden.

Polizei und Justiz

Weitere Empfehlungen betreffen die Beziehung zwischen Polizei, Justiz und der Bevölkerung. Die Kommission schlägt die Untersuchung und Kontrolle von Polizeipraktiken sowie die Änderung des bestehenden Beschwerde-Systems vor. Der Schutz der Ghettobewohner vor Kriminalität sei zu intensivieren. Ein Richtlinienkatalog für Polizeibeamte als Entscheidungshilfe in kritischen Situationen solle erstellt werden. Weiterhin sollten vermehrt schwarze Polizeibeamte rekrutiert werden. So sollten sogenannte 'Community-Service Officer'-Programme (vgl. KERNER-REPORT, 317f.) eingeleitet werden, mit deren Hilfe polizeiliche Aufgaben für 17- bis 21-jährige jugendliche Ghettobewohner in ihrem Stadtteil attraktiv gemacht werden könnten.

Damit geringfügige Zwischenfälle nicht zu Unruhen eskalieren wird empfohlen, daß nur gut ausgebildete Polizisten als Streife in Ghetto-Bezirken eingesetzt werden. Desweiteren sollten Pläne erstellt werden,

die einen schnellen Einsatz von Polizisten und qualifizierten, erfahrenen
Beamten beim Ausbruch von Unruhen gewährleisten. Spezielle Trai-
ningsprogramme seien einzurichten, die die Polizei auf den Einsatz bei
Unruhen vorbereiten. Strategien sollten ausgearbeitet werden, um der
Verbreitung von Gerüchten entgegenwirken zu können. Die Kommission kritisierte zudem den exzessiven und z .T. wahllosen Einsatz von
Waffen bei Unruhen. Sie lehnt den Einsatz von tödlich wirkenden
Waffen (automatische Gewehre u.a.) entschieden ab. Als Alternative
schlägt sie den Einsatz von chemischen Waffen vor. Es werden z.T.
konkrete Vorschläge zum finanziellen Umfang einzelner Programme
und auch zu Finanzierungsmöglichkeiten gegeben. Insgesamt werden
die derzeitigen Fähigkeiten und die speziellen Probleme von Polizei,
Feuerwehr, Nationalgarde und Streitkräften zur Kontrolle von Ausschreitungen analysiert, sowie Empfehlungen zur Verbesserung der
Einsätze dieser gegeben (z.B. die Koordination der Einsatzkräfte mit
verschiedenen anderen Stellen und die Überprüfung und Revision von
Gesetzen, die die Bekämpfung von Aufruhr betreffen).

Auch im Bereich der Gesetzgebung und Justizverwaltung hinsichtlich
des Umgangs mit spontanem Protest und Ghettounruhen werden Mängel
diagnostiziert und Verbesserungsvorschläge gemacht. Die Kommission
stellte Mißstände bei Gerichtsverfahren und der Behandlung Inhaftierter
fest. Zur Beseitigung struktureller Unzulänglichkeiten der Strafgerichts-
barkeit schlägt sie deshalb weitreichende Reformen vor. Es seien hinlängliche Gesetze zur Abschreckung und Bestrafung von Aufruhr zu
schaffen und zusätzliche Richter, Bürgen, Bewährungshelfer und Geist-
liche einzustellen. Freiwillig tätige Anwälten sollten die Möglichkeit
haben, die angeklagten 'rioters' zu vertreten. Notwendig sei auch eine
neue Politik zur Sicherstellung von geeigneten Verfahren und Haftbe-
dingungen.

Schadensregulierung

In Zusammenhang mit den entstandenen Schäden in den Stadtbezirken
empfiehlt die Kommission der Regierung die Ergänzung des 'Federal
Disaster Act', der bei Naturkatastrophen zur Anwendung kommt. Die
betroffenen Städte sollten Hilfe in Form von Nahrungsmitteln, medizin-
ischer Versorgung und wirtschaftlicher Unterstützung erhalten. Durch
Kooperation der Staaten sollten Anreize für private Versicherungsge-

sellschaften geschaffen werden, auch Innenstadtbezirken einen adäquaten Versicherungsschutz zu gewähren.

Medien

Entsprechend dem Untersuchungsauftrag des Präsidenten befaßte sich die Kommission auch mit der Frage, welche Rolle die Medien im Zusammenhang der Unruhen spielten. Sie analysierte die Medienberichterstattung beispielsweise anhand folgender Themen: 'Farbigen-Ghettos', Beziehungen innerhalb der 'Community', Stellungnahmen zu Themen wie Rassen und Armut. Dabei kommt sie zu dem Schluß, daß trotz einzelner Fälle von Sensationslust, ungenauer und verzerrter Darstellung die Zeitungen, Radio- und Fernsehanstalten i.d.R. um eine ausgewogene, sachliche Darstellung bemüht gewesen sind. Zugleich wird jedoch kritisiert, daß in den Medien eine genaue Berichterstattung über die Gewalt nicht stattgefunden hätte und daß die Medien bei der Frage nach den Ursachen, den zugrundeliegenden Problemen und den Konsequenzen der Unruhen für die Beziehungen zwischen den Rassen versagt hätten. Es wird ausdrücklich die Unantastbarkeit der Pressefreiheit betont und vor restriktiven Maßnahmen seitens der Regierung gewarnt. Korrekturen und Verbesserungen könnten nur von den Medien selbst kommen. Die Kommission empfiehlt eine ausführliche Berichterstattung über die 'Farbigen-Gemeinden' und Rassenproblematik durch Reporter, die sich in dieser Thematik auskennen. Die Programmgestaltung solle stärker über die Aktivitäten ethnischer Minoritäten berichten und so das öffentliche Bewußtsein über die Situation 'Schwarzer' als besondere Gruppe und Teil der Gesellschaft fördern. Auch sollten dunkelhäutige Mitbürger vermehrt für die Bereiche Journalismus und Funk-/Fernsehanstalten rekrutiert werden. Vorgeschlagen wird auch die Besetzung verantwortungsvoller Positionen mit qualifizierten 'Schwarzen'. Zwischen Presse und Polizei solle eine bessere Kooperation stattfinden. Informations-Center seien einzurichten. Eine verantwortungsvolle Berichterstattung durch Konzeption und Annahme bindender internationaler Richtlinien solle sichergestellt werden. Weiterhin sei die Kooperation mit einem zu gründenden privat organisierten und geförderten Institut 'Institute of Urban Communications' einzuleiten.

Sozialpolitik und Sozialleistungen

Angesichts des sozialen und ökonomischen Zerfalls der Innenstädte, des Anwachsens der schwarzen Bevölkerung in den 'inner-city-areas', der steigenden Arbeitslosigkeit und zunehmender Armut, der Deprivation und Segregation der schwarzen Ghettobewohner, sieht die Kommission die einzig mögliche Reaktion der Regierung in einer Politik, die die Verbesserung der Lebensqualität in den Bezirken ebenso beinhalten soll wie auch die Integration möglichst vieler 'Schwarzer' in Gemeinden außerhalb der Ghettos. Sie schlägt deshalb vor: Abschaffung von Schranken, die die Wahl der Beschäftigung, Bildung und Wohnmöglichkeit Einzelner verhindern, Beseitigung von Frustration und Machtlosigkeit der Benachteiligten durch Bereitstellung von Mitteln zur Problembewältigung, Förderung der Gesprächsbereitschaft aller Rassen mit dem Ziel, Vorurteile und gegenseitiges Mißtrauen abzubauen. Konkretisiert werden diese Empfehlungen in den Bereichen Beschäftigung, Bildung, Wohlfahrt und Wohnungen.

Im Zusammenhang mit dem Wohlfahrts-System empfiehlt die Kommission der Regierung, gemeinsam mit den Staaten und den lokalen Regierungen das Sozialhilfesystem zu verbessern. In Anlehnung an die jährlich durch die 'Social Security Administration' festgesetzten Armutsgrenzen sollten gleiche nationale Unterstützungsstandards geschaffen werden. Die Bundessozialhilfe-Beiträge für Familien mit Kindern, sowie des AFDC-UP-Programmes (Hilfsleistungen bei Arbeitslosigkeit beider Elternteile) sollten eingeführt werden. Außerdem sollten Anreize zur Jobsuche und Ausbildung geschaffen werden. Adäquate Sozialleistungen sollten durch Nachbarschaftszentren und Familienplanungsprogramme bereitgestellt werden.

Beschäftigung

Die Empfehlungen an die Regierung zum Bereich Beschäftigung beinhalten die Schaffung von Arbeitsplätzen, den Abbau der Unterbeschäftigung, die Bereitstellung von Ausbildungsmöglichkeiten, die Entschädigungen privater Arbeitgeber bei der Einstellung von 'Schwer-Vermittelbaren' ('hard-core-unemployment'), die Zusicherung steuerlicher Anreize in ländlichen und unterbemittelten städtischen Regionen, sowie die nachdrückliche Beseitigung jeglicher Diskriminierung.

Schule/Bildung

Für den Bereich Schule/Bildung empfiehlt die Kommission die Unterstützung der Desegregation des Schulsystems mit Hilfe bundesstaatlicher Mittel, die Eliminierung rassischer Diskriminierung durch eine nachdrückliche Anwendung des Title VI, Civil Right Act (1964), den Ausbau und die Verbesserung von Vorschulen, die Steigerung der Bundesausgaben für kompensatorische Programme der Schulen und verbesserte Unterrichtsmöglichkeiten, die Bekämpfung des Analphabetentums durch höhere finanzielle Unterstützung des Bundes bei der Erwachsenenbildung, weitreichende Partizipationsmöglichkeiten der Eltern und Gemeinden in öffentlichen Schulen, stärkere bundesstaatliche Unterstützung benachteiligter Studenten, eine Überarbeitung staatlicher Hilfsmöglichkeiten, sowie eine verstärkte finanzielle Unterstützung von Distrikten mit einem hohen Anteil benachteiligter Kinder.

Städte- und Wohnungsbau

Für den Wohnungsbaubereich fordert die Kommission umfangreiche bundesstaatliche Wohnungsbauprogramme, die der sozialen Segregation entgegenwirken sollen. Die Versorgung mit geeigneten Wohnungen für Familien mit niedrigem Einkommen solle massiv ausgeweitet werden. Den ethnischen Minderheiten solle der Einzug in Wohnungen außerhalb des Ghettobezirks ermöglicht werden. 600.000 Wohnungen für niedrige und mittlere Einkommensschichten während des kommenden Jahres und 6 Millionen Wohneinheiten im Laufe der kommenden fünf Jahre sollten bereitgestellt werden. Zins- und Subventionsprogramme für gemeinnützige Gesellschaften und Kooperativen zur Schaffung von Wohnungen und Wohneigentum sollten ausgeweitet und modifiziert werden. Öffentliche Wohnungsbau-Programme, mit besonderer Berücksichtigung der Schaffung kleinerer Wohneinheiten in verschiedensten Lagen, seien zu ändern und auszuweiten. Im Rahmen der Erweiterung von Modellprojekten sollten jene Projekte Priorität erhalten, die neuen Wohnraum für Haushalte mit niedrigem Einkommen schaffen.

Eisenhower-Kommission

Die Eisenhower-Kommission hat sich in ihrem Abschlußbericht über die uns interessierenden öffentlichen politischen Konflikte in vier Kapiteln geäußert: Studentenunruhen (Campus Disorder), gewalttätige Auseinandersetzungen im Zusammenhang mit Protesten ethnischer Minderheiten (Group Violence), Aktionen des zivilen Ungehorsams (Civil Disobedience) und Reformen von Justiz und Polizei (Violence and Law Enforcement). Im folgenden soll darauf näher eingegangen werden, insbesonders zur Frage, welche politischen Maßnahmen empfohlen wurden.

Studentenunruhen

Die den Studentenunruhen zugrundeliegenden Ursachen sind nach Ansicht der Eisenhower-Kommission weder rein universitärer Art, noch auf einzelne isolierbare Probleme zurückzuführen. Vielmehr seien vielschichtige, gesamtgesellschaftliche Ursachen verantwortlich zu machen (FINAL REPORT, 209f.). Die Unzufriedenheit der Studenten gründe u.a. auf dem wahrgenommenen Widerspruch zwischen der ökonomischen Möglichkeit, Grundbedürfnisse zu befriedigen, Bildung und soziale Sicherheit für alle bereitstellen zu können, einerseits, und andererseits dem Unvermögen der gesellschaftlichen Institutionen, dies tatsächlich zu gewährleisten (FINAL REPORT, 210f.). Neben dem Vietnamkrieg (und der für viele drohenden Heranziehung zum Militärdienst in Vietnam) seien aber auch Identitätskonflikte sowie ein Wertewande, insbesondere in der jüngeren Generation ausschlaggebend für den studentischen Protest (FINAL REPORT, 211). Die aufrührerischen Studenten seien einerseits eine Gruppe von friedlichen, das demokratische System und die Werte der amerikanischen Gesellschaft bejahenden Menschen, auf der anderen Seite eine Gruppe von Nihilisten und Radikalen, denen nur an der Zerstörung der bestehenden Institutionen gelegen sei (FINAL REPORT, 211ff.). Letztere seien auch für gewalttätige Ausschreitungen verantwortlich.

Zum Umgang mit gewalttätigen Ausschreitungen empfiehlt die Kommission:

In Zusammenarbeit mit Studenten, Lehrenden und Universitätsverwaltung soll ein Konsens darüber erzielt werden, wie Vorschläge und Beschwerden in Zukunft vorgebracht werden sollen und wie bei Abweichungen von dieser Übereinkunft reagiert werden soll. Studenten sollen Mitsprachemöglichkeiten bei den sie direkt betreffenden Angelegenheiten erhalten, soweit diese nicht die Disziplin untergraben (FINAL REPORT, 215). Universitäten sollen Pläne zur Reaktion auf unvorhergesehene Proteste entwickeln und diese regelmäßig überarbeiten (FINAL REPORT, 216). Die Reformmaßnahmen zum Lehrangebot sollen an den Fakultäten entwickelt werden. Die Studenten sollen dabei Mitsprachemöglichkeiten - hauptsächlich in Form eines Anhörungsrechtes - haben (FINAL REPORT, 216f.)

Fakultätssprecher und Verwaltungsangestellte sollen die Kommunikation zu ehemaligen Studenten und die Selbstdarstellung in der Öffentlichkeit verbessern.

Gewalttätige Ausschreitungen im Zusammenhang mit Protesten ethnischer Minderheiten

In seinem Kapitel über Gruppengewalt trifft der Abschlußbericht der Eisenhower-Kommission folgende Feststellungen:

Im betrachteten Zeitraum zwischen 1963 und 1968 haben sich mehr als zwei Millionen Menschen an Protesten, Gegenprotesten und Ghettoaufständen beteiligt. An den Aktionen der Bürgerrechtsbewegung nahmen 1,1 Mio, an den Antikriegsprotesten 680.000 und an den Ghettounruhen 280.000 Personen teil (FINAL REPORT, 59). Dabei sind mehr als 200 Menschen ums Leben gekommen (davon 191 bei den Ghettoaufständen, die Übrigen bei terroristischen Anschlägen auf Mitglieder der Bürgerrechtsbewegung).

Die Kommission zieht daraus zwei Schlüsse. Erstens widerlegten die Untersuchungen die weitverbreitete Ansicht, Gruppenproteste endeten üblicherweise in Gewalthandlungen (FINAL REPORT, 58). Dies treffe nur auf einen sehr geringen Anteil von Protesten zu. Zweitens mache die Gruppengewalt der Protestbewegungen in Anbetracht von jährlich mehr als 12.000 Fällen von Totschlag und Mord nur einen geringen Anteil der gesamten in der Gesellschaft verübten Gewalt aus (FINAL REPORT, 59).

Für den direkten Umgang mit Protestaktionen empfiehlt die Kommission Maßnahmen der Prävention und des Konfliktmanagements. Die Erfahrungen der Geschichte lehrten, daß der staatliche Einsatz von Gewalt die Heftigkeit der Auseinandersetzungen steigere und die

Glaubwürdigkeit der staatlichen Autoritäten herabsetze (FINAL REPORT, 71f.). Als Beispiel für den Erfolg gemäßigter staatlicher Reaktionen wird das Verhalten von Polizei und Behörden bei der Demonstration anläßlich der Amtseinsetzung von Präsident Nixon in Washington 1969 angeführt. Diese Demonstration war Gegenstand der Untersuchung eines eigenen Forschungsteams der Kommission. Hier fanden bereits im Vorfeld Verhandlungen über Art, Anzahl und Genehmigung der geplanten Aktivitäten zwischen Behörden und Vertretern der Protestgruppen statt. Polizisten wurden geschult, sich nicht provozieren zu lassen und selbst nicht zu provozieren (FINAL REPORT, 71ff.). Militante Demonstranten wurden besonders überwacht. Beispiel für ein taktisch ungeschicktes Verhalten von Polizei und Behörden sei dagegen die Antikriegsdemonstration anläßlich des Nationalen Konvents der Demokratischen Partei in Chicago 1968 gewesen. Auch hierüber wurde von einem Forschungsteam eine Studie angefertigt, die jedoch nicht im Namen der NCCPV veröffentlicht wurde (WALKER, D. 1968).

Bei ihren Empfehlungen geht die Kommission davon aus, die Regierung müsse bei jeglicher Bedrohung der öffentlichen Ordnung prompt und entschieden reagieren (FINAL REPORT, 75). Um dies zu ermöglichen, müßten detaillierte Pläne darüber ausgearbeitet werden, was im Falle von Unruhen an Universitäten oder bei anderen Protesten getan werden solle (FINAL REPORT, 75). Die Kommission bezieht sich auf die schon von der Kerner-Kommission ausgearbeiteten Vorschläge zur Schulung der Polizei und zum strategischen Polizeieinsatz (FINAL REPORT, 76f.). Als präventive Maßnahme schlägt die Kommission vor, die Möglichkeiten des friedlichen Protestes, also die Rechte auf freie Meinungsäußerung, freie Rede, Pressefreiheit und Versammlungsfreiheit sicherzustellen. Dazu möge der Präsident Gesetzesinitiativen auf Bundesebene ergreifen, die es sowohl Privatpersonen als auch dem Staatsanwalt ermöglichen sollen, gerichtliche Verfügungen gegen Beschneidungen dieser Rechte zu erwirken (FINAL REPORT, 78).

Zur Aufrechterhaltung von Meinungsfreiheit und Meinungsvielfalt seien Massenmedien erforderlich, in denen auch die protestierenden Gruppen ausreichend zu Wort kommen können (FINAL REPORT, 80). Durch ökonomische Konzentrationsprozesse seien jedoch sowohl die Anzahl als auch die Vielfalt der (Medien-)Meinungen stark zurückgegangen. Um dem entgegenzutreten, greift die Kommission eine Empfehlung der Kerner-Kommission auf. Darin werden private und politische Institutionen aufgefordert, die Entwicklung miteinander im Meinungsspektrum konkurrierender Medien zu fördern und Maßnahmen gegen die Konzentration im Medienbereich zu ergreifen (FINAL REPORT, 81).

Aktionen des zivilen Ungehorsams

Anlaß, sich mit zivilem Ungehorsam auseinanderzusetzen, waren sowohl Aktionen der Bürgerrechtsbewegung als auch der protestierenden Studenten. In vielen dieser Proteste artikuliere sich als gemeinsamer Nenner die Ansicht, die verfassungsrechtlichen Ideale der Demokratie (Regieren durch Gesetze, Achtung der Gesetze, Gleichheit vor dem Gesetz etc.) hätten nicht mehr ihre frühere Geltung und seien ausgehöhlt worden (FINAL REPORT, 95). Darauf gründeten die Protestgruppen ihre Legitimation, die Gesetze nicht in allen Fällen befolgen zu müssen. In der amerikanischen Öffentlichkeit würden insbesondere die aktuellen Studentenunruhen und ihre Widerstandsformen des zivilen Ungehorsams als ernstes Problem für die Geltung von Recht und Gesetzen angesehen. Allerdings hätten nicht nur frühere Formen des zivilen Ungehorsams, sondern auch die gezielte Mißachtung von Gesetzen und Gerichtsurteilen durch Gouverneure der Südstaaten sowie die breitgefächerten Aktionen der Bürgerrechtsbewegung die Studenten zu ähnlichen Gesetzesübertritten angeregt (FINAL REPORT, 88f.).

Unvermeidliche Folge davon sei die Erosion der Gesetze (FINAL REPORT, 88, 90). So viel Sympathie die Kommission der Kritik der Protestierenden auch entgegenbringe, so wenig glaube sie, daß diese mittels des zivilen Ungehorsams zu einer freieren und humaneren Gesellschaft beitragen könnten (FINAL REPORT, 93, 103f.) Vielmehr seien die Folgen zivilen Ungehorsams vom Standpunkt der Aufrechterhaltung einer demokratischen Gesellschaft als katastrophal zu bezeichnen (FINAL REPORT, 101). Daher sei es für die Protestierenden an der Zeit, sich vom zivilen Ungehorsam weg und zur Anerkennung der Gesetze hin zu bewegen (FINAL REPORT, 103). Spezifische Vorschläge zu politischen Maßnahmen wurden nicht gemacht.

Die Kommission zur Untersuchung der Gesetzgebung und der Implementation der Gesetze (Band 10) fragt zunächst danach, inwieweit die Schwächen des Kriminaljustizsystems der USA zur Entstehung bzw. Ausbreitung von Gewalt beitragen. Massenunruhen seien zwar in erster Linie ein politisches Problem und keines der Polizei. Trotzdem müsse kritisiert werden, daß das Gerichtswesen schwere Mängel aufweise und die gesamte Rechtspflege in Notstandssituationen versagt habe (SCHNEIDER 1988, 77). Das Kriminaljustizsystem sei nach Ansicht der Kommission uneffizient und ungerecht (FINAL REPORT, 149f.). Es bedürfe dringend einer Reform, die dafür sorge, die bisher nicht aufeinander abgestimmten Institutionen im Bereich der Gesetzgebung, der Polizei, der Gerichtsbarkeit und des Strafvollzuges aufeinander abzustimmen. Daher wird vorgeschlagen, die finanziellen Aufwendungen für das Kriminaljustizsystem zu verdoppeln (FINAL REPORT, 157) und eine Reform der entsprechenden Institutionen einzuleiten.

Zur Entwicklung diesbezüglicher Reformvorschläge empfiehlt die Kommission eine Zusammenarbeit unterschiedlicher Institutionen. Die aufgrund des 1968 erlassenen 'Omnibus Crime Control and Safe Streets Act' geschaffene bundesstaatliche Polizeibehörde 'Law Enforcement Assistance Administration', die im Ministerium für Gesundheit, Erziehung und Wohlfahrt (HEW) im Bereich der Jugendkriminalität tätige Abteilung sowie einzelstaatliche und kommunale Behörden sollten gemeinsam entsprechende Maßnahmen entwickeln (FINAL REPORT, 156-158).

Weitere Vorschläge zur Reform der Institutionen der Kriminaljustiz sind die Entwicklung eines Programmes zur Koordination der Institutionen Polizei, Gerichtsbarkeit und Strafvollzug durch auf Großstadtebene angesiedelte Behörden (Criminal Justice Offices) sowie eines Programmes zur Stärkung der Bürgerbeteiligung in der Kriminaljustiz (FINAL REPORT, 159ff.).

Neben diesen allgemeinen Reformvorschlägen werden spezielle Vorschläge hinsichtlich der Verbesserung der rechtlichen Situation von sozial schwachen Bevölkerungsgruppen und ethnischen Minoritäten gemacht. Drei bereits bestehende Rechtshilfeprogramme ('The Legal Services Programm of the Office of Economic Opportunity', the 'VISTA lawyers programm', the 'Smith fellowship programm') sollten ausgeweitet werden (FINAL REPORT, 145). Mit bundesstaatlichen Mitteln sollten unabhängige Beratungsbüros eingerichtet werden, die den Beschwerden Einzelner gegen ungerechte Behandlung durch die Behörden nachgehen und gegebenenfalls Hilfestellung geben (z.b. bei Beschwerden gegen die Behandlung durch die Polizei oder die Wohlfahrtsbehörden) (FINAL REPORT, 147f.).

In den Beziehungen zwischen Polizei und Bürgern gebe es zwei Bereiche, in denen Konflikte abgebaut werden müßten. Bei den im Laufe von Demonstrationen, Massenprotesten und Bürgerunruhen auftretenden Spannungen liege das Hauptproblem in der mangelhaften Ausbildung der Polizei (SCHNEIDER 1988, 80). Der zweite Ansatzpunkt müsse im täglichen Zusammentreffen zwischen Polizisten und Mitgliedern ethnischer Minderheiten gesehen werden, da hierbei immer wieder gegenseitige Vorurteile durch entsprechende Bestätigungen verstärkt würden. Spannungen und Gewalthandlungen seien so oft das Ergebnis von 'self-fulfilling-prophecies' (SCHNEIDER 1988, 79).

Im Bereich des Strafvollzugs wird die Einleitung einer neuen Politik empfohlen, d.h. die Inhaftierung Straffälliger solle vermieden und die Verhängung von Freiheitsstrafen weitgehend eingeschränkt werden (SCHNEIDER 1988, S.82).

Scranton-Kommission

Die Empfehlungen der Scranton Kommission beziehen sich allein auf den universitären Bereich. Wo darüber hinaus generelle Empfehlungen zu machen sind, schließt sich die Scranton-Kommission meist den Empfehlungen der Kerner-Kommission und der Eisenhower-Kommission an. Zur Lösung der universitären Probleme empfiehlt die Scranton-Kommission eine Reform der Entscheidungsstrukturen. Sowohl den Studenten als auch den wissenschaftlichen Mitarbeitern seien mehr Partizipationsmöglichkeiten zu eröffnen. Drittmittelforschung (outside services commitments) solle verringert werden, damit die Qualität der Lehre wieder besser werden könne. Die Bundesregierung wird aufgefordert, den vorwiegend von 'Schwarzen' besuchten Schulen und Universitäten mehr finanzielle Mittel zuzuweisen, um so für mehr Chancengleichheit in der Ausbildung zu sorgen. Studenten, denen eine Beteiligung an 'nicht tolerierbaren' Protestformen nachgewiesen werden kann, sollten keine finanzielle Unterstützung aus öffentlichen Mitteln erhalten. Gewalttätige Studenten seien zu bestrafen und von der Universität zu entfernen. Ausbildung und Training der Polizei sei zu verbessern, Einsatzpläne, Regeln und Sanktionen zu entwickeln. Bei diesen Empfehlungen verweist die Kommission auf die Fülle konkreter Vorschläge, die bereits von der Kerner- und Eisenhower-Kommission vorgelegt worden seien. Auf diese solle die Politik sich weiterhin stützen (Abschlußbericht, 220).

Als jugendpolitische Maßnahme wird die Ausweitung von Projekten empfohlen, die freiwilliges soziales Engagement ermöglichen. Dazu zählen beispielsweise das VISTA-Programm (Volunteers in Service to America) oder das 'Peace and Teachers Corps'-Programm. Solche Programme seien jedoch keineswegs als mögliche Alternative zur Wehrpflicht gedacht.

2.6 Strukturelle Rahmenbedingungen und Einflußchancen der Kommissionen

Im folgenden wird die Bedeutung der gesellschaftlichen und politischen, finanziellen und zeitlichen Rahmenbedingungen der US-Kommissionen für ihre Einflußchancen untersucht. Hierzu zählen in einem engeren Sinne die Ausstattung der Kommissionen mit Ressourcen und der Zeitdruck, unter dem sie arbeiten müssen. Zusätzlich wird nach dem Einfluß des Verhaltens der Kommissionsmitglieder und weiterer Rahmenbedingungen gefragt: etwa der Bedeutung des (nachlassenden oder zunehmenden) Problemdruckes, oder veränderten Erwartungen aufgrund eines Regierungswechsels oder der Veränderung der öffentlichen Agenda.

Laut Aussagen der Interviewten ist die ausreichende Ausstattung einer Kommission mit Personal und Ressourcen zur Erforschung der in Auftrag gegebenen Fragestellungen die unabdingbare materielle Voraussetzung für eine vernünftige Arbeit und fundierte Ergebnisse. Die drei untersuchten Presidential-Commissions verfügten alle über einen großen Stab von sozialwissenschaftlichen Mitarbeitern und vergaben darüberhinaus etliche Forschungsaufträge an externe Berater. Insbesondere die Kerner- und die Eisenhower-Kommissionen waren sehr gut ausgestattet, was sich nicht zuletzt in der großen Anzahl ihrer Publikationen widerspiegelt. Die Scranton-Kommission hatte weniger Ressourcen zur

Verfügung und publizierte lediglich einen Abschlußbericht.
Von den interviewten Sozialwissenschaftlern wird jedoch der starke Zeitdruck beklagt, der die Arbeit für die Kommission begleitete. Um überhaupt einen Einfluß als Sozialwissenschaftler ausüben zu können, seien diese der exakten wissenschaftlichen Arbeit sicherlich nicht zuträglichen Bedingungen jedoch akzeptiert worden. Von allen interviewten Sozialwissenschaftlern wird die Bereitschaft konstatiert, den primär politischen Charakter der Kommissionsarbeit anzuerkennen und dementsprechend auch zu Kompromissen in der Analyse und bei der Entwicklung von Empfehlungen bereit zu sein. Dabei spielt es offensichtlich keine Rolle, ob sich der Interviewte als politisch rechts oder links definiert. Hierzu Short Jun., einer der beiden geschäftsführenden Direktoren (Executive Director) der Eisenhower-Kommission:

Frage: "Does that mean that the anticipation of the conflicts prevented you from developing a specific kind of recommendations?"

Antwort: "It doesn't mean that we didn't think of them. It may mean that we softened them in presenting them ... in other words there was a compromise even in the recommendations because we felt that we would have a better chance of getting the commission to go along with less extreme positions, and frankly that is a political choice that sometimes the academics had to make".

In die gleiche Richtung zielt das Argument von Platt. In seiner Aussage bezieht er sich auf die Erstellung eines Gutachtens an die Eisenhower-Kommission zur Frage der Ursachen kollektiver Proteste und der dabei mitunter auftretenden gewalttätigen Auseinandersetzungen.

" ... there were many debates amongst ourselves about how the report could be effective and to what extent we had to compromise for political reasons. ... In my view, we made a number of concessions in the final report that were too many concessions as far as I was concerned...".

Neben dieser bereits mehr auf Verhalten und Einfluß der Sozialwissenschaftler in der Kommission gerichteten Auswertung soll nun auf die Bedeutung der weitergefaßten politischen und gesellschaftlichen Rahmenbedingungen für die Einflußchancen der Kommission eingegangen werden. Die Befragten betonen als wesentliche Bestimmungsfaktoren zur Realisierung von Kommissionsvorschlägen besonders die Bereitschaft der Regierung, die notwendige Regierungsmacht und eine anhaltende starke öffentliche Aufmerksamkeit gegenüber den in den Kommissionen behandelten Themen anzuerkennen. Einen Beleg für den offensichtlich mangelnden Willen der Regierung, sich auf die Vorschläge der Kommission einzulassen, sei die Reaktion der Nixon-Regierung auf den Scranton-Report gewesen. Als erster Anhaltspunkt galt, daß Nixon selbst überhaupt keine Stellungnahme zu dem Bericht der Kommission abgab, was absolut unüblich sei.

"When the commission report was published it went to the White House and immediately Vice-President Agnew dismissed it as being not important".

Zu den Gründen dafür vermutet Braungart:

"They thought that the commission was too liberal. They claimed that a lot of the statements were just too liberal from the presidents point of view and so they tried to distance themselves from the findings of the commission".

Anders liegt der Fall bei der Eisenhower-Kommission. Nicht die mangelnde Bereitschaft, sondern die mangelnde Macht der Regierung sei ein entscheidender Grund für die geringen Einflußchancen dieser Kommission gewesen. Short Jun. beschreibt dies folgendermaßen:

"We had good resources initially, our problem was that the Johnson Administration was rapidly disintegrating, no, not disintegrating, I mean it was just going out, a lame duck".

Im Vergleich zur Scranton- und zur Eisenhower-Kommission sei der Einfluß der Kerner-Kommission größer gewesen. Die Vorlage des Berichtes dieser Kommission sei gerade zu einem Zeitpunkt erfolgt, bei dem die Rassenkonflikte im Zentrum der öffentlichen Aufmerksamkeit gestanden hätten. Zusätzliche öffentliche Aufmerksamkeit habe die Kommission durch ihre, von den meisten Interviewten als überraschend, ja sogar als sensationell bezeichnete Analyse der Rassenkonflikte erreicht. Diese große öffentliche Aufmerksamkeit habe schließlich die Regierung veranlaßt, zumindest einen Teil der Handlungsvorschläge der Kommission aufzugreifen.

In der Literatur (WOLANIN 1975; BUTTON 1978) werden die geringen Einflußchancen von Kommissionsempfehlungen auf politische Maßnahmen beklagt. Wir kommen hier zu dem Ergebnis, daß nicht der Mangel an Konkretion oder die Politikferne der Vorschläge, sondern politische Bedingungen wie z.b. Interessenkonflikte oder Wahlstrategien als Ursache anzusehen sind. Allein die Tatsache, daß von allen drei untersuchten Kommissionen eine Fülle politisch-pragmatischer Empfehlungen für die einzelnen Politikbereiche entwickelt wurde, widerlegt bereits die Vermutung, ihre Realisierung sei auf mangelnde Konkretion zurückzuführen. Zwar gibt es auch eine Reihe von eher unspezifischen Vorschlägen, die Mehrzahl der Empfehlungen jedoch ist konkret und an eindeutige Adressaten wie die Regierung oder die Polizei gerichtet. Olson vermutet daher in einer mit Michael Lipsky veröffentlichten Studie zur Bedeutung von 'riot commissions', daß die Durchsetzungschancen für Kommissionsempfehlungen immer dann am besten gewesen sind, wenn die Kommissionen die von der politischen 'Großwetterlage' abhängigen Chancen und Widerstände richtig einschätzen und bei der Entwicklung ihrer Empfehlungen antizipieren (LIPSKY/OLSON 1970).

Hinsichtlich der drei hier untersuchten Presidential-Commissions wird von den Interviewten jedoch nur sehr wenigen Empfehlungen ein relevanter Einfluß auf politische Maßnahmen zugeschrieben. In keinem Fall wird dies aber auf die mangelnde Genauigkeit der Kommissionsvorschläge zurückgeführt. Letztlich sei die fehlende Macht der Kommissionen dafür ausschlaggebend gewesen, daß ihre Empfehlungen auf politische Maßnahmen nur begrenzt Wirkung gezeigt hätten. Dies drückt Ross (Professor an der Universität in Worcester, der sich mit der Kerner-Commission beschäftigt hat) so aus:

"The most typical thing of course for large scale recommendations is, that they don`t get implemented because they cannot compete for resources adequately".

Darüberhinaus habe die Entwicklung von Handlungsempfehlungen -

obwohl im Auftrag an die Kommissionen ausdrücklich als eine der beiden Hauptaufgaben genannt - sowohl bei den für die Kommissionen tätigen Politikern als auch bei den Wissenschaftlern eine nachgeordnete Bedeutung gehabt. Wesentlich wichtiger sei es gewesen, daß die in der Kommission vertretenen Gruppierungen zu einer gemeinsamen Sichtweise der Probleme und zu einer gemeinsamen Orientierung des notwendigen politischen Handelns hätten kommen können. Hierzu abermals Ross:

"The most important thing is that the major high level elite have come to some broad agreement as to how they want to move forward. Often that consensus is not yet a consensus among constituencies or among elected officials. The job of the commission is to sell the prescription".

Wenn diese Einschätzung zutrifft, erhebt sich aber die Frage, warum dann die Kommissionen mit großem Aufwand solch detaillierte und umfassende Vorschläge zu politischen Maßnahmen erarbeiten? Die interviewten Experten sehen die Bedeutung dieser Vorschläge darin, als Pool von Handlungsmöglichkeiten eine Diskussionsgrundlage für die politischen Institutionen zu bilden. Die Implementierung dieser Vorschläge erfolge aber gerade bei Kommissionen, die sich mit sehr umfassenden Problemen - z.B. Rassenkonflikten - auseinanderzusetzen hätten, in nur sehr geringem Ausmaß.

2.7 Die politische Bedeutung der Kommissionen aus der Sicht der Experten

In diesem Absatz soll überprüft werden, inwieweit die in der wissenschaftlichen Diskussion vertretenen Annahmen bezüglich der gesellschaftlichen und politischen Bedeutung von Untersuchungskommissionen auf die hier betrachteten Kommissionen zutreffen.

Die erste Überlegung geht davon aus, daß Kommissionen zwischen den beteiligten gesellschaftlichen und politischen Interessengruppen ein **Interessenclearing** durchführen und dementsprechend korporatistisch besetzt sind.

Diese Einschätzung der Presidential-Commissions als korporatistische

Gremien wird von der Mehrheit der interviewten Experten (ungeachtet ihrer bislang referierten Aussagen hinsichtlich der drei hier interessierenden Kommissionen) nicht geteilt. Die Kommissionen hätten nicht nur aus Interessengruppenvertretern und aus Politikern der beiden großen amerikanischen Parteien bestanden. Ihre Zusammensetzung habe vielmehr den überwiegenden Teil des politischen Spektrums der amerikanischen Gesellschaft repräsentiert und nicht nur wenige einflußreiche gesellschaftliche Gruppen.

Nur die Minderheit der interviewten Experten versteht die Kommissionen als korporatistische Gremien zur Verständigung der herrschenden gesellschaftlichen Gruppen über den Umgang mit bedrohlichen Protesten. Sie begründen ihre Sicht mit der fehlenden Mitgliedschaft bzw. den mangelnden Artikulationsmöglichkeiten der Protestgruppen selbst in den Kommissionen.

Um die Frage zu beantworten, ob mit den Kommissionen (nur) **symbolische Politik** betrieben worden sei, war zu klären, worin die symbolische Wirkung der Kommissionen besteht und welche Strategien von den politischen Akteuren damit verfolgt werden können.

Die symbolische Wirkung der Kommissionen wird von allen interviewten Experten ähnlich beurteilt. Zuerst verschaffe die Einsetzung der Kommission der Regierung eine Atempause, in der Strategien in Bezug auf die Unruhen entworfen werden können. Durch das Einsetzen einer Kommission werde dem in der Öffentlichkeit entstandenen Druck auf die Regierung erst einmal ein Ventil geöffnet. Die Regierung erkenne offiziell das Vorhandensein des Problems an und demonstriere damit gleichzeitig ihre Betroffenheit und ihre Bereitschaft, sich mit den Problemen auseinandersetzen zu wollen. Die Einrichtung einer Kommission werde von der entsprechenden politischen Rhetorik begleitet. Rossi beschreibt dies so:

Rossi: "These commissions are really symbolic expressions. They are expressions of concern on the part of the President and the executive branch, that there is a serious problem out there".

Frage: "But what is the symbolic function?"

Rossi: " It focusses public attention. It expresses public officials` concern, the policy is focussed on the problem. Now that`s the importance of the commission. The recommendations, I think, are ridiculous".

Die Kommissionen selbst halten das öffentlichkeitswirksame Inszenieren ihrer Tätigkeit für entscheidend. R.Braungart, ein damals gerade über das Thema kollektiver Proteste promovierter Wissenschaftler, dem die Koordination der wissenschaftlichen Arbeit der Scranton-Kommission oblag, drückt seine Enttäuschung über die nachrangige Bedeutung der wissenschaftlichen Arbeit in der Kommission folgendermaßen aus:

"I was rather surprised that the major role of the commission was not intellectual. It was political and public relations. On a daily basis they would gather all the newspapers and clip out the statements about the commission. They were mainly concerned with the image of the commission. Politics was the number one priority, not information".

Über die mit symbolischer Politik verfolgten Strategien der politischen Akteure sind die Interviewten unterschiedlicher Auffassung. Die einen verstehen symbolische Politik primär als Instrument zur Herrschaftssicherung und zur Verteidigung von Privilegien. Die anderen halten dagegen, daß der mit der symbolischen Politik erzielte Zeitgewinn keineswegs ausschließlich der Herrschaftssicherung diene. Gerade das Einbeziehen wissenschaftlicher Beratung in die Diskussionsprozesse, aber auch die Artikulationsmöglichkeiten für Protestgruppen in der Kommissionsarbeit sorge für die Offenheit von Meinungsbildungs- und Entscheidungsprozessen. Diese Offenheit sei durchaus von den politischen Institutionen beabsichtigt, denn nur unter dieser Voraussetzung sei die Entwicklung einer fundierten Position zu neuen Herausforderungen möglich.

Die symbolische Wirkung der Kommissionen besteht also vor allem darin, daß die politischen Eliten öffentlichkeitswirksam demonstrieren, daß sie von den Ereignissen betroffen sind und sich ihrer annehmen. Darüberhinaus spielen konkrete Legitimationsinteressen eine erhebliche Rolle. Präsident Johnson erwartete sich von der Arbeit der Kerner- und der Eisenhower-Kommission eine Unterstützung der in seiner Amtszeit stark forcierten Sozialpolitik. Sie sollten eben diese Politik als den richtigen Weg angesichts der Proteste und Ghetto-Revolten ausweisen.

Indem die schlechten materiellen Lebensbedingungen und die Benachteiligung der 'Schwarzen' als Ursache der Proteste dargestellt werden, sollte den immer wieder in der öffentlichen Diskussion auftauchenden Vermutungen entgegengetreten werden, eine revolutionäre Verschwörung der 'Schwarzen' sei im Gange oder ein 'Hang zur Kriminalität' der 'Schwarzen' sei ein Grund für die Revolten. Folglich dürften auch nicht polizeiliche Maßnahmen zur Eindämmung der Konflikte im Vordergrund stehen, sondern müßten Maßnahmen zur Gleichstellung der 'Schwarzen' hinsichtlich Beschäftigung, Einkommen, Ausbildung, Wohnen und politischer Partizipation oberste Priorität eingeräumt werden. In einer solchen Sichtweise würde Johnsons Sozialpolitik den richtigen Weg weisen. In den Worten von G. Marx lautet das so:

"I think that probably that what President Johnson wanted was the commission to say that riots were related to our racial problems and we need to go much further in social welfare measures in order to create a better environment. That is pretty much what he got out of the commission.... I think it was a question of calming public fears that there was a revolution that was imminent and interpreting for the public what it was what this meant. So I think it had a function of calming people down".

Unterstellt man die Richtigkeit dieser Interpretation, scheint die Regierung mit dem Einsetzen der Kommission hauptsächlich die Artikulation ihrer Sicht der Rassenkonflikte und ihrer sozialpolitischen Position in der öffentlichen Diskussion beabsichtigt zu haben. Hierfür spricht auch die Auswahl von populären, mit Reputation ausgestatteten Personen als Kommissionsmitglieder. In diesem speziellen Sinn kann man also durchaus von der Legitimation einer bestimmten Regierungspolitik, nämlich der der Johnson-administration sprechen.

Problembearbeitung und Politikdefinition

Eine weitere Wirkung der drei untersuchten Presidential-Commissions wird von den Interviewten in der Entwicklung einer Position gesehen, die über den Regierungsstandpunkt hinaus ein breiteres politisches Spektrum repräsentiere und so die Kompetenz der gesamten politischen

Elite in dieser Frage zum Ausdruck bringe. Presidential-Commissions erscheinen in dieser Perspektive als ein von der Tagespolitik abgetrennter Raum zur Diskussion neuer Problemstellungen, in den wissenschaftliche Reflexionspotentiale miteinbezogen werden können. Durch die intensive wissenschaftliche Arbeit würden die Kommissionen zu einer wichtigen Informationsquelle der politischen Institutionen. Daß es sich bei den Kommissionen aber nicht um einen Ort ideologischer Unvoreingenommenheit handelt, sondern auch um eine durch politische Entscheidungen determinierte Sphäre, ist aus der Analyse der Selektionsprozesse zur Auswahl der Kommissionsmitglieder wie auch der politischen Interventionen deutlich geworden. Platt formuliert diese Einschätzung so:

"I think usually when you get a commission, it is not just only symbolical or ideological, it is also a debate over policy and a breakdown of policy. It also usually reflects that there are differences high up about what policies to pursue and so commissions in a sense, allow elites to debate amongst themselves different viewpoints".

Die Analyse der Handlungsorientierungen innerhalb der Kommission hat gezeigt, daß es trotz vielfältiger Konflikte durchaus Kompromißbereitschaft gab. Inwieweit sich diese Position der Kommission mit den Erwartungen der Regierung deckt, ist allerdings aufgrund unserer Interviews nicht eindeutig zu beantworten. Lediglich für die Scranton-Kommission ist die geringe Übereinstimmung mit der Regierungsposition unbestritten. Dies wird auch durch das erfolgreiche Bemühen der Nixon-Regierung dokumentiert, die Scranton-Kommission zu neutralisieren. Die Kerner-Kommission habe zwar einerseits die Sozialpolitik Präsident Johnsons legitimieren können, andererseits sei sie über das beabsichtigte Ziel hinausgeschossen, indem sie den Rassismus der 'Weißen' für Proteste und Revolten verantwortlich machte. Gerade durch diese scharf und pointiert formulierte Analyse habe sie aber besonders große Medienaufmerksamkeit auf sich ziehen können und deswegen eine bedeutende Rolle in der öffentlichen Diskussion gespielt. Die Eisenhower-Kommission sei - zumindest was den Aspekt der kollektiven Proteste angehe - gemäßigter als die Kerner-Kommission gewesen. Die Interviewten vermuten, ihre Aufgabe sei es gewesen, die 'radikalen' Positionen der Kerner-Kommission im Sinne der Regierung zurechtzurücken. Sie habe aber weit weniger Medienaufmerksamkeit auf sich lenken können und sei daher in dieser Hinsicht nicht sonderlich wirkungsvoll gewesen.

Festzuhalten ist also, daß auf Seiten der Regierung eindeutig die Absicht gesehen wird, mit dem Instrument der Kommission in die öffentliche Diskussion einzugreifen.

"The commission is agenda setting, is public opinion setting. Getting clear what exactly the government opinion is on this" (BRAUNGART).

Diese Rechnung der Regierung scheint allerdings für die drei untersuchten Presidential-Commissions nur bedingt bzw. gar nicht aufgegangen zu sein, weil die Wirkungen der Kommission auf die öffentliche Meinung und die öffentliche politische Agenda von der Regierung kaum zu kontrollieren sind.

2.8 Resumee

Gemäß unserer Interviewauswertungen liegt die Bedeutung der drei untersuchten Presidential-Commissions vor allem in der Beeinflussung der öffentlichen Diskussion und Meinungsbildung. Dies trifft in besonderem Maße auf die Kerner-Kommission zu, für die Scranton-Kommission gilt diese Einschätzung nur bedingt. Zwar betonen die Experten, daß Kommissionen grundsätzlich immer nur einer von vielen die öffentliche Diskussion bestimmenden Faktoren darstellen, und im allgemeinen auch nicht die wichtigsten. Der Abschlußbericht der Kerner-Kommission sei jedoch eine Sensation gewesen und habe mit der Thematisierung des Rassismus der 'Weißen' die Diskussion der Ghettounruhen entscheidend geprägt. Obwohl die Kommission mit der These des 'white-racism' über das von der Regierung verfolgte Ziel hinausgeschossen war, hatte sich die Sozialpolitik Johnsons auf diese Analyse als Legitimationsgrundlage stützen können. Gleichzeitig waren dadurch aber auch die weitergehenden Forderungen der protestierenden Gruppen gestützt worden. Insbesondere die durch die umfangreiche wissenschaftliche Arbeit gestützte Einsicht in die sozialen Probleme und die rassische Diskriminierung als Ursachen der Proteste hat Behauptungen die Grundlage entzogen, revolutionäre Verschwörungen oder kriminelle Aktionen seien am Werk. Die daraus resultierende Veränderungen der Wahrnehmung und die Definition der Probleme in der Öffentlichkeit und auch bei Politikern war die herausragende Leistung der Kommissionen. Sogar die Nixon-Regierung behielt daher - trotz anderslautender Rhetorik - die sozialstaatlichen Maßnahmen der Johnson-Regierung noch so lange bei, bis eine deutliche Abnahme der Proteste zu verzeichnen war.

Neben den Wirkungen auf die öffentliche Diskussion sind von den Kommissionen auch wichtige Impulse für die Wissenschaft ausgegangen. Hier werden neben der Aufarbeitung von Wissensbeständen vor allem die von den Kommissionen stark geförderten neuen Forschungen zu den unterschiedlichsten Aspekten von Gewalt genannt. Im Anschluß an die Arbeit der Eisenhower-Kommission wurde die Milton-Eisenhower-Foundation gegründet, in der eine Institutionalisierung der wissenschaftlichen Auseinandersetzung mit dem Thema stattfand. Dort werden bis heute Forschungen zur Analyse der Ursachen von Gewalt betrieben, aber auch experimentelle Programme zur Verbesserung der Lebensbedingungen von benachteiligten Bevölkerungsgruppen und zur Entwicklung von funktionsfähigen Gemeinschaften entwickelt und durchgeführt.

Eine einhellige Meinung vertreten alle Interviewten hinsichtlich der geringen Bedeutung der von den Kommissionen getroffenen politischen Empfehlungen. Diese seien im Sinne einer direkten Beeinflussung politischer Maßnahmen recht wirkungslos geblieben.

Eine sehr indirekte Wirkung habe der durch die Kerner-Kommission thematisierte Rassismus für die Förderung des Selbstbewußtseins der 'Schwarzen' gehabt. Denn in Form dieser Kommission sei das erste Mal in der amerikanischen Geschichte eine mehrheitlich mit 'Weißen' besetzte und sowohl politisch wie wissenschaftlich autorisierte Institution zu dem Ergebnis gekommen, der gesellschaftliche Rassismus sei Hauptursache der sozialen Probleme ethnischer Minderheiten. Das Entstehen einer kleinen 'schwarzen' Mittelschicht und die zunehmende Repräsentation der 'Schwarzen' in politischen Gremien der USA war das wichtigste Ergebnis dieses neuen Selbstbewußtseins.

3. Die Enquete-Kommission 'Jugendprotest' in der Bundesrepublik Deutschland

3.1 Kurzcharakteristik der bundesdeutschen Kommission

Es waren besonders die Berliner, die aufgrund der gewalttätig verlaufenden Proteste und Hausbesetzungen den wesentlichen Anstoß für die Einsetzung der Enquete-Kommission 'Jugendprotest im demokratischen Staat' gaben (vgl. Drs. 9/2390, 17.1.1983 7,35; EICHMANN 1983, 4). Von Hans-Jochen Vogel, damals Regierender Bürgermeister von Berlin, kam schließlich die konkrete Anregung, die zum Zustandekommen der Bundestags-Enquete führte (vgl. St. 9/32, 10.4.1981, 1654f; HAUCK 1989, 14; WISSMANN 1982, 43).

Auf seinen Vorschlag hin beantragten die Fraktionen der SPD und der FDP im Bundestag die Einsetzung einer Enquete-Kommission 'Jugendprotest im demokratischen Staat' (vgl. Drs. 9/310, 7.4.1981). Der in der genannten Drucksache formulierte Auftrag an die Kommission wird unverändert übernommen; gleiches galt für den Vorschlag der beiden Fraktionen, in die Enquete-Kommission sieben Abgeordnete zu entsenden und fünf Sachverständige zu berufen. Am 26. Mai 1981 wurde die Beschlußempfehlung des Ausschusses für Jugend, Familie und Gesundheit ohne Aussprache vom Bundestag beschlossen (vgl. St. 9/38, 26.5.1981, 2056).

Der **Auftrag** der Kommission lautete wie folgt:

"Die Enquete-Kommission hat die Aufgabe, Ursachen, Formen und Ziele der Proteste junger Menschen, die sich beispielsweise in Demonstrationen, Gewaltanwendung, bewußtem Hinwenden zu alternativen Lebensformen oder teilweise auch in der resignativen Abwendung von der Gesellschaft äußern, zu untersuchen. Dabei sollen auch Erfahrungen, die in anderen europäischen Ländern gemacht wurden, berücksichtigt werden.
Die Enquete-Kommission soll Möglichkeiten für eine Verbesserung des Verständnisses zwischen den Generationen, zwischen Jugend und Politik sowie für eine Förderung von Demokratie- und Staatsverständnis der jungen Menschen aufzeigen. Sie soll prüfen, welche Wege möglich und notwendig sind, um die Lage der Jugend zu

verbessern und Spannungen abzubauen, die auf unterschiedlichen Lebenserfahrungen und Lebenseinstellungen beruhen. Es soll auch die Frage geprüft werden, ob gesetzgeberische Maßnahmen insbesondere in den Bereichen der Jugend-, Familien-, Bildungs-, Wohnungs-, Wirtschafts-, Arbeitsmarkt- und Rechtspolitik erforderlich sind" (Drs. 9/2390, 17.1.1983, 5).

Struktur und Arbeitsweise

Das Charakteristikum der Enquete-Kommission war die institutionalisierte Kooperation von gewählten Abgeordneten und parlamentsfremden sachverständigen Wissenschaftlern bzw. Praktikern (vgl. BUSCH 1985, 32). Dabei wurden die berufenen Sachverständigen den von den Fraktionen entsandten Mitgliedern - einschließlich des Stimmrechts - gleichgestellt (vgl. BÖHR u.a. 1984, 39).

Als Mitglieder der Enquete-Kommission 'Jugendprotest im demokratischen Staat' benannte die CDU/CSU-Fraktion folgende Abgeordnete des Deutschen Bundestages (vgl. Drs. 9/2390, 17.1.1983, 5): Paul Breuer (ab November 1982), Irmgard Karwatzki (bis November 1982), Alfred Sauter sowie Matthias Wissmann. Die SPD-Fraktion berief Rudolf Hauck, Gerhard Schröder sowie Margitta Terborg, und von der FDP-Fraktion wurde Norbert Eimer ernannt. Ferner gehörten der Kommission mehrere, von den Fraktionen benannte Sachverständige an. Für die CDU/CSU-Fraktion Prof. Dr. Roman Bleistein und Prof. Dr. Henrik Kreutz, für die SPD-Fraktion Anke Brunn und Prof. Dr. Johano Strasser, und für die FDP-Fraktion Pfarrer Horst Seeger. Die Abgeordneten Wissmann und Hauck wurden nach einer Vereinbarung im Ältestenrat von der Kommission zum Vorsitzenden bzw. stellvertretenden Vorsitzenden bestimmt (siehe Kurzprotokoll, 1. Sitzung, 2.7.1981).

Wo das parlamentarische Beratungsinstrument Enquete-Kommission im Aufbau des Bundestages einzuordnen ist, zeigt die Tabelle über "Das arbeitsteilige Fraktionenparlament (Stand: 10. Wahlperiode, Febr. 1984)" bei Rudzio (1987, 220):

Abb.4: Das arbeitsteilige Fraktionenparlament (Stand: 10. Wahlperiode, Febr. 1984)

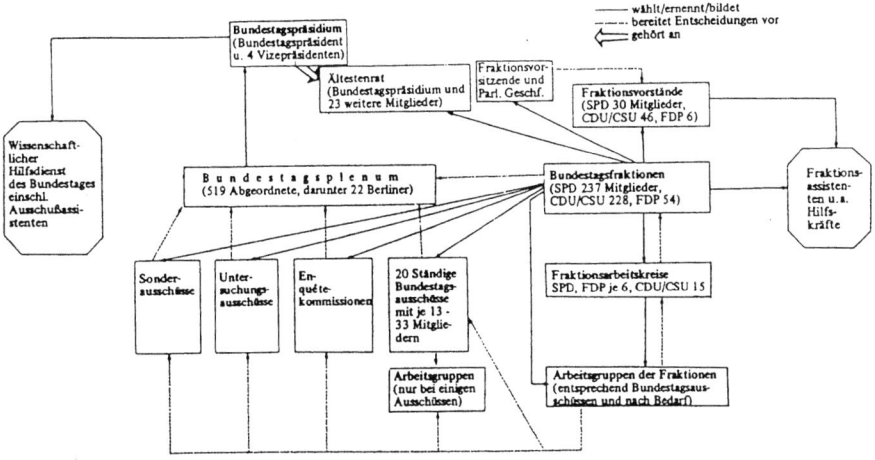

Enquete-Kommissionen werden in der Regel zur Erfüllung eines spezifischen Auftrages eingesetzt. Mit der Vorlage ihres Abschlußberichtes an das Parlament lösen sie sich wieder auf, weshalb ihnen der Status eines ständigen Ausschusses nicht zukommt (vgl. BUSCH 1988, 484).

Die Hauptaufgabenbereiche der Enquete-Kommissionen hat Eckart Busch, Sekretär der Enquete zur Verfassungsreform und Leiter des Sekretariats der Enquete-Kommission 'Jugendprotest', prägnant zusammengefaßt:

"Enquete-Kommissionen sind eine Art Planungsinstrumente (sic) des Bundestages, mit denen gesetzgeberische Entscheidungen langfristig vorbereitet werden sollen. Sie sind ein Versuch, sich vom Herrschaftswissen der Ministerialbürokratie zu lösen zugunsten der Erarbeitung eigener Analysen und Erkenntnisse. Die Tätigkeit der Enquete-Kommissionen soll das Parlament in die Lage versetzen, frühzeitig gesellschaftliche Anforderungen zu erkennen, einzelne Gesetzesvorhaben und Aufgabenbündel planerisch besser abzustimmen, die Qualität der Gesetzgebungsarbeit zu verbessern und damit die Stellung des Parlaments gegenüber Regierung und Öffentlichkeit

117

zu stärken. Sie dienen zugleich auch der Kontrolle der Regierungstätigkeit" (ebd., 485).

Dabei ist es die Aufgabe der in die Enquete berufenen Wissenschaftler, die parlamentarischen Vertreter in der Kommission zu beraten (vgl. BÖHR u.a. 1984, 40).

Die Aufgabe der Jugendprotest-Enquete bestand zunächst darin, die vorhandene wissenschaftliche Literatur auszuwerten (vgl. BÖHR u.a. 1984, 49f). Dazu erstellte das Sekretariat eine Bibliographie für die Mitglieder der Enquete (vgl. Kommissions-Drs. 002, 24.7.1981 und Kommissions-Drs. 024, o.D.). Der nächste Schritt der Kommission war dann die Erarbeitung eines Fragenkatalogs, mit dessen Hilfe die Enquete um Meinungsäußerungen und Stellungnahmen von Interessierten bat.

"Dieser umfangreiche Fragenkatalog wurde über 100 interessierten Verbänden, Arbeitsgemeinschaften, Behörden, Dienststellen, Instituten und Einzelpersonen aus dem staatlichen, gesellschaftlichen und wissenschaftlichen Bereich zugeleitet, von denen 67 - zum Teil größere - Stellungnahmen eingingen" (BÖHR u.a. 1984, 50; siehe auch: WISSMANN 1982, 42; EICHMANN 1983, S.4).

Als nächster Schritt folgten die öffentlichen Anhörungen, die von der Enquete vorbereitet werden mußten (vgl. Kommissions-Drs. 029, 15.9.1981, Kurzprotokoll, 3. Sitzung, 28.9.1981, Kommissions-Drs. 035, 6.10.1981, Bannas 23.11.1981). Am 23. November 1981 fand die erste Gesprächsrunde mit 33 jungen Leuten aus der Protestszene statt (vgl. BÖHR u.a. 1984, 51). Eine Woche später, am 30. November, folgte die öffentliche Anhörung mehrerer Sachverständigen. Gehört wurden u.a. die Wissenschaftler Josef Huber, Max Kaase, Thomas Ziehe, Hans-Joachim Veen und Kurt Sontheimer (vgl. Wortprotokoll, 7. Sitzung, 30.11.1981; siehe zudem: 'Jugendprotest im demokratischen Staat' 1.12.1981). Am darauffolgenden Tag, dem 1. Dezember, befragte die Kommission Vertreter von Jugendverbänden (vgl. "Mehr als ein Konflikt der Generationen" 2.12.1981; BÖHR 1982, 207).

Für Furore sorgte der Besuch der Enquete in Berlin:

"Am 7. und 8. Februar 1982 verschaffte sich die Kommission in Berlin durch Gespräche mit Hausbesetzern, durch den Besuch verschiedener alternativer Projekte sowie durch einen Gedankenaustausch mit dem Regierenden Bürgermeister von Berlin, dem Präsidenten des Abgeordnetenhauses, Vertretern der Senatsverwaltung sowie mit Mittlern und Paten von Hausbesetzern wie der Evangelischen Kirche, dem Verein SO 36 und dem Sozialpädagogischen Institut einen Eindruck über die Probleme der Protestbewegung vor Ort" (Drs. 9/2390, 17.1.1983, 5).

Nach dem Berlin-Besuch stand die Fertigstellung des Zwischenberichts auf der Tagesordnung. Dabei wurden die verschiedenen Berichtsunterlagen von der gesamten Kommission im einzelnen diskutiert und schließlich darüber abgestimmt. Aufgabe des Sekretariats war es, aus diesen Beratungsergebnissen Entwürfe zum Zwischenbericht zu machen, die ihrerseits wiederum Gegenstand mehrerer Kommissionssitzungen wurden (vgl. BÖHR u.a. 1984, 85). Zwischenzeitlich (im März 1982) beauftragte die Enquete die Prognos AG mit der Durchführung einer wissenschaftlichen Analyse von Einstellungen und Motiven junger Leute aus der Alternativ- und Protestbewegung, deren Ergebnisse im Oktober vorgelegt wurden (vgl. Drs. 9/2390, 17.1.1983, S.6; EICHMANN 1983, S.4; BÖHR, u.a. 1984, S.74f). Zuvor verabschiedete die Kommission am 28. April 1982 einvernehmlich den Zwischenbericht (vgl. Drs. 9/1607, 28.4.1982) und übergab ihn am 3. Mai dem Bundestagspräsidenten (vgl. Drs. 9/2390, 17.1.1983, 5).

Eine weitere Anhörung der Enquete-Kommission von Jugendlichen, Verbandsvertretern und Wissenschaftlern am 14. Juli 1982 wurde von den Fernsehanstalten fast vollständig übertragen (vgl. zu diesem Hearing: BÖHR u.a. 1984, 71-74; PLÖHN 1985, 10f). Am 22.11.1982 setzte die Enquete ihre Gesprächsrunde vom 23. November des vorigen Jahres fort, um die Meinungen der betroffenen Jugendlichen zum Zwischenbericht zu hören. Die 'Besuchsdiplomatie' endete mit einer Visite eines Teils der Kommissionsmitglieder im Ruhrgebiet, die in erster Linie dem Zweck diente, sich mit den Schwierigkeiten arbeitsloser Jugendlicher und junger Ausländer vertraut zu machen (vgl. Drs. 9/2390, 17.1.1983, 5f).

Zur Vorbereitung des Endberichts wurden drei Arbeitsgruppen gebildet, die unterschiedliche Themenfelder des Jugendprotests bearbeiten sollten. Deren Ergebnisse wurden in die Beratungen der Kommission eingebracht und dort wiederum diskutiert (vgl. zu den Arbeitsgruppen

BÖHR u.a. 1984, 85f; PLÖHN 1985, 15). In der 33. Sitzung erfolgte die Übergabe des Endberichts an den Bundestagspräsidenten (vgl. Kurzprotokoll, 33. Sitzung, 2.2.1983).

In diesem Schlußbericht betonte die Kommission die Grenzen ihrer Wirksamkeit. Sie reagierte damit auf verschiedentlich vorgebrachte Vorwürfe, ihre Empfehlungen hätten kaum Aussichten politisch realisiert zu werden:

"Mit der Zuleitung ihres Schlußberichtes an den Deutschen Bundestag als den Auftraggeber und seiner Debatte im Plenum findet die Tätigkeit einer Enquete-Kommission ihr Ende. Ihre Arbeit ist mithin zeitlich begrenzt. Auf die Annahme und Umsetzung ihrer Vorschläge und Empfehlungen hat sie keinen Einfluß. Damit sind die Grenzen ihrer Wirkungsmöglichkeiten abgesteckt. Die Phase der Realisierung der Vorschläge beginnt nach dem Ende der Kommission. Für die Verwirklichung der Kommissionsempfehlungen sind in erster Linie der Deutsche Bundestag und seine Organe angesprochen. Soweit gesetzliche Änderungen angeregt werden, ist es Sache der zuständigen Bundesorgane, die Vorschläge einer Enquete-Kommission umzusetzen und sie in das Gesetzgebungsverfahren einzubringen. Ob und in welchem Umfang der Gesetzgeber Reformvorstellungen einer Enquete-Kommission Rechnung trägt, ist von ihr selbst nicht mehr zu beeinflussen. Wohl aber haben ihre parlamentarischen Mitglieder die Möglichkeit, in Ausschüssen und Fraktionen die Kommissionsvorschläge mehrheitsfähig zu machen" (Drs. 9/2390, 17.1.1983, 48f).

Gegenstandsbereiche und Ergebnisse

Die unter der Kategorie 'Jugendprotest' subsumierten Protestphänomene beinhalten so vielfältige Erscheinungen wie Hausbesetzungen, Anti-AKW-Proteste sowie Aktionen der Ökologie- und Friedensbewegung. Rassenkonflikte und Ghettounruhen - wie aus Großbritannien oder den USA bekannt - spielten in der Arbeit der Enquete-Kommission allerdings keine Rolle. Gleichwohl nahm die Enquete jene "in sozialer Benachteiligung liegenden Ursachen des Jugendprotestes zum Anlaß, sich intensiv mit den Schwierigkeiten der ausländischen und arbeitslosen Jugendlichen in der Bundesrepublik Deutschland auseinanderzusetzen"

(Drs. 9/2390, 17.1.1983, 12).

Im Gegensatz zum Abschnitt über die Lösungsvorschläge, der nahezu die Hälfte des gesamten Berichtes umfaßt, fällt die etwas mehr als zehnseitige Ursachenanalyse des Jugendprotestes verhältnismäßig knapp aus (vgl. Drs. 9/2390, 17.1.1983, 12-41).

Der zentrale Teil der analytischen Überlegungen der Enquete-Kommission ist im vierten Kapitel über "Gründe und Hintergründe der neuen Protestbewegung" dargestellt (siehe ebd., 12-22). Gleich zu Beginn betont die Enquete die gesamtgesellschaftlichen Hintergründe des Jugendprotestes:

"Zweifellos ist das Bild des gegenwärtigen Protestes stark von Jugendlichen geprägt. Auf Grund vorliegender Untersuchungsergebnisse und Erfahrungsberichte muß man indes davon ausgehen, daß es in der Sache weniger um Probleme der Jugend als um solche der gesamten Gesellschaft und um die Folgen einer verbreiteten Sinn- und Orientierungskrise geht" (Drs. 9/2390, 17.1.1983, 12f).

In diesem Sinne läßt sich auch die Haltung der Kommission zum sog. Generationenkonflikt verstehen, den die Enquete im Hinblick auf den Jugendprotest nicht als auslösenden Faktor zu erkennen vermag:

"Einig war sich die Kommission darin, daß der Jugendprotest wesentlich als Reaktion auf ungelöste gesellschaftliche Probleme verstanden werden muß und nicht als klassischer Generationenkonflikt erklärt werden kann. Da der neue Protest Angehörige aller Generationen einbezieht, ist selbst die Bezeichnung `Jugendprotest' fragwürdig. Alles deutet darauf hin, daß es sich bei der heutigen Protestbewegung um den Ausdruck eines tiefgreifenden Wandels von Auffassungen und Einstellungen in weiten, über die Jugendlichen hinausgehenden Teilen der Gesellschaft handelt" (ebd., 13f).

Bestätigt durch viele Jugendliche aus der Protestszene, durch die Jugendverbandsvertreter und die angehörten Sachverständigen sieht die Enquete in der Zukunftsangst von Jugendlichen, die u.a. durch Arbeitslosigkeit, Wettrüsten, Umweltzerstörung und die zunehmend kleiner werdenden individuellen Entfaltungsmöglichkeiten genährt werde, einen

Beweggrund, der Teile der jungen Generation in den Protest führe (vgl. ebd., 14).

Im Vergleich zum Zwischenbericht setzt der Endbericht dann neue Akzente. Der Wertewandel - im Schlußbericht interpretiert als Ursache der Proteste - sei gekennzeichnet durch eine Abkehr von materialistischen Orientierungen (Wohlstand, Einkommen) hin zu stärker beachteten postmaterialistischen Werten (Selbstverwirklichung, Mitbestimmung); diese Änderung der Wertpräferenzen sei vornehmlich bei Jugendlichen anzutreffen. Durch die Erprobung alternativer Lebensformen versuchten jene dieses neue Wertbewußtsein zu leben, auch wenn sie dadurch mit der Erwachsenenwelt in Konflikt gerieten.

3.2 Zusammensetzung der Kommission und Artikulationschancen unterschiedlicher Gruppen

Wir gingen von der Frage aus, ob Entscheidungen und Selektionsprozesse über die **Zusammensetzung** der Kommission eine wichtige strukturelle Variable der Kommissionsarbeit darstellen und ob diese auch bis zu einem gewissen Grad die Ergebnisse mitbestimmen. Uns interessierte, welche gesellschaftlichen Gruppen in der Kommission repräsentiert waren bzw. welche Gruppen die Möglichkeiten zur Artikulation vor der Kommission hatten.

Die interviewten Experten waren sich weitgehend einig bei der Beurteilung der Repräsentanz und der Artikulationsmöglichkeiten der von den Problemen betroffenen Gruppen. Im großen und ganzen wird die Auffassung vertreten, daß die wesentlichen Protestgruppen berücksichtigt wurden. Man habe sich sehr viel Mühe gegeben, den unterschiedlichen Gruppen Gehör zu verschaffen. Einschränkend bleibt jedoch festzuhalten, daß nicht alle Gruppen, die zu Anhörungen eingeladen waren, auch bereit waren vor der Kommission zu erscheinen. Auch seien vorwiegend die organsierten Gruppen vertreten gewesen. Hierbei ist, so Brunn (wissenschaftliche Sachverständige der SPD und damalige Jugendsenatorin in Berlin), zusätzlich zu bedenken, daß Jugendliche, die der Mittelschicht angehören, überrepräsentiert gewesen seien und aufgrund ihrer besseren Artikulationsfähigkeit Vorteile gehabt hätten. Um der Gefahr der Überrepräsentanz von organisierten Gruppen entgegenzuwirken, habe man auch

Einzelpersonen zu Anhörungen eingeladen.

Insgesamt wird die Zusammensetzung der Kommission mit Politikern und Wissenschaftlern positiv bewertet. Diese Zusammensetzung habe der Arbeit der Kommission letztendlich Vorteile gebracht. Durch das Hinzuziehen von Experten "macht sich das Parlament den in der Gesellschaft vorhandenen Sachverstand zu Nutze" (BUSCH, Leiter des Sekretariats der Enquete-Kommission).

Die Fragen nach den Auswahlkriterien der **nicht parlamentarischen Experten** zielten auf die Eignung der Mitglieder. So wurde beispielsweise danach gefragt, welche Kriterien bei der Auswahl der Experten von Bedeutung waren: Handelte es sich hierbei um fachliche Kriterien oder aber um politische Kriterien wie z.B. Loyalitätserwartungen? Im Hinblick auf die Auswahlkriterien der Kommissionsmitglieder wurde von den Befragten die Auffassung vertreten, daß politische und fachliche Kriterien in gleichem Maße eine Rolle gespielt hätten. Hervorgehoben wurde aber auch, daß die Wissenschaftler i.d.R. schon den Parteien zuordenbar seien.

Die Tatsache, daß auch Wissenschaftler nicht neutral waren bestätigt Strasser (wissenschaftlicher Sachverständiger der SPD-Fraktion, Professor für Politikwissenschaft an der FU Berlin):

".. und die Wissenschaftler werden auch ausgesucht nach Schwerpunkten, Standpunkten, Grundeinstellungen, mit denen sie an die Probleme herangehen, so daß die natürlich jedenfalls nicht politisch neutral waren".

Wissmann (Vorsitzender der Enquete-Kommission und MdB/CDU) stimmt hier zu: Natürlich sei man nicht daran interessiert gewesen, Wissenschaftler zu benennen, die eine frontale Gegenposition zur eigenen Linie vertreten. Wichtig sei jedoch eine Übereinstimmung im Grundwertdenken, nicht allein die parteipolitische Orientierung.

Die Bedeutung dieser politischen Auswahlkriterien wird von keinem unserer Interviewpartner bestritten. Daraus abzuleitende unbedingte Loyalitätserwartungen werden jedoch allenfalls als zweitrangig und letztendlich nicht ausschlaggebend bewertet. Die Nähe auch der wissenschaftlichen Experten zu politischen Positionen wird von den Befragten zudem nicht negativ bewertet. Sie sei notwendig angesichts der Tatsache, daß es um Beiträge für politische Entscheidungen gehe und von daher die Politiker die Beratung durch Personen ihres Vertrauens benötigten.

Bei der Benennung der **Parlamentarier** fällt die Ausbalancierung der Kräfte zwischen den beiden größten Fraktionen (SPD und Union), auf (vgl. dazu HAUCK Interview 15.12.89, WISSMANN-Interview 30.11.89).

Innerhalb der politischen Fraktion haben dann vor allem fachliche Kriterien als das primäre Auswahlkriterium gedient. Insbesondere habe die Kompetenz in 'Jugendfragen' eine Rolle gespielt. Dies drückt Böhr (Angehöriger des Sekreteriats der Enquete-Kommission und MdL/CDU) folgendermaßen aus:

"..In den Fraktionen sind es die, die quasi zuständig sind für den entsprechenden Bereich, also in dem Fall die Jugend".

Der Bezug zu Jugendfragen, insbesondere Kompetenzen im Bereich der Jugendsoziologie, sei auch für die Berufung wissenschaftlicher Berater in die Kommission ausschlaggebend gewesen, wobei festgehalten werden könne, daß die Beratungstätigkeit bei relativ offenen Themen eine weitaus größere Rolle spielt als bei hochpolitisierten Fragen.

Einig ist man sich in der Tatsache, daß es sich bei der Besetzung der Kommission nicht ausschließlich um hundertprozentige Parteigänger handelte. Wissmann hierzu:

"Das heißt, es hat sich als gut herausgestellt, daß es auf beiden Seiten Leute gab, die also nicht so die klassischen Raster wiedergebetet haben".

Eng zusammenhängend mit der Frage der Zusammensetzung der Kommission ist u.E. die Annahme der **Vorhersehbarkeit der Ergebnisse** aufgrund dieser Zusammensetzung.

Diese Frage ließ sich nicht ohne weiteres anhand der Antworten der Interviewpartner beantworten. So vertreten beispielsweise Abgeordnete beider großen Fraktionen die Meinung, daß die Ergebnisse aufgrund des Parteienproporz zu einem nicht unerheblichen Teil im voraus absehbar seien. Langguth zufolge (damals Direktor der Bundeszentrale für Politische Bildung, heute Leiter der Vertretung der Kommission der Europäischen Gemeinschaften in der Bundesrep. Deutschland) ist es vorhersehbar, wie die Kommissionsmitglieder sich zu politischen Fragen äußern, da der Standort des einzelnen, seine Eingebundenheit in bestimmte Parteien bekannt sei. Allerdings wird auch angeführt, daß die Tatsache des Parteiproporzes bei parlamentarischen Untersuchungsausschüssen eine größere Wirkung gehabt habe als bei Enquete-Kommissionen. Plöhn (Politologe an der Uni Kaiserslautern, Forschungsgebiet: parlamentarische Gremien und Untersuchungsausschüsse) betont, daß auch die Enquete-Kommission in den politischen Alltag eingebunden gewesen sei. Wollte man jedoch behaupten, daß die Resultate aufgrund der Parteibindung von Kommissionsmitgliedern vorhersehbar seien, bedeute dies, so Langguth, eine generelle Überschätzung der Prognostizierbarkeit politischer Entscheidungsprozesse. Die im politischen Alltag stattfindende Diskussion darüber, welche die zu treffende Entscheidung ist, ist, nach Ansicht vieler Politiker im Grunde sehr viel offener, als es gemeinhin unterstellt werde. Von Sauter (als Abgeordneter der CDU/CSU Fraktion in die Enquete benannt) wird ergänzend zu diesem Themenkomplex vermerkt, daß die Entwicklung zu Beginn der 80er Jahre so schnell fortgeschritten sei, daß keine Partei mit fertigen Papieren in die Arbeit der Enquete-Kommission habe einsteigen können. Man habe zwar zu dem ein oder anderen Punkt Meinungen gehabt, auf ausformulierte Konzepte habe aber niemand zurückgreifen können.

3.3 Handlungsorientierungen der Mitglieder

Unabhängige Untersuchungskommissionen werden von politischen Institutionen immer dann eingesetzt, wenn es sich um komplexe, weitreichende Probleme handelt, für die bei den politisch Verantwortlichen noch keine eindeutigen Vorstellungen hinsichtlich Definition oder Umgang bestehen. Arbeitsauftrag und Selbstverständnis der Kommission sowie die Handlungsorientierungen ihrer Mitglieder reflektieren diese Besonderheiten.

Um dies näher untersuchen zu können, befragten wir die Interviewten jeweils nach ihrem Selbstverständnis als Politiker bzw. wissenschaftliche Berater in der Kommission.

Die Antworten machen deutlich, daß auf Seiten der Politiker in der Tat eine allgemeine Verunsicherung und Beunruhigung angesichts der Proteste und gewalttätigen Auseinandersetzungen bestanden hat. Viele

Kommissionsmitglieder sahen daher die Zielsetzung ihrer Arbeit in der Ergründung der Ursachen der Aktionen und Demonstrationen. Deutlich wird dies durch Aussagen wie die folgende:

"Andererseits war es so, daß hier einfach der Wille der meisten Mitglieder, auch der politischen Parteien war, herauszukriegen, was da wirklich läuft, weil offenbar zum Zeitpunkt der Einsetzung der Kommission doch eine sehr starke Beunruhigung da war, was da auf uns zukommt" (STRASSER).

Eine wesentliche Aufgabe sieht die Mehrheit der Kommissionsmitglieder in der Vermittlung zwischen den politischen Institutionen und den verschiedenen gesellschaftlichen Gruppen und in der Darstellung von Verständnisbereitschaft. In den Interviews wird immer wieder hervorgehoben, daß es für die Kommission ein wichtiges Anliegen war, nicht nur *über* die Jugendlichen zu sprechen, sondern auch *mit* ihnen.

"..es ging entsprechend dem Selbstverständnis der Kommission auch um anwaltliche Funktionen von Mitgliedern der Kommission gegenüber dem Jugendprotest" (BUSCH).

Immer wieder ist von einer Art 'Brückenbau' zwischen Protestszene und Parlament die Rede. Der Kommission war es ein wichtiges Anliegen, für die Belange der jeweils anderen Seite Vertrauen und Verständnis zu erwecken und zum Abbau von Vorurteilen und Stereotypen beizutragen. Dazu Strasser:

"..einfach Aufklärung darüber zu bieten, was hier vor sich geht, welches die Ursachen sind, welches die Absichten sind, vor allen Dingen dem entgegenzuwirken, was vielfach an Mutmaßungen, auch sehr bösartigen Mutmaßungen über die jungen Leute, die daran beteiligt waren, so in Umlauf war".

Desweiteren gingen wir davon aus, daß bei Kommissionen mit einem sehr umfassenden Untersuchungsauftrag der Schwerpunkt des Aufgabenbereichs weniger in der Generierung konkreter Einzelmaßnahmen liegt, als vielmehr im Bereich der Problemdefinition.

Im großen und ganzen bestätigen die Aussagen der Interviewten diese

Vermutung. Häufig wird die Meinung vertreten, daß die Ergebnisse der Enquete-Kommission keinen unmittelbaren Einfluß auf die in den entsprechenden Arbeitsfeldern getroffenen politischen Entscheidungen hätten. Glaser (ehemals Schul- und Kulturreferent der Stadt Nürnberg; als Experte zu einem Hearing der Kommission geladen) hierzu:

"Aber da würde ich sagen, sind leider in den letzten Jahren die Erkenntnisse die z.b. die Enquete-Kommission hatte, durchschlagend wirkungslos geblieben".

Allerdings wird auch hier auf die positiven langfristigen Wirkungen hingewiesen, die darin bestünden, daß sowohl der Stellenwert von Jugend in der Politik, als auch das Verständnis für den Jugendprotest und für Minderheitengruppen in der Gesellschaft verbessert worden sei.
Ähnlich wie in den USA spielte die Aufmerksamkeit der Öffentlichkeit für die Einsetzung und Arbeit der Untersuchungskommission eine entscheidende Rolle. Auch die Kommissionsmitglieder selbst waren sehr darum bemüht positiv auf die öffentliche Meinung einwirken zu können und durch die Medien ein Bewußtsein für Verhaltensänderungen zu schaffen. Die Mitglieder der Kommission glauben, durch ihre Arbeit dazu beigetragen zu haben, daß sich, sowohl in der Öffentlichkeit als auch in der Politik, die Art in der Proteste reguliert worden seien, verändert habe. Gerade durch die Berichterstattung in den Medien habe die Kommission die Problematik in der Öffentlichkeit verdeutlichen können und habe so letztendlich eine Bewußtseinsverschiebung erreicht. Wissmann faßt folgendermaßen zusammen:

"Die Kommission trägt dazu bei, daß Politiker, Wissenschaftler und andere Interessierte gezwungen sind, sich mit einem Thema vertiefend zu beschäftigen und dann das Ergebnis in die Öffentlichkeit zu transportieren. Sie leistet damit einen Beitrag zur Aufgabe, 'Frühwarnsysteme' in der modernen Gesellschaft zu entwickeln".

Alle befragten Experten sind sich dahingehend einig, daß eine Enquete-Kommission die politische Konsensfindung des Parlaments vorbereiten und erleichtern solle. Aufgrund ihrer im Vergleich zu anderen parlamentarischen Gremien zurückgezogenen Arbeitsweise diene sie den Fraktionen mitunter als Test für die Kompromißfähigkeit politisch strittiger Sachfragen. Somit findet, Sauter zufolge, ein großer Teil der Diskussionen intern, ohne Öffentlichkeit, statt, die ansonsten erst im Plenum kontrovers geführt werden müßten. Dabei verhilft, wie Busch es formuliert, ein weitgehend geschlossen vorgebrachter Bericht einer Enquete-Kommission "zu einer größeren Glaubwürdigkeit ihrer Aussagen und besseren Durchsetzbarkeit ihrer Empfehlungen".

Daher kann man annehmen, daß Kompromißorientierung innerhalb der Kommission einen wesentlichen Einflußfaktor auf deren Arbeit darstellt. Die hohe Bedeutung dieses Aspekts zeigt das Zitat Böhrs:

"Unsere größte Sorge war bis zum Schluß dieser Kommission möglichst wenig Mehrheits-/Minderheitsvoten zu haben, um eben doch ein Stück auch dieser Konsensfindung in dieser Kommission sichtbar zu machen."

An diesen Aussagen wird deutlich, daß man in der Kommission darum bemüht war, bei den als wichtig erachteten Fragen parteipolitische Polarisierungen zu vermeiden. So wurde offensichtlich gezielt die Gegenüberstellung konträrer Positionen und Auffassungen und deren vergleichende Beurteilung unterlassen. Der Vorsitzende der Kommission, Matthias Wissmann, hierzu:
"..ich habe eben meine Aufgabe darin gesehen, daß es gelingt über einige wichtige Fragen Konsens zu erzielen und es eben nicht im klassischen Streit der alten Ideologien enden zu lassen... Ich mußte natürlich als Vorsitzender ... verhindern, daß es zu parteipolitischer Taktiererei kommt".

Wenn auch Strasser der Meinung ist, daß in der Kommission keinesfalls ein Kompromiß um jeden Preis gesucht worden sei, so dominierte, vielen Aussagen zufolge, dennoch das Bemühen um einen einvernehmlichen Bericht.

Obgleich es innerhalb der Kommission so keine wirklich polarisierenden Frontstellungen gab, war die Konsensorientierung dennoch nicht durchgängig. Hauck (stellvertretender Vorsitzender der Enquete-Kommission) weist darauf hin, daß zwar in der Phase der Ursachenanalyse und der Beschreibung der Phänomene weitgehend konsensorientiert gearbeitet worden sei, daß aber politische Positionen dann aufgebrochen und in Konflikte gemündet seien, als es um die Empfehlungen ging.

Auch sei man sich beispielsweise bei allgemeinen Fragen wie z.B. Zukunftsperspektiven weitgehend einig gewesen, während bei aktuellen politischen Themen wie Kernenergie und Friedenssicherung immer wieder nur verschwommene Aussagen konsensfähig waren. Die Konsensorientierung führte schließlich dazu, daß bestimmte Sachfragen nicht thematisiert wurden. So wurden kontroverse Fragestellungen wie Polizeieinsatz, Gewaltbereitschaft von Jugendlichen oder das Demonstrationsrecht aus dem Bericht ausgeklammert.

Die Interviewaussagen machen unterschiedliche Gründe für das Konsensbestreben bzw. die Kompromißfindung deutlich. Zum einen erhoffte man sich, wie Busch ausführte, durch eine möglichst einstimmige Verabschiedung des Schlußberichtes ein stärkeres politisches Gewicht, da man die politischen Durchsetzungschancen gemeinsam getragener Empfehlungen höher einschätzte. Zum anderen kam auch hier wiederum dem Aspekt Öffentlichkeit eine wichtige Bedeutung zu. Wissmann hierzu:

"...wenn die Kommission ein einigermaßen Erfolg wird, sind wir alle Väter des Erfolgs, und wenn wir uns da in kleinkariertem Ärger zerstreiten, dann sagen die Leute alle, die nehmen ihre Aufgabe nicht ernst".

Mit der Benennung der Kommissionsmitglieder durch die Fraktionen des Bundestages war bereits die Wahrscheinlichkeit von Konflikten aufgrund extremer politischer Positionen minimiert. Die Struktur und Organisation der Enquete-Kommission trug insofern nicht unwesentlich zur besagten Kompromißfähigkeit bei.

3.4 Zusammenarbeit zwischen Politikern und Wissenschaftlern

Die folgenden Ausführungen betreffen die Zusammenarbeit von Wissenschaftlern und Politikern. Hierbei sollte sowohl der Einfluß der Sozialwissenschaftler auf die Kommissionsarbeit geklärt werden, als auch die möglicherweise entstehenden Konflikte zwischen Politikern und Sozialwissenschaftlern thematisiert werden, die aufgrund der unterschiedlichen Relevanzstrukturen denkbar waren.

Trotz offenbar bestehender Anlaufschwierigkeiten wird die Zusammenarbeit von beiden Seiten positiv bewertet. Grundlegende, nicht lösbare Verständigungsprobleme hat es offensichtlich innerhalb der Enquete-Kommission nicht gegeben. Allerdings habe es zu Beginn der Kommissionsarbeit eine Art 'Grundsatzstreit' zwischen der Abgeordnetenbank und den Sachverständigen gegeben (vgl. dazu BÖHR-Interview vom 30.11.89). Hierbei ging es um die Frage, wie tief die Enquete in die Analyse des Jugendprotestes einsteigen solle. Während die Wissenschaftler zunächst einmal in Erfahrung bringen wollten, wo die Gründe für den Protest liegen, hätten sich die Politiker in erster Linie an einer Problemlösung interessiert gezeigt. Die Haltung der Politiker habe dann dazu geführt, daß die Enquete sich im Grunde nie konsequent mit der Analyse beschäftigt habe.

"Also dieser Streit wurde tendenziell mehr zugunsten der Politiker entschieden. Aber die Wissenschaftler haben auch mitgemacht, weil sie ... gesehen haben, daß es für eine solche Kommission einen gewissen Sinn gibt" (BÖHR).

Dieser Ausgangskonflikt um die Vorgehensweise kennzeichnet die "unterschiedliche Denkweise von Wissenschaftlern und Politikern" (BÖHR). Hier seien unterschiedliche Interessen deutlich geworden. Langguth zufolge verstehen Wissenschaftler unter einer Enquete-Kommission etwas anderes als Politiker - sie sähen darin eher ein Instrument um etwas 'herauszufiltern', während die Politiker eher eine Handlungsanleitung zubereitet haben wollten. In der Regel werde in solchen Kommissionen nicht nach der 'Wahrheit' im wissenschaftlichen Sinne gesucht, sondern es würden von vornherein solche Gesprächspartner ausgewählt, die bereits bestehende Standpunkte bestätigen. Die in der Kommission vertretenen Wissenschaftler selbst hätten sich allerdings nicht als den Parteien zugeordnet verstanden.

Konsens besteht in den Interviewaussagen dahingehend, daß das Verhältnis zwischen beiden Gruppen grundsätzlich als partnerschaftlich empfunden wird. Die differierenden Handlungsorientierungen von Sachverständigen und Politikern innerhalb der Kommission seien demnach nicht überzubewerten.

"Zumal eben auch die Jugendpolitiker, die da drin saßen, durch die Bank natürlich solche waren, die auch soziologisch vorgebildet waren. Da gab es keine Sprachbarrieren, dann läßt sich das gar nicht mehr so unterscheiden. Da saßen Sachverständige und fachlich Engagierte, fachlich Qualifizierte drin, und ob der eine nun jugendpolitischer Sprecher war und der andere Jugendforscher - das war nicht trennend, das hat keine Rolle gespielt..." (STRASSER).

Eine strikte Gegenüberstellung, auf der einen Seite die Parteipolitiker, die andauernd polemische Feldzüge gegeneinander starten, und andererseits die sich mit nüchternem Sachverstand einigenden Wissenschaftler, die eine gemeinsame 'Fronde' gegen die Parlamentarier bilden, diese simple Zweiteilung hat es nicht gegeben, zumal auch die Sachverständigen politisch nicht neutral waren (vgl. STRASSER).

Die Interviews mit den Experten haben gezeigt, daß der Einfluß der Wissenschaftler in der Enquete-Kommission nur ungenau bestimmt werden konnte. Niemand leugnete zwar einen Einfluß der Sachverständigen, kaum jemand war aber in der Lage, die Wirkungsmöglichkeiten der Fachleute zu lokalisieren bzw. zu quantifizieren. Vielmehr waren allgemeine Beteuerungen, das Gewicht der Wissenschaftler sei nicht geringer gewesen als das der Parlamentarier, Stimmen erster und zweiter Klasse habe es nicht gegeben (VEEN, als Experte zu einer Anhörung der Kommission geladen) oder auch von einem dominierenden Einfluß der Abgeordneten könne keine Rede sein. Dennoch lassen sich Gewicht und Einfluß der wissenschaftlichen Sachverständigen in den Beratungen genauer festhalten. Sie beeinflußten die Entscheidungsfindung der sachbearbeitenden Gremien, indem sie Analysen und gesicherte Erkenntnisse zulieferten. In bezug auf die Einflußmöglichkeiten der Wissenschaftler wurde deutlich, daß diese dann besonders groß sind, wenn die parteipolitischen Positionen noch nicht besetzt sind. Strasser drückt dies folgendermaßen aus:

"Also sicherlich sind die Einflußmöglichkeiten größer, wenn in einer Partei noch ein hohes Maß an Unsicherheit besteht und die Sache noch nicht entschieden ist. Wenn eine Entscheidung getroffen ist, hängt es davon ab, wie diese Entscheidung rückgebunden ist mit Interessen. Das ist der entscheidende Punkt. Es gibt ja manchmal Festlegungen in einer Frage, die sich zu dem in einer Partei zu berücksichtigenden Interessen größerer Gruppen relativ neutral verhalten... Sehr zufällig entstehen Optionen für die eine oder andere Lösung innerhalb solcher Parteien und wenn dann ein wissenschaftlich fundierter Einspruch kommt, dann kann er auch in dieser Lage sehr schnell noch etwas verändern".

Die Sichtweise, daß die Experten dann die größten Chancen haben auf politische Prozesse einwirken zu können, wenn sich die politische Diskussion noch im Fluß befindet, bestätigen auch Plöhn und Sontheimer.

Deutlich wird bei den Aussagen auch die Tatsache, daß Wissenschaftler dann im politischen Bereich etwas bewirken können, wenn ihre Positionen den Interessen des Politikers nutzt. Sofern es in den durch die Politik vorgegebenen politischen Rahmen passe, sei ein Einflußpotential vorhanden. "Wenn dieser Rahmen nicht gegeben ist, dann sind sie (die Wissenschaftler, d.V.) genauso unwichtig wie andere auch" (SONTHEIMER, als Experte zu einer Anhörung der Enquete-Kommission geladen).

3.5. Empfehlungen

Im folgenden werden die verschiedenen Politikbereiche vorgestellt, in denen die Enquete-Kommission 'Jugendprotest im demokratischen Staat' einen Handlungsbedarf sah.

Jugendarbeitslosigkeit und Ausbildungsfragen

Zwar ist - nach Ansicht der Enquete-Kommission - der Jugendprotest keineswegs durch die Jugendarbeitslosigkeit ausgelöst worden, doch stelle die Sorge vieler junger Leute um die eigene berufliche Zukunft ein wichtiges Thema für die Jugendlichen dar. Zudem sei davon auszugehen, daß arbeitslose Jugendliche für extremistische Gruppierungen ein mobilisierbares Potential werden könnten. Deshalb muß nach Ansicht der Kommission alles unternommen werden, um allen Jugendlichen einen angemessenen Ausbildungsplatz und eine erfolgreiche Berufsausbildung zu gewährleisten. Im einzelnen hält die Kommission hierzu 20 verschiedene Maßnahmen für notwendig. Diese reichen von allgemeinen Empfehlungen - "die Zahl der Ausbildungsplätze, auf die Bund, Länder und Gemeinden Einfluß haben, muß erhöht werden" (Drs. 9/2390; 17.1.1983, 23) - bis hin zu konkreten Forderungen:

"Absolventen des Berufsgrundbildungsjahres sollten automatisch den Hauptschulabschluß erwerben. Schülern ohne Schulabschluß und Sonderschülern sollte ein freiwilliges Berufsvorbereitungsjahr zur Vorbereitung auf das Berufsgrundbildungsjahr angeboten werden" (ebd., 25).

Auch die Rechte der Jugendvertreter seien zu stärken, etwa indem die Altersgrenze für deren Wahl heraufgesetzt werde; zudem sollte das Stimmrecht der Jugendlichen zur Wahl des Betriebsrates erweitert werden. Über die Bedeutung der Arbeitszeitverkürzung als Problemlösungsmöglichkeit bestehen in der Kommission unterschiedliche Auffassungen. Schließlich sollten zur beruflichen Eingliederung der Jugendlichen verschiedene Maßnahmen ergriffen werden: So wird gefordert:

"die Förderungsmöglichkeiten des Arbeitsförderungsgesetzes, wie Leistungen zur Förderung der Arbeitsaufnahme, Eingliederungsbeihilfen, Einarbeitungszuschüsse, berufsvorbereitende Maßnahmen, Maßnahmen zur Förderung der beruflichen Fortbildung und Umschulung sowie Arbeitsbeschaffungsmaßnahmen" (ebd., 26)

voll auszuschöpfen.

Alternative Projekte

Die Kommission sieht in alternativen Projekten eine sinnvolle Ergänzung zu existierenden öffentlichen und privaten Einrichtungen. Problematisch dabei erscheint ihr, daß derartige Projekte nicht immer die Mindestnormen des Arbeitsschutzes einhalten und Sozialabgaben teilweise nicht leisten. Die Kommission spricht sich dennoch für eine öffentliche Förderung alternativer Projekte aus, weil sie dort das Prinzip der Subsidiarität bzw. den Genossenschaftsgedanken zumindest im Ansatz verwirklicht sieht; bei einer Unterstützung sei dann aber darauf zu achten, "daß die erwähnten Mindestnormen eingehalten werden und daß eine Kontrolle über die Verwendung der gewährten Mittel sichergestellt ist" (ebd., 27).

Zur Situation der Mädchen und jungen Frauen

Die Benachteiligungen von Mädchen und Frauen in bezug auf die schulischen Bildungschancen seien heute zwar weitgehend abgebaut, junge Frauen hätten aber trotzdem zwei Hindernisse auf dem Weg zum Beruf zu überwinden: Einerseits seien dies Probleme, überhaupt eine gute Berufsausbildung zu erhalten, und andererseits hätten ganz besonders die Mädchen (im Vergleich zu den gleichaltrigen Jungen) Schwierigkeiten, im Anschluß an die Ausbildung einen angemessenen Arbeitsplatz zu bekommen. Die Kommission macht dazu u.a. folgende Lösungsvorschläge: Frauenförderung bei der Schaffung zusätzlicher Ausbildungsplätze und die Öffnung neuer Berufswege für Mädchen und Frauen durch den Ausbau des Berufswahlunterrichts, sowie die Erweiterung der Möglichkeiten von Betriebspraktika im gewerblich/technischen Bereich; oftmals entstehen für junge Frauen in der Ausbildung Probleme dadurch, daß z.B. Examen an feste Fristen gebunden sind, ohne Zeiten der Kindererziehung zu berücksichtigen; hier sollten die entsprechenden Bestimmungen flexibler geregelt werden.

Zur Lage der ausländischen Jugendlichen in der Bundesrepublik Deutschland

Die ausländischen Jugendlichen seien bisher in der Bundesrepublik am Jugendprotest nicht beteiligt gewesen. Wenn aber eine zunehmende Zahl ausländischer Jugendlicher der zweiten Generation in eine aussichtslose Situation an den Rand unserer Gesellschaft gerate, so wachse die Wahrscheinlichkeit, daß auch sie mit Protest reagierten. Nach Ansicht der Kommission müßten eine Reihe von Maßnahmen zur Integration der Ausländer ergriffen werden, um nicht durch Nichtstun das Entstehen sozialer Unruhen zu verschulden. Besonderen Wert legt die Kommission auf die Ausbildung der Ausländer:
- Ausländische Kinder sollten nicht zu lange in reinen Ausländerklassen bleiben;
- Das Angebot der Schulen für die Vor- und Nachbereitung des Lehrstoffes müsse ausgebaut werden; dies sollte unter pädagogischer Betreuung und wenn möglich mit freiwilliger Mithilfe deutscher Jugendlicher und Eltern durchgeführt werden.

Detaillierte Ausführungen über aufenthaltsrechtliche Fragen (Einbürgerung, Familienzusammenführung) schließen diesen Abschnitt ab.

Schule und Hochschule

In der Schule solle stärker als bisher die soziale Verantwortung eingeübt werden.

> "Neben der theoretischen Behandlung sozialer und staatsbürgerlicher Probleme sollten Angebote zu sozialem Engagement, wie etwa zur Betreuung behinderter Mitschüler und zur Hausaufgabenhilfe, von Seiten der Schule erfolgen und anerkannt werden" (ebd., 32).

Schülermitverwaltung und Schülerpressearbeit sollten unterstützt werden, wobei Kritik in Schülerzeitungen gelassener ertragen werden sollte.

Für die Hochschulen ist die Schaffung weiterer Studienplätze notwendig. Zudem sollten berufsbezogene Praktika während des Studiums ein größeres Gewicht erhalten.

Ausbildungsförderung

Die Kommission ist sich darin einig, daß durch die Ausbildungsförderung gesichert werden muß, daß jeder Jugendliche - unabhängig vom Einkommen seiner Eltern - diejenigen Bildungsgänge durchlaufen kann, die seinen Begabungen, Fähigkeiten und Neigungen entsprechen. Differierende Einschätzungen bestehen in der Kommission über die Frage, ob die Umstellung der Ausbildungsförderung für Studenten auf Darlehensbasis dieser Zielsetzung entspreche.

Familie - Ort der Solidarität und der Geborgenheit

Da z.B. Geborgenheit gerade von Jugendlichen in unserer Gesellschaft immer weniger erlebt werden könne, sieht es die Kommission als ein Ziel der Politik an, kleine Einheiten wie die Familie darin zu unterstützen, selbständig und lebensfähig zu bleiben.

Wohngemeinschaften, nichteheliche Lebensgemeinschaften

Für einen Teil der Jugendlichen, besonders solche, die aus elenden sozialen Wohnverhältnissen und kaputten Ehen in eine Wohngemeinschaft kommen, hätten diese Gemeinschaften oft eine unersetzliche Funktion als Raum der Geborgenheit und zur Einübung sozialen Verhaltens. Trotz der Ablehnung der Institution Ehe und Familie wünschten sich viele Jugendliche eine glückliche Ehe. Dies schließe nicht aus, daß dieselben Jugendlichen neue Arten des Zusammenlebens erprobten.

"Letztlich bleibt richtig, daß für das Zusammenleben von Menschen nicht allein die äußere Form, sondern auch und vor allem die inhaltliche Ausgestaltung dieses Zusammenlebens bestimmend ist" (ebd.).

Jugendhilfe

Da mit den klassischen Instrumenten der Jugendfürsorge, z.B. der Jugendpflege oder der Jugendsozialarbeit, die Jugendprobleme der Zukunft kaum optimal gelöst werden könnten, fordert die Kommission langfristig eine Reform des Jugendhilferechts. "Die Kommission befürwortet Formen offener Jugendarbeit mit Initiativgruppen und Selbsthilfegruppen, mit denen eine größere Eigenverantwortlichkeit von Jugendlichen erreicht werden kann" (ebd., 35). Außerdem sollten die Mittel für die Förderung der Jugendarbeit nicht weiter gekürzt werden.

Lösungen zur Hausbesetzerfrage

Die Kommission verweist hier auf das Londoner Beispiel. Dort hatten die Bewohner besetzter Häuser innerhalb bestimmter Fristen die Chance, die Legalisierung ihrer Wohnverhältnisse zu beantragen. Unterschiedliche Ansichten vertritt man in der Frage der rechtlichen Qualifizierung von Hausbesetzung dem dem angemessenen Vorgehen bei Hausbesetzungen.

Außen- und Sicherheitspolitik

Die bundesdeutsche Sicherheitspolitik - so die Enquete-Kommission - beruhe gleichermaßen auf der Verteidigungsfähigkeit, auf dem Verteidigungswillen und der Entspannungsbereitschaft. Kritische Fragen nach den Alternativen der bisherigen strategischen Konzepte müßten nichtsdestoweniger ernstgenommen werden.

Die Kommission ist sich darin einig, daß auf die allgemeine Wehrpflicht als Basis unserer militärischen Landesverteidigung bis auf weiteres nicht verzichtet werden kann. Sie befürwortet jedoch, das bisher geltende Prüfungsverfahren für Kriegsdienstverweigerer abzuschaffen. Zur Lage der Wehrpflichtigen führt die Kommission aus:

"Die Vorgesetzten müssen durch eine auftragsgerechte und sinnvolle Gestaltung des militärischen Dienstes, zu der vor allem Eigenständigkeit, Initiative und auch Phantasie gehören, ihrerseits dazu beitragen, daß das Wort von der 'Gammelei' endlich der Vergangenheit angehört" (ebd., 39d).

Polizeieinsatz und Demonstrationsrecht

Zur Frage des Polizeieinsatzes bei Demonstrationen regt die Kommission eine Überprüfung und Veränderung der Einsatzmethoden der Polizei an. Insbesondere sollten Erfahrungen in einigen Großstädten und Erkenntnisse aus der Friedensdemonstration in Bonn vom Oktober 1981 bei der Suche nach Lösungen für einen neuen Umgang mit Demonstrationen beispielgebend sein.

Allgemeines

Insgesamt äußert sich die Kommission zu 22 unterschiedlichen Bereichen. Sehr allgemein gehalten sind Aspekte, die beipielsweise mit den Begriffen "Verhältnis zwischen Jugend und Staat in der Gemeinde" oder auch "aktives Engagement und demokratische Entwicklung" umrissen werden. Gleiches gilt für die von der Kommission entwickelten Zukunftsperspektiven (vgl. ebd., 41-48). In diesem Zusammenhang wird u.a. eine "Humanisierung der Arbeitswelt", eine menschlichere Gestaltung des Wohnens" oder auch ein "schonender Umgang mit den natürlichen Lebensgrundlagen" angeregt.

3.6 Strukturelle Rahmenbedingungen und Einflußchancen der Kommission

Wir nahmen an, daß den politischen Rahmenbedingungen wie beispielsweise der Veränderung des Problemdrucks oder auch dem im Verlauf der Kommissionsarbeit stattgefundenen Regierungswechsel, eine hohe Bedeutung im Hinblick auf die Einflußchancen der Kommission zukommt. Es ist zu vermuten, daß im Gegensatz dazu strukturelle Rahmenbedingungen wie Zeitknappheit und finanzielle Ausstattung nur eine untergeordnete Rolle spielen.

Die Interviews mit den ehemaligen Kommissionsmitgliedern bestätigten unsere Vermutung. Immer wieder wird auf die Tatsache hingewiesen, daß ein enormer Erwartungsdruck seitens der Öffentlichkeit bestanden habe. Das große Maß an öffentlichem Interesse gilt als die wichtigste Rahmenbedingung für die Arbeit der Kommission. So wird eine starke Medienaufmerksamkeit generell als entscheidend dafür gesehen, daß die politisch Verantwortlichen sich mit einem bestimmten Thema befassen. Außerdem diene ein solches öffentlichkeitswirksames Thema wie Jugendprotest den Karriereinteressen von Politikern, weil es besondere Profilierungschancen biete. Wie der Abgeordnete der SPD Fraktion Hauck ausführt, habe der Zwischenbericht eine Menge an öffentlicher Aufmerksamkeit erzeugt. Diese erhöhte Aufmerksamkeit der Öffentlichkeit habe dann auch die Rezeption des Kommissionsberichts in den politischen Gremien erheblich beeinflußt, während vor der Veröffentlichung des Zwischenberichtes selbst die Fraktion nur wenig Interesse gezeigt habe.

Auch scheint die Tatsache des Regierungswechsels Auswirkungen auf die Arbeit der Kommission gehabt zu haben, wie uns mehrere Mitglieder der Kommission bestätigen. Zwar sei die wissenschaftliche Arbeit zum Zeitpunkt der Wende 1983 bereits abgeschlossen gewesen. Allerdings habe sich der Regierungswechsel negativ auf die Motivation und das weitere Engagement der Kommissionsmitglieder vor allem hinsichtlich der Implementierung von Empfehlungen ausgewirkt. Hierzu Hauck:

"Also, alle Beteiligten waren der Meinung, daß damit die Umsetzung - ob CDU oder wir, ja - das ist wertlos, daß das praktisch nur ein Dokument wird. Diese Einschätzung hatte man am Schluß. Am Schluß war die Luft weg".

Nach der Wende habe die Arbeit, ja sogar die Präsenz der Mitglieder stark nachgelassen.

Dafür ist möglicherweise jedoch noch ein weiterer Faktor verantwortlich - der nachlassende Problemdruck. Die Zeit der Hausbesetzungen und der großen Proteste war vorbei, infolgedessen wendete sich die Aufmerksamkeit der Medien anderen Themen zu. Veen bestätigt, daß die nachlassende Aktualität des Themas sich auch auf die politischen Parteien und Fraktionen ausgewirkt habe:

"Das war sehr rasch kein Thema mehr. Schon nach dem Zwischenbericht war im Grunde die Luft raus. Da hatte sich die politische Großwetterlage geändert. Dann kümmern sich auch Fraktionen nicht mehr so sehr darum, sondern das was akut ist gilt".

Plöhn bewertet die Umsetzungschancen angesichts der nachlassenden Aktualität des Themas negativ:

"Ex post würde ich sagen, daß jedenfalls der Umsetzung der Rückgang des Protestes nicht sonderlich gut getan hat."

Auch Brunn konstatiert ein starkes nachlassendes öffentliches Interesse aufgrund der Entschärfung der Konflikte, was eine rasche Veröffentlichung des Berichtes forciert habe.

Die personelle und materielle Ausstattung wurde von den Interviewten durchweg positiv bewertet. Die Mehrzahl der Mitglieder war auch der Meinung, daß die Zeit ausreichend bemessen war. Wissmann vermutet sogar, daß es von der Öffentlichkeit als Verschleppungstaktik empfunden worden wäre, wenn bei einer relativ langen Laufzeit die Kommission zu keinem Ergebnis hätte kommen können. Zeitdruck habe allenfalls bis zur Veröffentlichung des Zwischenberichts bestanden. Strasser führt an, daß zwar relativ wenig Zeit gewesen sei, daß dies allerdings insofern auch notwendig war, da mit Hilfe des Berichts schließlich auch Einfluß auf die Politik und auf politische Entscheidungen genommen werden sollte und insofern der Bericht relativ schnell vorliegen mußte.

Die folgenden Ausführungen betreffen daher die Umsetzungschancen von Kommissionsempfehlungen im politischen Prozeß. Um die Chancen einer Einflußnahme auf politische Entscheidungen zu erhöhen versuchen Kommissionen in der Regel sich der Unterstützung der Öffentlichkeit in Form von Interviews, Fernsehdiskussionen, Statements etc. zu versichern. Sie sind aber darüberhinaus auch auf die Unterstützung von Legislative und Exekutive angewiesen und versuchen auch hier Einfluß zu nehmen. Dies geschah u.a. dadurch, daß die Berichte der Kommission den Ausschüssen und den Fraktionen vorgelegt wurden und man durch die Begründung einzelner wichtiger Punkte und Vorschläge auf den Meinungsbildungsprozeß innerhalb der Fraktionen einzuwirken versuchte.

Die Interviewten weisen darauf hin, daß die Arbeit der Kommission mit Vorlage des Schlußberichtes beendet sei und die Kommission selbst auf die Annahme und Umsetzung ihrer Vorschläge und Empfehlungen keinen Einfluß habe. Allerdings habe die Kommission durch die Formulierung von Lösungsvorschlägen indirekt auf die Politik einwirken können. Sauter hierzu:

"Ich habe schon das Gefühl, daß wir in der Lage gewesen sind, vieles was entweder gar nicht gekommen wäre oder später gekommen wäre, zu diesem Zeitpunkt anzustoßen".

Einig ist man sich allerdings hinsichtlich der Tatsache, daß die ausgesprochenen konkreten Empfehlungen nur wenig Einfluß auf politische Entscheidungen in den entsprechenden Arbeitsfeldern hatten.

Insgesamt ist man der Meinung, daß die Kommission langfristig sehr wohl ein Erfolg war. So sei vor allem eine Bewußtseinsbildung in der Öffentlichkeit für die von der Kommission behandelten Probleme wie z.B. Jugendarbeitslosigkeit, Verständnis für Randgruppen u.a. erreicht worden. Mittel- oder langfristige Folgen der Kommission werden somit in der Wirkung auf die öffentliche Meinung gesehen.

Allerdings gehören zu den Auswirkungen und Effekten der Kommissionsarbeit immer auch solche die weder der Auftraggeber noch die Kommissionsmitglieder erwarten oder gar kontrollieren können. Eine solche nichtintendierte Folge kann beispielsweise darin bestehen, daß aufgrund des Einsetzens einer Kommission Erwartungen auf Seiten der Protestgruppen erzeugt werden, die dann nicht befriedigt werden können und sich so, wie Glaser es ausdrückt, letztendlich ins Gegenteil verkehren. Es bestehe die Gefahr, daß sich ein politisches Gremium zwar mit den Problemen beschäftigt, die dabei gewonnenen Erkenntnisse jedoch nicht in die Praxis umgesetzt werden. Wenn konkrete Auswirkungen ausbleiben sei es denkbar, daß dies bei vielen Jugendlichen zu noch größerer Verweigerung und politischer Apathie führe.

Nicht alle Kommissionsmitglieder teilen jedoch diese Einschätzung der Erzeugung von Erwartungshaltungen gegenüber staatlichen Akteuren. Vielmehr wird von verschiedener Seite angeführt, daß die Einsetzung der Kommission nicht explizit mit der Ankündigung verbunden gewesen sei, bestehende Probleme praktisch zu lösen. So habe, wie Böhr es ausdrückte, die Enquete-Kommission zwar den Auftrag gehabt, Lösungsvorschläge zu erarbeiten, sie sei aber von Beginn an stärker als ein Instrument zur gesellschaftlichen Auseinandersetzung mit dem Jugendprotest konzipiert gewesen. Daher seien die formulierten Forderungen und Vorschläge gar nicht so sehr zur Kenntnis genommen worden. Von sehr viel größerer Bedeutung sei die Integrationsfunktion der Kommission zu bewerten. So habe man einer Minderheit verdeutlicht, daß ihre Anliegen beachtet würden.

3.7 Die gesellschaftliche und politische Bedeutung der Kommission aus der Sicht der Experten

Hinsichtlich der Einschätzung der gesellschaftlichen und politischen Bedeutung der Kommission ergaben die Interviewaussagen ein uneinheitliches Bild.

Weitgehend einig ist man sich darüber, daß Kommissionen den politischen Institutionen als Mittel der symbolischen Politik dienen und keine Möglichkeit der unmittelbaren Politikveränderung darstellen. Durch das Einsetzen einer Kommission werde der Öffentlichkeit dokumentiert, daß man Probleme wahrnimmt und daß ein staatliches Gremium bereit ist, sich damit auseinanderzusetzen. Während einige der Interviewpartner ein derartiges Vorgehen eher als eine Problemverschleppung und als Taktik, Zeit zu gewinnen, bewerten, sehen andere den Begriff symbolische Politik positiv: man zeige damit, daß man konkrete Politik machen und konkrete gesetzliche Veränderungen schaffen wolle. Allerdings wird der wichtigste Einfluß der Kommission weniger im Einfluß auf die unmittelbare Gesetzgebung gesehen, sondern in der Art und Weise, wie in Politik und Öffentlichkeit über bestimmte gesellschaftliche Prozesse nachgedacht wurde (HAUCK).

Eine weitere Leistung der Kommission sehen die Interviewten in der Sammlung und Aufbereitung von Informationen und in der Strukturierung von Problemen. Wenn eine Kommission ein Problem von verschiedenen Seiten beleuchte, könne sie neue Tatbestände thematisieren und unterschiedliche Positionen verdeutlichen.

Damit habe sie, Veen zufolge, eine allgemeine Aufklärungsfunktion gehabt. Böhr bestätigt, daß die Kommission das Interessenclearing und die Kompromißfindung zwischen den beteiligten Akteuren unterstützte: Sie "... will ausloten, wo Kompromißmöglichkeiten liegen, im Zweifel zu solchen Kompromissen dann auch quasi modellhaft kommen". Busch zufolge werden Kommissionen von Seiten der Politik und der Fraktionen als Prüfstand dafür benutzt, inwieweit politisch kontroverse Positionen konsensfähig sind bzw. welche "Elemente in der Kunst des Kompromisses" sie konsensfähig machen könnte.

Die in der Literatur häufig vertretene These, Kommissionen dienten politischen Institutionen zur Legitimation und zur Schaffung von Akzeptanz für bereits bestehende Sichtweisen von Problemen, Forderungen und Maßnahmen wird in den Interviewaussagen weitgehend abgelehnt. Zwar führt Plöhn an, daß es beispielsweise im konkreten Falle der Frage der Kriegsdienstverweigerung bereits parteipolitisch festgelegte Positionen gegeben habe, so daß hier auch entsprechende Unterstützungserwartungen an die Kommission existiert hätten. Darüber hinaus jedoch seien im Falle der Jugendprotestkommission die meisten Standpunkte noch nicht vorgeprägt, nicht alle Probleme bereits erkannt und die Analyse weder geschrieben noch politisch verinnerlicht gewesen. Mit Hilfe der Kommissionen werde weniger versucht öffentliche Akzeptanz zu testen, als vielmehr untersucht, welche politischen Interessenlagen und Meinungsspektren bestehen und was an konkreten Strömungen und Potentialen vorhanden ist.

Zusammenfassend bleibt festzustellen, daß die Bedeutung von Kommissionen, nach Auffassung der Befragten, (1.) in der Beschreibung neuer Problemlagen oder Ereignisse, (2.) in der Analyse unterschiedlicher Sichtweisen (sowohl in Parlament als auch in der Gesellschaft), und 3. schließlich in der Erarbeitung von Lösungsvorschlägen liegt. Was den symbolischen Aspekt der Einsetzung von Untersuchungskommissionen betrifft, so wird dies eher als ernsthafte politische Willensbekundung und Absichtserklärung verstanden denn als bloße Hinhaltetaktik und Ersatz für politisches Handeln.

3.8 Resumee

Die Interviewaussagen machen deutlich, daß die Enquete-Kommission Jugendprotest ihren wichtigsten Einfluß weniger auf die unmittelbare Gesetzgebung hatte, sondern vielmehr auf die Art und Weise, wie in Politik und Öffentlichkeit über bestimmte politische Prozesse nachgedacht wurde. So war man sich weitgehend darin einig, daß das Einfühlungsvermögen der Politiker gegenüber den Schwierigkeiten der Jugend gewachsen sei. Die unmittelbar-praktische Bedeutung der Kommission wird vor allem in der Tatsache gesehen, daß sie durch ihre Arbeit zu einer Rationalisierung der Auseinandersetzung über den Protest beigetragen habe. Durch ihre Tätigkeit und die Berichterstattung in der Presse habe sie die öffentliche Diskussion über den Jugendprotest und die Möglichkeiten seiner Lösung versachlicht.

4. Untersuchungskommissionen in Großbritannien

4.1 Kurzcharakteristik der britischen Kommissionen

4.1.1 Die Scarman-Commission

Nach den Unruhen im Londoner Stadtteil Brixton im April 1981 beschloß die konservative Regierung eine offizielle Untersuchung der Vorkommnisse. Am 14. April 1981 erteilte Innenminister William Whitelaw Lord Scarman den **Auftrag** eine Untersuchung der gewalttätigen Ausschreitungen in diesem Stadtteil durchzuführen.

Die Kommission wurde auf der Grundlage des Police Act 1964, Section 32, eingesetzt. Dadurch wurde der Schwerpunkt der Kommissionstätigkeit auf Fragen der öffentlichen Sicherheit und Ordnung gesetzt. Es sollten unverzüglich die Ursachen der Unruhen untersucht und im Anschluß daran Empfehlungen an die Regierung gerichtet werden. Der offizielle Kommissionsauftrag lautete:

"...to inquire urgently into the serious disorder in Brixton on 10-12 April 1981 and to report, with the power to make recommendations" (SCARMAN-INQUIRY, 1).

Struktur und Arbeitsweise der Kommission

Kennzeichnend für Untersuchungen dieser Art ist die Berufung des Vorsitzenden durch das zuständige Ministerium, wobei parteipolitische Zugehörigkeiten i.d.R. keine dominierende Rolle spielen. Häufig wird ein Jurist zum Vorsitzenden berufen, dem einige wenige Berater, zumeist auch Juristen oder Anwälte, zur Seite gestellt werden. Bei deren Auswahl kann der Vorsitzende mitwirken. Zum Sekretär wird ein Beamter der obersten Gruppe der Ministerialbürokratie bestellt, meist aus dem Ministerium, das die Kommission einsetzen läßt. Er fungiert als Verwaltungsdirektor der Kommission, bereitet die Untersuchungsprozeduren vor und beaufsichtigt ihren Verlauf.

Der Vorsitzende trägt die alleinige Verantwortung für den Bericht und bestimmt letztendlich die Gestaltung. Die weiteren Mitarbeiter haben lediglich beratende Funktion, über ein Stimmrecht verfügen sie nicht. Inwieweit ihre Vorstellungen und Vorschläge akzeptiert werden, ist einzig Sache des Vorsitzenden.

Mit dem Vorsitz wurde Lord Scarman beauftragt, ein angesehener Richter, der bereits über Erfahrung in der Leitung von Untersuchungen verfügte, da er in den vergangenen Jahren ähnliche Untersuchungen durchgeführt hatte. Ihm wurden drei Berater zur Seite gestellt: R. Auld, QC (British Queens Counsel - Kronanwalt), J.G.M. Laws und L. Crawford (vgl. ebd., 140). Als Sekretär wurde Philip Mawer, als Assistant Secretary Nicholas Montgomery Pott beauftragt. Das Home Office stellte zur Unterstützung Ted McCormick und Melissa Grant zur Verfügung (vgl. ebd., 136).

Die Arbeit der Kommission erfolgte in zwei Phasen. Die erste Phase beinhaltete die ausführliche Rekonstruktion der Ereignisse und die Klärung der Frage nach den unmittelbaren Ursachen der Unruhen. Während dieser Phase wurden Zeugenbefragungen durchgeführt. Die Befragungen fanden in der Lambeth Town Hall in Brixton statt. Sie begannen am 15.6.81 und endeten am 10.7.81. Während dieser Zeit wurden überwiegend Polizeibeamte, Streifenpolizisten und Anwohner befragt. Die Befragungen waren öffentlich, bis auf wenige Ausnahmen, in denen die Vernehmung von Zeugen in geheimer Sitzung angeordnet worden war. Es war möglich, Zeugen unter Androhung einer Geldstrafe vorzuladen und unter Eid zur Beantwortung der an sie gerichteten Fragen zu zwingen.

Während der zweiten Untersuchungsphase sollten die tieferliegenden Ursachen der Unruhen erforscht werden. Diese Phase begann am 2. Sept. 81 und endete am 9. Sept. 81. Zunächst wurde in überregionalen, regionalen und in Zeitungen der westindischen Einwanderer die Öffentlichkeit über die Untersuchung Lord Scarmans unterrichtet; Institutionen und Personen, die die Kommission unterstützen bzw. berücksichtigt werden wollten, wurden aufgefordert sich schriftlich an den Sekretär zu wenden. Flugblätter mit gleichen Informationen wurden an die Haushalte in Brixton und an verschiedene Organisationen der Gemeinde verteilt. Es folgte eine Auswertung der schriftlichen Zeugenaussagen und der eingereichten Berichte verschiedenster Gruppierungen, Gesellschaften, Verbände, Personen des öffentlichen Lebens, Privatpersonen etc.

Da es im Laufe der Untersuchung in vielen anderen Städten Großbritanniens ebenfalls zu Unruhen kam, besuchte die Kommission die Unruheviertel der Städte Birmingham, Coventry, Wolverhampton und Liverpool. Die Ergebnisse dieser Besuche wurden ebenfalls in den Endbericht aufgenommen. Der Schlußbericht wurde im November 1981 dem Innenminister vorgelegt und im Parlament diskutiert.

Gegenstandsbereiche und Ergebnisse

Im Schlußbericht wird neben der ausführlichen Beschreibung der Unruhen (Auslöser, Verlauf, Rolle der Polizei) eine detaillierte Beschreibung der sozialen und wirtschaftlichen Bedingungen des Stadtteils Brixton gegeben. Folgende Bereiche werden näher betrachtet: Wohnbevölkerung, Wohnungs-, Familien-, Schul- und Beschäftigungssituation, Situation der Jugendlichen und Diskriminierung ethnischer Bevölkerungsgruppen. Schwerpunktmäßig wird jedoch die Rolle der Polizei, deren Methoden und Vorgehensweise sowie deren Beziehungen zur Bevölkerung behandelt. Ursachen der Konflikte sind 'rassistische' Diskriminierung, die ökonomische und soziale Benachteiligung der Minoritäten, wobei dem Rassismus eine ganz besondere Bedeutung zukommt: er wird mitverantwortlich gemacht für die sozio-ökonomische Lage der ethnischen Minoritäten, er kennzeichnet u.a. die Beziehungen der staatlichen Institutionen (insbesondere der Polizei) zu den ethnischen Minderheiten und trägt damit auch unmittelbar zum Ausbruch der latenten Konflikte bei.

4.1.2   Die Silverman-Commission

Unmittelbar nach den schweren Unruhen im September 1985 in Handsworth, einem Stadtbezirk Birminghams, forderte der Stadtrat eine öffentliche Untersuchung seitens der Regierung. Diese sollte ähnlich strukturiert sein wie die Scarman-Untersuchung. Man erwartete von einer solchen Kommission, daß sie die Geschichte, die Umstände und die Hintergründe der Unruhen aufdecken würde. Der Vorschlag des Birminghamer Stadtparlaments wurde allerdings von Innenminister Douglas Hurd mit der Begründung abgelehnt, daß dies nicht notwendig sei und es bereits hinlängliche Untersuchungen und Informationen zu ähnlichen Ereignissen gäbe. Stattdessen erging von Regierungsseite ein Auftrag zur Untersuchung der Vorgänge an die Polizeichefs der West Midlands.

Der Stadtrat von Birmingham entschied sich, selbst eine entsprechende Untersuchung einzusetzen, wie dies in ähnlicher Form bereits 1981 in Manchester geschehen war. Man war der Meinung, daß eine Darstellung nur aus der Perspektive der Polizei den Anforderungen des Birminghamer City Councils nicht gerecht werden könnte und beschloß, als **Auftrag**, alle Fakten und Vorgänge, Hintergründe und Ursachen der 'riots' zu untersuchen. Ein Teil der Untersuchung sollte sich mit der Rolle der Ordnungskräfte vor und während der Unruhen befassen und auch Kritik an ihrem Vorgehen dokumentieren.

Struktur und Arbeitsweise

Der Vorsitz wurde Julius Silverman, einem 'barrister' (Rechtsanwalt an höheren Gerichtshöfen) und vormals Mitglied des 'House of Commons', übertragen.

Bei einem ersten Treffen zwischen Silverman und Dick Knowler, dem Bürgermeister, und mehreren Stadtratsmitgliedern wurde klargestellt, daß es sich um eine unabhängige Kommission handeln solle, die Stadt jedoch alle nötigen Ressourcen zur Verfügung stelle. Zur Unterstützung des Vorsitzenden wurden zwei Beisitzer ernannt. Hierbei handelte es sich um Alan Tolley, Mitarbeiter des 'Chief Executive's Department' und Verbindungsmann zwischen allen lokalen Behörden (Regierungsstellen) und Peter Gibbs, ein Anwalt. Gleichzeitig wurden zwei Assessoren Sepjala Munasinghe und William Panton, beides praktizierende Rechtsanwälte, ernannt. Durch die Ernennung dieser beiden Mitarbeiter, die den indischen und den westindischen Minoritäten entstammten, sollte eine Repräsentation der ethnischen Minoritäten sichergestellt sein. Die Berater der Untersuchung hatten allerdings kein Mitspracherecht. Sie wurden lediglich zur Unterstützung des Vorsitzenden eingestellt. Die Kommission begann mit ihrer Arbeit im Oktober 1985 und legte ihren Bericht im Februar 1986 vor.

Im Gegensatz zur Scarman-Untersuchung, bei der die Zeugen per Gesetz zur Aussage verpflichtet waren, handelte es sich im Falle der Birminghamer Untersuchung durchweg um freiwillige Aussagen, d.h. Zeugen konnten nicht zur Aussage gezwungen werden. Ebenso gab es keine Ersuchen bzw. Anträge von Personen oder Organisationen, die entsprechend berücksichtigt werden mußten.

Das Verfahren war informell; so waren beispielsweise auch Zeugenberichte, die sich auf Vermutungen, Hörensagen etc. stützten, unter Vorbehalt gestattet. Für Personen, die nicht öffentlich aussagen wollten, wurden geschlossene Hearings veranstaltet. Es wurden 26.000 Informationsblätter in fünf Sprachen verteilt, die über die Untersuchung und ihren Zweck informierten und in denen die Bevölkerung aufgefordert wurde, ihre Meinung und ihre Sichtweise dem Untersuchungsausschuß mitzuteilen. Zusätzlich wurde in der Presse auf die Untersuchung aufmerksam gemacht. Mehrere hundert Schreiben wurden geprüft und eine Vielzahl von Zeugen geladen. Zahlreiche Personen waren bereit auszusagen. Über drei Wochen hinweg fand ein öffentliches Hearing in einer Schule im Bezirk Handsworth statt, an dem sich Vertreter der Stadtregierung, Repräsentanten der Housing Association, Feuerwehr, Drogenexperten, Vertreter der Kirchen, Mietervereinigungen, der Polizei sowie zahlreiche Augenzeugen beteiligten. Bereits vor den öffentlichen Anhörungen fanden eine Reihe von Kontakten und Treffen zwischen dem Untersuchungsausschuß und den von Zerstörungen betroffenen Ladeninhabern, den Vorsitzenden der Gewerkschaft, Vertretern der Polizei und Augenzeugen statt. Der Polizeichef der Midlands, Geoffrey Dear, erklärte sich zur Kooperation mit der Kommission bereit. Er betonte aber, daß die der Kommission im Rahmen der Untersuchung zufallenden Beweise der Polizei nicht vorenthalten werden dürften, was Konsequenzen für die Aussagebereitschaft gehabt haben dürfte.

Ferner wurde die Untersuchung auch vom Birminghamer Bischof

unterstützt. Es fanden Treffen mit Vertretern von Gemeinde und Mietervereinen statt sowie eine beträchtliche Anzahl von Treffen mit einzelnen Bewohnern des Bezirks.

Gegenstandsbereich und Ergebnisse

In dem Bericht wird neben der ausführlichen Beschreibung des Hergangs der Unruhen (Auslöser, Verlauf etc.) eine Beschreibung der Ausgangsbedingungen der 'riots' in Birmingham gegeben. Silverman analysiert insbesondere die sozio-ökonomischen Strukturen in den betroffenen Stadtteilen und die Situation vor allem der farbigen Jugendlichen. Der Bezirk Handsworth sei wie zahlreiche andere 'inner-city-areas' von wirtschaftlichem Niedergang, überdurchschnittlich hoher Arbeitslosenquote, katastrophalen Wohnverhältnissen und einem Mangel an Sozialleistungen gekennzeichnet. Weiterhin kommt Silverman zu dem Schluß, daß ethnische Faktoren, Rassismus und Diskriminierungen in den verschiedensten Bereichen ebenfalls von hoher Bedeutung seien. Als eine zusätzliche Ursache der Konflikte sieht die Untersuchung die schlechten Beziehungen zwischen den vorwiegend farbigen Bewohnern des Bezirks und der Polizei.

4.1.3   Review Panel

Parallel zur Silverman-Kommission wurde von dem West Midlands County Council (Grafschaftsrat) eine Untersuchung in **Auftrag** gegeben. Man folgte damit einer Empfehlung des zuständigen 'Race Relations and Equal Opportunity Committees', das ein solches Vorgehen nahegelegt hatte. In deren Bericht 'A Different Reality' ging es vor allem darum, speziell die Perspektive der ethnischen Minderheiten in die Nachforschungen über die Ausschreitungen miteinzubeziehen. Das Vertrauen dieser Minderheiten, insbesondere der Jugendlichen, sollte gewonnen werden.

Am 25.11.85 trafen sich dreißig Repräsentanten verschiedener Interessengruppen und Organisationen, um Einzelheiten hinsichtlich des zu bildenden Review Panel festzulegen. Vertreten waren u.a. Mitglieder des Birmingham Community Relation Council, Irish Community Centre, Birmingham City Council, Handsworth Law Centre, U.K. Asian Women's Centre, Afro-Caribbean Self Help Organisation und Pakistan

Welfare Society. Man war sich darin einig, daß weder die Untersuchung der West-Midlands Police noch der vom Birminghamer Stadtrat eingesetzten Silverman-Kommission die Situation der ethnischen Minderheit in ausreichendem Maß widerspiegele. Auf diese Defizite sollte mit einer zusätzlichen Untersuchung reagiert werden. Das 'review panel' sollte die Sichtweise der ethnischen Minoritäten darstellen und Empfehlungen zur Verbesserung ihrer sozialen Lage entwickeln. Politische Maßnahmen und Programme müßten auf den Erkenntnissen und Erfahrungen der 'black community' basieren.

Struktur und Arbeitsweise

Das Untersuchungskomitee bestand aus sechs Angehörigen ethnischer Minderheiten aus den Bereichen Politik, Wissenschaft und Justiz.

Zum Vorsitzenden wurde Herman Ouseley benannt. Er war zu dieser Zeit Assistant Chief Executive, London Borough of Lambeth. Weitere Mitglieder waren: Reena Bhavnani, Freelance Consultant Trainer, Juliet Coke, Head of Women's Right's Unit, London Bourough of Lambeth, Paul Gilroy, Lecturer at South Bank Polytechnic, London, Stuart Hall, Chair in Sociology, Open University und Keith Vaz, Solicitor, Leicester Law Centre. Alle Mitglieder waren gleichberechtigt, es gab keine zusätzlichen Berater. Sekretariatsaufgaben, wie beispielsweise die Koordinierung verschiedener Treffen und die Dokumentation, übernahmen Sushel K.Ohri und Lucy Phillips von der Ethnic Relations and Equal Opportunities Section of the West Midlands County Council.

Die Kommission bemühte sich um einen direkten Kontakt zur Bevölkerung und führte Interviews ausschließlich in Wohnungen, im unmittelbaren Wohnumfeld, an den Arbeitsplätzen, in Freizeit- und Beratungszentren sowie an Treffpunkten verschiedener Religionsgemeinschaften durch. Im Gegensatz zur Silverman-Untersuchung fanden die Befragungen also nicht in der Stadthalle statt. Damit sollte die Distanz zu öffentlichen Institutionen verdeutlicht werden. Um eine erfolgreiche Zusammenarbeit mit der Bevölkerung zu erreichen und um Befürchtungen entgegenzuwirken, die Aussagen könnten der Polizei zur Verfügung gestellt werden, wurden alle Aussagen und Statements anonymisiert. Im Laufe der Untersuchung fanden zahlreiche Treffen mit verschiedenen Personen und Organisationen statt. Zusätzlich wertete die Kommission eine Vielzahl von Dokumenten, Vorlagen und schriftlichen Statements aus. Im Februar 1986 wurde der Bericht veröffentlicht.

Gegenstandsbereich und Ergebnisse

Der Bericht liefert eine Beschreibung der Erfahrungen Angehöriger ethnischer Minderheiten im heutigen Großbritannien und setzt diese in Kontext zur Situation in Birmingham. Benachteiligungen und Unterdrückungsmuster werden beschrieben, sowie die offiziellen 'law and order'-Reaktionen auf Widerstände in den betroffenen Bevölkerungsgruppen. Weiterhin wird festgestellt, daß die finanziellen Unterstützungsleistungen, die von der Regierung in die 'black areas' fließen, i.d.r. nicht den Bewohnern dieser Bezirke zugutekommen. Der industrielle Niedergang der Region wird beschrieben, der eine rapide Steigerung der Arbeitslosenzahlen zur Folge hatte. Besonders betroffen hiervon sei die farbige Bevölkerung. Die Wirkung der verschiedenen Regierungsprogramme zur Unterstützung benachteiligter Regionen seien nur marginal. Projekte von Angehörigen ethnischer Minderheiten würden kaum gefördert. Bei den staatlich geförderten Beschäftigungsprogrammen kommt man zu ähnlichen Ergebnissen. Hier unterlägen Jugendliche aus ethnischen Minderheiten weitreichenden Diskriminierungen. Sie würden i.d.R. Maßnahmen zugeteilt, von denen man wisse, daß die Chancen, nach Beendigung eine Beschäftigung zu finden, schlecht seien.

Geschildert werden Benachteiligungen auch für die Bereiche Wohnung, Schule und soziale Dienste. Staatliche Investitionen für den Wohnungsmarkt würden den Bedürfnissen der schwarzen Bevölkerung nicht gerecht. Die Häuser seien in einem desolaten Zustand und hoffnungslos überbelegt. Die amtlichen Wartelisten der Wohnungsvermittlung verdeutlichten diese Probleme. Zudem seien rassistische Diskriminierungen auch in den Wohnungsbehörden an der Tagesordnung.

Für den Bereich Erziehung und Schule kommt die Untersuchung zu dem Schluß, daß die kulturellen Unterschiede der Kinder aus ethnischen Minderheiten nicht berücksichtigt würden. Die Rekrutierung farbiger Lehrer sei mangelhaft, so auch die Einbeziehung der Eltern von Kindern aus ethnischen Minoritäten in das Schulgeschehen. Bei der Versorgung mit sozialen Dienstleistungen stellt der Bericht ebenfalls Mängel fest. So würden insbesondere zur Betreuung von Kleinkindern Kindergärten fehlen, was die Berufstätigkeit der Mütter und somit eine Entlastung der i.d.R. schwierigen finanziellen Situation erschweren würde. Viele Angehörige ethnischer Minderheiten, insbesondere ältere Menschen, seien nicht genügend darüber informiert, welche sozialen Dienste überhaupt existierten. Im Gesundheitsbereich fehle es an finanziellen Mitteln, um eine ausreichende Versorgung sicherzustellen.

In einem weiteren Teil des Berichts werden die Ereignisse und ihre Entwicklung geschildert. Hierbei kommt dem Vorgehen der Polizei und dem gespannten Verhältnis zwischen Bürgern und Ordnungskräften besondere Aufmerksamkeit zu. Geschildert wird der Machtmißbrauch der Polizeikräfte im Zusammenhang mit den 'Stop and Search-Praktiken', wobei willkürlich vor allem farbige Jugendliche durchsucht würden, den häufigen Razzien und Durchsuchungen von Wohnungen und ungerechtfertigten Festnahmen und Verhören.

Anschließend werden einige Vorschläge zum Umgang mit den Gegebenheiten in innerstädtischen Bezirken gemacht.

4.2 Zusammensetzung der Kommissionen und Artikulationschancen unterschiedlicher Gruppen

Im Zusammenhang mit Fragen der Auswahlkriterien von Kommissionsmitgliedern und den Artikulationsmöglichkeiten unterschiedlicher Gruppen muß nochmals auf die Besonderheit der britischen Untersuchungen hingewiesen werden. Die britischen 'Inquiries' standen (mit Ausnahme des Review-Panels) jeweils unter der Leitung etablierter Angehöriger der britischen Gesellschaft. Bei ihnen handelte es sich i.d.R. um Juristen, Richter oder angesehene Anwälte. Dem Vorsitzenden wurden jeweils einige wenige Berater zur Verfügung gestellt. Silverman (Leiter der vom Stadtparlament Birmingham eingesetzten Untersuchung) führt als Grund für die Dominanz von Juristen in Untersuchungen deren fachliche Qualifikation in Bezug auf Befragungen und Verhöre an. Abgesehen von den Kommissionsmitgliedern selbst existierte in britischen Kommissionen kein wissenschaftlicher Beraterstab. Es fanden lediglich Befragungen und Interviews mit Sozialarbeitern und Bewährungshelfern statt.

In unserer Expertenbefragung wurde deutlich, daß bei solchen schweren Unruhen normalerweise die Einsetzung einer Royal Commission angemessen wäre. Diese hätte aus mindestens 10 Mitgliedern bestanden und wäre mit sehr viel mehr Macht ausgestattet gewesen als eine 'Inquiry'. Bei den Royal Commissions werden auch Wissenschaftler als Sachverständige gehört und Beraterstäbe eingesetzt, was in den Inquiries nicht der Fall war. Benyon sieht eine Erklärung für das Nichteinsetzen einer Royal Commission in der Tatsache, daß Margret Thatcher unter keinen Umständen Macht oder Kontrolle abgeben wollte.

"The thing about Royal Commissions is that they tend to build up a momentum for change so when they publish their final report with their recommandations, those proposals are almost irresistable political" (BENYON, Director - Centre for the Study of Public Order, University Leicester).

1981 habe sie allenfalls einer Inquiry zugestimmt, während sie 1985, als die Unruhen noch sehr viel ernster und schwerwiegender waren, politisch bereits so stark war, Forderungen nach einer erneuten Untersuchung abzulehnen. So verlangte das Innenministerium nach den Handsworth-riots 1985 lediglich einen Polizeibericht über die Ereignisse im Stadtteil.

Auf die Frage, welche Kriterien für die Auswahl von Kommissionsmitgliedern eine Rolle spielen, sind sich unsere Experten darin einig, daß nicht alleine Sachwissen nachgefragt wird. Mit der Wahl von Juristen als Vorsitzenden werde auf der einen Seite eine spezifische Qualifikation und Perspektive favorisiert. Andererseits aber repräsentiere der Jurist aber auch die öffentliche Meinung, da er als angesehenes Mitglied der britischen Gesellschaft gelte und generell als neutral beurteilt werde. Im Falle der Benennung Lord Scarmans habe zusätzlich dessen Erfahrung als Leiter früherer Kommissionen eine Rolle gespielt. Er habe als unabhängig und liberal gegolten und sei auch von Oppositionsseite als jemand akzeptiert gewesen, der keinem politischen Flügel angehörte. Politische Kriterien spielten bei der Auswahl der Kommissionsmitglieder eine untergeordnete Rolle. Zwar sollten die Mitglieder politische Erfahrung haben. Als wichtiger wird jedoch die nach außen demonstrierte Neutralität bewertet.

Im Falle der Silverman-Untersuchung sollte bei der Ernennung der Beisitzer insbesonders der Repräsentanz von Minderheiten Rechnung getragen werden.

"What they suggested is that there should be two ethnic people involved... From the representative point of view at any rate, the ethnic people should feel that they are represented on this inquiry..." (SILVERMAN).

Auch für das Review Panel war die Repräsentanz von Angehörigen der 'black community' ein Kriterium bei der Ernennung der Kommissionsmitglieder. Spezielle Qualifikationen, wie Verständnis sozialpolitischer Zusammenhänge und politischer Strukturen, waren jedoch ebenfalls von Bedeutung.

Einig ist man sich darüber, daß es sich bei den Kommissionen, mit Ausnahme des Review Panels, das dezidiert die Minoritätenperspektive dokumentierte, um neutrale Gremien handelte, da weder politische Parteien, noch Interessengemeinschaften in ihnen vertreten waren, und mit der Wahl eines liberalen, angesehenen Mitglied der britischen Gesellschaft zum Vorsitzenden die Betonung auf Neutralität und Unabhängigkeit gelegt wurde. Die Untersuchung des Review Panels hingegen wurde von den meisten Befragten als eher unausgewogen interpretiert und habe eine relativ einseitige Darstellung geliefert.

Auf die Frage inwieweit die Ergebnisse der Kommission schon durch die Auswahl der Mitglieder präjudiziert waren, ergeben die Antworten ein eher differenziertes Bild.

So vertritt Ouseley (Vorsitzender des Review Panel und heutiger Leiter der Inner London Education Authority) die Meinung, daß es aufgrund der liberalen und ausgewogenen Einstellung der Kommissionsvorsitzenden zu keinen extremen Resultaten und Empfehlungen komme, und diese weitgehend vorhersehbar seien.

"It is very rare that a Commission is mandated to come up with something quite unique and unexpected. Obviously it would be unique and unexpected if the members of the Commission were not predictabel people or representatives of the status quo and the 'establishment'".

Allerdings geht diese Rechnung nicht immer auf. So ging z.B. die Scarman Kommission durch die Einbeziehung der soziostrukturellen Ursachen und die Empfehlungen zur Sozialpolitik weit über die möglichen Erwartungen der Auftraggeber hinaus. Die Kommission sei keinerlei Kompromisse eingegangen. Die gelieferten Ergebnisse habe die Regierung letztendlich nicht erwartet. Sie habe jedoch aufgrund der Reputation Scarmans in der Öffentlichkeit nichts gegen eine Veröffentlichung unternehmen können.

Hinsichtlich der Frage, ob alle von den Problemen betroffenen Gruppen die Möglichkeit zur Artikulation vor der Kommission hatten, gehen die Meinungen auseinander. So vertreten Mitglieder der beiden Birminghamer Untersuchungen die Auffassung, daß jeder, der dies wollte, auch die Möglichkeit zur Stellungnahme erhielt. Sozialwissenschaftler, die sich mit den Kommissionen beschäftigten, wiesen jedoch darauf hin, daß von den Kommissionen i.d.R. nicht alle von den Problemen betroffenen Gruppen adäquat in die jeweiligen Untersuchungen einbezogen würden. Zur Begründung dieser selektiven Auswahl wird angeführt, daß angesichts der Formalität solcher Untersuchungen (Anhörungen, Befragungen, öffentliche Verhöre) so gut wie keine Möglichkeit bestehe, daß sich beispielsweise unmittelbar Betroffene vor der Kommission äußerten. So sei im Falle der Scarman-Untersuchung nicht ein einziger Teilnehmer an den Unruhen befragt worden. Deutlich wurde, daß in jeder der Untersuchungen bestimmte Gruppen nicht zur Aussage bereit waren.

"...some of the more radical Black community groups or individuals who believed that the Commission would not make any difference whatsever to the problems facing the affected communities refused to contribute to the inquiry" (OUSELEY).

Solomos (Sozialwissenschaftler der Universität London) zufolge bestand im Falle der Scarman-Kommission bei zahlreichen Gruppen die Furcht, daß Aussagen gegen sie verwendet werden könnten.

4.3 Handlungsorientierungen der Mitglieder

Es gibt nur wenige explizite Informationen über die Handlungsmotivation und Handlungsorientierung der Kommissionsvorsitzenden und der Kommissionsmitglieder, und über ihr Selbstverständnis und ihre Interpretation des Auftrags, den sie übernommen haben. Aus der Art wie die Scarman Kommission und auch das Review Panel durchgeführt wurden, und auf Grund der von ihnen dargestellten Ursachenbeschreibungen und Empfehlungen wird jedoch deutlich, daß beide Vorsitzenden sich insbesondere auch den Fragen gesellschaftlicher Ungleichheit und ethnisch-rassischer Diskriminierung verpflichtet fühlen und einen Beitrag zur Verbesserung der Lebensverhältnisse dieser Gruppen leisten wollten. Deutlich macht dies die folgende Aussage vom Vorsitzenden des Review Panels:

"I was motivated to relate to the affected communities in order to explicit their views, their concerns and their aspirations. My expectations were that a document expressing the Black community's own perceptions of the problems they were facing and their observations on the uprising would be available for consideration by the public authorities."

Über Konflikte innerhalb der Kommissionen war, mit einer Ausnahme, wenig in Erfahrung zu bringen. Es wurde lediglich deutlich, daß es bei der Silverman-Kommission offensichtlich Schwierigkeiten zwischen dem Vorsitzenden und seinen zwei Beratern bzw. seinem Sekretär gegeben hatte, die größtenteils aus der Tatsache resultierten, daß der Vorsitzende nur in geringem Maße zu kooperativer Zusammenarbeit bereit war und die entsprechende Untersuchung als seine ureigene Angelegenheit interpretierte. Auch bei den Empfehlungen, die im Rahmen dieses Untersuchungsberichtes angesprochen wurden, war man sich den Aussagen des Sekretärs zufolge nicht einig. So kam es letztendlich dazu, daß dem Stadtrat von Birmingham ein eigener Empfehlungsteil, ausgearbeitet von den beiden Beratern und dem Sekretär der Kommission, übergeben wurde. Diese Empfehlungen gingen über die in dem Bericht gemachten Vorschläge hinaus. Dieser zusätzliche Empfehlungsteil konnte nur durch eine Rücktrittsdrohung der beiden Berater der Untersuchung zustandekommen. Sie weigerten sich, den Bericht in seiner Ursprungsfassung zu unterzeichnen. Erst nachdem ihnen die Möglichkeit des Erstellens eines eigenen Empfehlungsteils an den Stadtrat zugesichert worden war, waren sie dazu bereit.
Die beiden Beisitzer bestanden darauf folgende Fakten festzuhalten:
"Silverman is solely responsible für the report. At no time has the evidence been assessed by the assessors. This is despite the terms on which they agreed to take part etc" (SHAW).

4.4 Empfehlungen

Scarman-Commission

Der Empfehlungsteil des Scarman-Reports enthält Vorschläge zur Behebung der Spannungen und Mißstände in den verschiedensten Bereichen und richtet sich sowohl an die Regierungsseite, die Gemeindebehörden als auch an die Polizei.

Polizei

Die Empfehlungen zu diesem Bereich sind vielfältiger Natur. Sie reichen von präventiven Maßnahmen bis zu Vorschlägen, die Ausrüstung der Ordnungskräfte zu verbessern.

Angesichts der Unterrepräsentierung von Angehörigen ethnischer Minderheiten in der Polizei empfiehlt Lord Scarman in seinem Bericht eine verstärkte Rekrutierung Farbiger für den Polizeidienst. Das Innenministerium solle in Zusammenarbeit mit den Polizeiverwaltungen und den Repräsentanten der ethnischen Minderheiten eine Studie durchführen und Wege einer besseren Rekrutierung dieser Bevölkerungsgruppe aufzeigen. Um rassischen Vorurteilen innerhalb der Polizei entgegenzuwirken, sollten die Methoden der Bewerberauswahl für den Polizeidienst geändert werden. Wissenschaftlich ausgearbeitete Tests und Befragungen sollten die Grundeinstellungen von Bewerbern für den Polizeidienst prüfen; eine Beschäftigung von Beamten mit rassistischen Vorurteilen könne so vermieden werden.

Die Verbesserung der Ausbildung stellt einen weiteren Bestandteil der Empfehlungen des Scarman-Reports dar. Die Einführungsphase während der Ausbildung solle verlängert werden. Auch die Ausbildungsinhalte sollten geändert werden. Die Vermittlung von Kenntnissen zur Prävention von und zum Umgang mit öffentlichen Unruhen solle stärkere Beachtung finden. Polizeianwärter sollten während ihrer Ausbildung Erfahrungen in den einzelnen Stadtteilen sammeln. An die Ausbildung solle sich eine Probezeit anschließen, die praktische Übungen und Unterweisungen im Umgang mit Konfliktsituationen durch erfahrene Polizeibeamte beinhaltet. Während der Probezeit sollten die Polizeianwärter zudem in Stadtteilen mit einem besonders hohen Anteil ethnischer Bewohner eingesetzt werden um auf die besonderen Probleme hier vorbereitet zu werden. Diese Ausbildung solle nach dem 'tutor constable scheme' ablaufen, d.h. jedem Anwärter für den Polizeidienst müsse ein erfahrener Streifenpolizist zugeteilt werden. Die Teilnahme an Zusatzkursen und Weiterbildungsmaßnahmen, in denen Grundlagen zum Umgang mit Minoritäten vermittelt werden, solle für alle Polizeibeamten Pflicht sein.

Um provokativen Polizeiaktionen einzelner Beamter entgegenwirken zu können, betont Lord Scarman die Wichtigkeit der Rolle der Vorgesetzten bei der Beaufsichtigung junger Polizisten. Darüberhinaus fordert er eine generelle Überprüfung der Polizeimethoden. Spezielle Polizeipraktiken wie etwa 'Stop and Search'-Aktionen (Anhalten und Überprüfen von Personen) sollten eingeschränkt werden, weil sie zu einer Verschlechterung der Beziehungen zwischen den ethnischen Minderheiten und den Ordnungskräften beitragen könnten. Auch der Einsatz von 'Special Patrol Groups' (Sondereinsatzkommandos), die für eine bestimmte Zeitspanne in Innenstadtvierteln zur Bekämpfung der Kriminalität eingesetzt werden, solle eingeschränkt werden.

Von ähnlich hoher Bedeutung wie die Verbesserung der Ausbildung sei die Kontrolle der Polizeibeamten. Lord Scarman schlägt vor, diskriminierendes Verhalten gegenüber ethnischen Minderheiten als ein spezielles Vergehen in den 'Police Discipline Code' aufzunehmen. Die betroffenen Polizisten sollten bestraft und gegebenenfalls vom Dienst suspendiert werden.

Die Scarman-Kommission schlägt eine Änderung des bestehenden Beschwerdesystems vor. Die 'Police Complaint Boards' sollten dezentralisiert werden und die Untersuchungen der Beschwerden über Polizeibeamte sollten von unabhängigen Gremien durchgeführt werden. Weiterhin wird die Einrichtung von Verbindungszentren empfohlen, die zwischen der Polizei und den Communities vermitteln könnten und deren Aufgabe in der gegenseitigen Beratung, Information und Rücksprache zwischen Vertretern der Polizei, Repräsentanten der verschiedenen Community-Gruppen und Mitarbeitern verschiedener fachlicher Dienststellen bestehen müßte.

Zur Verbesserung der Beziehungen zwischen den Stadtteilen mit hohem Anteil ethnischer Minoritäten und der Polizei schlägt Lord Scarman ein Konzept des 'community policing' für die Innenstadt-Bezirke vor. Hierbei sollten sogenannte 'home beat officers' (Streifenpolizisten, die in den Stadtvierteln zu Fuß Dienst tun) einen direkteren Kontakt zur Bevölkerung herstellen. 'Community-officers' (Kontaktbereichsbeamte) sollten eng mit Vertretern der ethnischen Communities zusammenarbeiten und sich für die Belange der Bewohner einsetzen. Es sollten in den verschiedenen Stadtbezirken kleinere lokale Polizeistationen eingerichtet werden, in denen Polizeibeamte, die mit den spezifischen Gegebenheiten der Bezirke vertraut sind, Dienst tun.

Um der unter den Bewohnern der innerstädtischen Gebiete weitverbreiteten Angst vor Verbrechen entgegenwirken zu können, wird von der Polizei, von Initiativen und Vereinen das Aufstellen von Plänen zur Vorbeugung von Kriminalität empfohlen. Sogenannte 'Überwachungspläne', in deren Verlauf die Bewohner zur Zusammenarbeit mit der Polizei angeregt werden, sollten erarbeitet werden.

Hinsichtlich der Ausstattung der Polizeikräfte empfiehlt die Scarman-Kommission die Verbesserung der Ausrüstung. Die Polizei solle über distanzhaltende Einsatzwaffen wie Wasserwerfer, CS-Gas und Plastikgeschosse verfügen, diese allerdings nur in äußersten Notfällen anwenden dürfen.

Im Zusammenhang mit Vorschlägen zur Gesetzesreform stützt sich die Scarman-Kommission auf die von der 'Royal Commission on Criminal Procedure' aufgezeigten Maßnahmen. So vertritt Scarman die Meinung, daß bestimmte Aktionen, wie die Kontrolle verdächtiger Personen zur Bekämpfung der Straßenkriminalität, notwendig seien. Er empfiehlt weiterhin die Überwachung von Verhören und Verhaftungen durch neutrale, unabhängige Personen. Die Einführung eines neuen 'Riot-Act' lehnt er ab, da die existierende Gesetzgebung ausreichend sei. Er schlägt vor, den bestehenden 'Public Order Act' von 1936 zu verbessern um der Polizei mehr Handlungsmöglichkeiten zu eröffnen.

Städte- und Wohnungsbau

Um dem sozialen Niedergang von Stadtbezirken wie beispielsweise Brixton entgegenzuwirken, empfiehlt die Scarman-Kommission eine verstärkte Förderung innerstädtischer Hilfsprogramme zum Wohnungsbau. Zur Minderung des bestehenden Wohnungsmangels wird ein stärkeres öffentliches Wohnungsbauprogramm vorgeschlagen, mit dessen Hilfe sowohl neue Wohnungen gebaut, als auch bestehende renoviert werden sollten. Bei Entscheidungen, die innerstädtische

Wohngebiete betreffen, sollten die Bewohner stärker beteiligt werden. Vor allem Sanierungsarbeiten und Stadterneuerungsmaßnahmen sollten in Zusammenarbeit mit Bürgergruppen durchgeführt werden. Zur Lösung der Probleme der Innenstädte empfiehlt die Kommission ein koordiniertes Vorgehen. So sollten lokale Verwaltungen bei der Planung und Durchführung von Programmen und speziellen Projekten von übergeordneten Stellen stärker einbezogen werden. Auch sollten lokale Verwaltungen ihre Wohnungspolitik im Hinblick auf die Diskriminierung ethnischer Minderheiten überprüfen.

Erziehung und Schule

Lord Scarman fordert eine stärkere Einbeziehung der Eltern von Kindern ethnischer Minderheiten in den Schulablauf. Die Schulen sollten häufige Treffen von Eltern, Repräsentanten der Communities und ehemaligen Schülern veranstalten und bestehende Problemkomplexe diskutieren.

Die Scarman-Kommission regt zudem eine stärkere Einbeziehung der Polizei, etwa im Zusammenhang mit dem Verkehrsunterricht, an. Lord Scarman weist die Schulen auf die Aufgabe hin, den Jugendlichen Möglichkeiten einer sinnvollen Freizeitgestaltung zu vermitteln. Weitere Empfehlungen beziehen sich auf die Berücksichtigung multi-ethnischer Aspekte im Unterricht. So müsse bereits in den Vorschulen verstärkt auf Probleme eingegangen werden, die Kinder aus ethnischen Minderheit betreffen. Der Vermittlung der englischen Sprache in der Schule solle Priorität eingeräumt werden, um eine Integration der farbigen Jugendlichen in die Gesellschaft zu fördern. Weiterhin fordert die Kommission die Verbesserung der Lehrerausbildung. Angehende Lehrkräfte sollten bereits während ihrer Ausbildung mit den Schwierigkeiten vertraut gemacht werden, die in einer multi-ethnischen Gesellschaft auftreten könnten.

Ausbildung und Beschäftigung

Die Scarman-Kommission sieht in der Koordination und Integration bestehender Programme einen Weg zur Verbesserung der Beschäftigungssituation farbiger Jugendlicher. Die Zusammenarbeit der mit Ausbildung und Beschäftigung befaßten Dienststellen sei zu verbessern.

Von staatlicher Seite sollten sowohl öffentliche, als auch private Arbeitgeber gefördert werden. Zur Ankurbelung der lokalen Wirtschaft seien weitreichende Partnerschaften und Kooperationen zwischen gemeinnützigen Vereinen und Bürgergruppen sowie dem Privatsektor - Unternehmen, Betriebe - notwendig.

Lord Scarman betont, daß die Prüfung der Effektivität verschiedener Programme der MSC (Manpower Service Commission) und des Department of Employment nicht Bestandteil seiner Untersuchung sein könne, er jedoch die Ausweitung von Maßnahmen zur Berufsförderung und Beschäftigung ausdrücklich arbeitsloser Jugendlicher befürworte.

Die Beschäftigungsprobleme arbeitsloser Jugendlicher seien struktureller ökonomischer Natur und die tieferliegenden Ursachen hierfür könnten allein von der Regierung, etwa durch eine entsprechende Änderung der Wirtschaftspolitik, beseitigt werden.

Verbesserung der Integration ethnischer Minderheiten

Die Regierung solle die Städte und Gemeinden bei der Durchführung lokaler Programme gegen rassische Vorurteile finanziell unterstützen. Die den Gemeinden gewährten finanziellen Zuschüsse zum Abbau von Benachteiligungen ethnischer Minderheiten sollten ausgeweitet werden. Die Dienstleistungen der lokalen Verwaltungen sollten untersucht werden, um festzustellen, im Rahmen welcher Aufgabenbereiche der nationale Fond zum Abbau der Benachteiligungen ethnischer Minderheiten in Anspruch genommen werden könne.

Die Scarman-Kommission unterstützt den Vorschlag des Home Affair Committees der Informationsverbesserung hinsichtlich der speziellen Bedürfnisse ethnischer Minderheiten. Weiterhin wird der Mangel koordinierter Maßnahmen und Programme in Bezug auf rassische Benachteiligung beklagt. Positive Aktionen wurden hervorgehoben.

Silverman-Commission

Wohnungsbau

Handsworth besitzt einen hohen Anteil an zerfallenen Gebäuden und alten, schlecht ausgestatteten Wohnungen. Auch die Infrastruktureinrichtungen sind defizitär, Wohnumfeld, Straßen und öffentliche Plätze sind häufig in einem verwahrlosten Zustand.

Silverman fordert eine verstärkte Förderung der innerstädtischen Hilfsprogramme zur Regeneration der Innenstädte. So sollte durch den Bau neuer Wohnungen, Schulen und Straßen gleichzeitig ein Beitrag zum Abbau der Arbeitslosigkeit geleistet werden. Durch ein verstärktes öffentliches Wohnungsbauprogramm solle ein Angebot an qualitativ guten Wohnungen bereitgestellt werden. Silverman weist in diesem Zusammenhang ausdrücklich auf die Bedürfnisse vieler Alleinstehender und Alleinlebender hin. Er schlägt vor, daß sowohl die Regierung als auch die Kommunalverwaltungen in den 'Urban Priority Areas' (UPA) Partnerschaftskonzepte entwickeln, um eine stärkere Konsultation der Ortsansässigen sowie eine stärkere Teilnahme dieser in der Nachbarschaftsarbeit zu fördern. Weiterhin schlägt Silverman die Verbesserung der Partizipationschancen der Bewohner an Entscheidungen über ihr Wohnumfeld vor. Die städtischen Behörden sollten bei Entscheidungen, welche die innerstädtischen Wohngebiete betreffen, die Bewohner stärker beteiligen. Dies solle sowohl bei der Planung als auch bei der späteren Ausführung geschehen. Beispielsweise sollten Mietervertretungen gebildet werden, die bei geplanten Veränderungen und Entscheidungen zu beteiligen seien. Diesen Mietervertretungen soll auch ein Jugendvertreter angehören.

Silverman schlägt die Schaffung von Räumen für bestimmte Bewohnergruppen wie Jugendliche, Alte oder Arbeitslose in den Wohnkomplexen vor. Das Beratungs- und Betreuungsangebot sollte zu einer koordinierten Gemeinwesenarbeit ausgebaut werden, um soziale Defizite auszugleichen. Stadtteilbezogene Eigeninitiativen der Bewohner sollten gefördert werden.

Weiterhin schlägt Silverman eine spezielle Unterstützung der Regierung für die innerstädtischen Bezirke vor, um spezifische Probleme wie die Arbeitslosigkeit angehen zu können.

Schule und Erziehung

Die Silverman-Untersuchung kommt zu dem Schluß, daß eine Verbesserung der Maßnahmen in den Bereichen Schule und Ausbildung generell notwendig sei. Die Empfehlungen zu diesem Bereich zielten insbesondere darauf ab, durch Veränderungen im Schulsystem die Identifikation der Kinder und Jugendlichen mit der Schule zu fördern und zu mehr sozialer Verantwortung zu erziehen.

Silverman empfiehlt die bestehenden Spielgruppen im Bezirk Handsworth finanziell stärker zu unterstützen und zu fördern, sowie zusätzliche 'Play Groups' einzurichten. Eine Aufgabe solcher Gruppen bestehe beispielsweise in der Beratung der Eltern bei aktuellen Problemen. Weitere Vorschläge beziehen sich auf den Bereich der Vorschulen. Auch diese sollten stärker unterstützt werden, da sie sowohl eine wichtige Rolle bei der Vermittlung englischer Sprachkenntnisse bei Kindern aus ethnischen Minderheiten einnähmen, als auch die Kinder auf ein Zusammenleben in einer multi-kulturellen Gesellschaft vorbereiteten.

Die Schule sollte die besonderen Probleme, die Kinder ethnischer Minoritäten betreffen, stärker berücksichtigen. Silverman regt an, zusätzliche Lehrkräfte afro-karibischer Herkunft einzustellen, die sich speziell den Bedürfnissen der Schüler ethnischer Gruppen widmen könnten und die die Muttersprache der Kinder beherrschten.

Freizeit

In dem Bericht Silvermans wird die Schaffung von mehr Möglichkeiten der Freizeitgestaltung, wie z.B. Sportanlagen, vorgeschlagen. Insbesondere die Altersgruppe der 15- bis 24-jährigen solle stärker berücksichtigt werden. Silverman empfiehlt den verstärkten Einsatz von Freizeitbetreuern. Wichtig sei hierbei, daß die Betreuung nicht nur tagsüber stattfände, sondern daß vielmehr auch abends Aktivitäten organisiert würden. In diesem Zusammenhang fordert er die Erhöhung der Zahl von Jugendleitern in den Innenstadtbezirken und die Förderung von Jugendgruppen.

Ausbildungs- und Beschäftigungspolitik

Silverman stellt einen signifikanten Zusammenhang zwischen hoher Arbeitslosigkeit einerseits und antisozialen, gewalttätigen Verhaltensweisen sowie systemkritischen Einstellungen Jugendlicher andererseits fest. Zur Entschärfung der Situation fordert er daher eine Bekämpfung der Jugendarbeitslosigkeit. So seien neue Arbeitsplätze zu schaffen und die berufliche Integration arbeitsloser Jugendlicher durch die Bereitstellung von zeitlich begrenzten Ausbildungs- und Überbrückungsmaßnahmen zu fördern. Er schlägt vor, die bestehenden 'Community Programmes' national auf 500.000 Plätze auszuweiten und durch gezielte Förderung von Unternehmen Arbeitsplätze zu schaffen. Von staatlicher Seite sollten sowohl öffentliche als auch private Arbeitgeber gefördert werden. Zur Stärkung der ortsansässigen Betriebe und zur Wiederansiedlung von Klein- und Mittelunternehmen in den deprivierten Stadtvierteln empfiehlt er spezielle Förderungs- und Subventionsprogramme. Öffentliche Ausschreibungen für Projekte in den Innenstadtbezirken sollten mit der Auflage verbunden werden, daß Firmen, die zur Ausführung der Arbeiten zusätzliche Arbeitskräfte benötigen, Ortsansässige einstellten. Ferner sollten Firmen verstärkt Jugendliche aus ethnischen Minderheiten einstellen. Desweiteren wird in dem Bericht empfohlen, zur Ankurbelung der lokalen Wirtschaft weitreichende Partnerschaften und Kooperationen zwischen gemeinnützigen Vereinen, Bürgergruppen und Privatunternehmen zu bilden. Bestehende Berufsförderungs- und Beschäftigungsprogramme für Jugendliche sollten weiter ausgebaut werden und staatlich finanzierte Berufsförderungsstätten errichtet werden. Silverman schlägt u.a. die Einrichtung sogenannter 'Jugendwerkstätten' vor, in denen auch jugendliche Arbeitslosen eine sinnvolle Betätigung finden können.

Polizei

Silverman schildert zunächst das zu Beginn der 80er Jahre im Bezirk Handsworth praktizierte 'community policing', welches als beispielhaft galt, aber 1985 geändert wurde. Die durchgeführten Razzien und das teilweise diskriminierende Verhalten insbesondere jüngerer Polizisten gegenüber farbigen Jugendlichen hätten zu einer Verschlechterung der Beziehungen geführt.

Silverman empfiehlt die Ausbildung von Polizeibeamten in Bezug auf den Umgang mit Angehörigen ethnischer Minderheiten zu überprüfen. Um das Konzept des 'community policing' weiter auszubauen, schlägt er die Einstellung zusätzlicher Streifenbeamter vor. Da die Polizeikräfte des Westmidlands County unterbesetzt seien, sollten weitere Beamte eingestellt werden. Darüberhinaus macht er den Vorschlag, eine Einheit von im Umgang mit Unruhen geübten Polizisten zur Verfügung zu stellen, die bei Bedarf kurzfristig eingesetzt werden könnten. Weitere Empfehlungen des Untersuchungsberichtes beziehen sich auf die Verbesserung der Polizeiausrüstung.

Da in dem Bericht primär die Sichtweise der ethnischen Minderheiten dargestellt werden sollte, nehmen die Empfehlungen einen relativ geringen Raum ein. Die Vorschläge beziehen sich vor allem auf den Abbau von Diskriminierungen ethnischer Minderheiten. So sollte die Regierung rassischen Vorurteilen und Diskriminierungen durch die Entwicklung einer Strategie, die strengere anti-rassistische Gesetze einschließt, entgegenwirken. Zur Eliminierung von diskriminierenden Praktiken in öffentlichen Institutionen und Behörden sollten entsprechende Maßnahmen eingeleitet werden.

Die Massenmedien sollten nicht länger durch eine einseitige Berichterstattung über die Bewohner von Innenstädten zur Verfestigung von Vorurteilen bei den Medien-Rezipienten beitragen.

Die Regierung sollte alles Erdenkliche tun, um die Selbstbestimmung, Selbstachtung und Selbstentwicklung von Angehörigen ethnischer Minderheiten zu fördern. Für Innenstadtbezirke bestimmte Ressourcen und Investitionen sollten den Bewohnern selbst direkt zugutekommen. Die ortsansässigen Betriebe und Schulen sollten unterstützt, sowie die sozialen und kulturellen Bedürfnisse der Bevölkerung berücksichtigt werden. Um die Innenstadtbezirke wiederzubeleben seien langfristige und gezielte Initiativen und Partnerschaften notwendig.

Durch eine anti-rassistische Strategie sollten die Partizipationsmöglichkeiten von Angehörigen ethnischer Minderheiten sowohl bei Lokalbehörden, als auch in Privatunternehmen gefördert werden.

Innerhalb der Polizeikräfte müsse dem Machtmißbrauch und der Diskriminierung der ethnischen Minderheiten entgegengewirkt werden, um weitere Konflikte und Eskalationen zu verhindern.

4.5 Strukturelle Rahmenbedingungen und Einflußchancen der Kommissionen

Aus den Interviewaussagen zu dem Thema 'Strukturelle Rahmenbedingungen und Einflußchancen der Kommissionen' wurde deutlich, daß die britischen Kommissionen generell nur wenig Ressourcen zur Verfügung hatten. Dies betraf sowohl den Faktor Zeit, als auch die finanziellen Mittel. Den Untersuchungskommissionen standen beispielsweise keinerlei Geldmittel zur Verfügung um wissenschaftliche Untersuchungen zu finanzieren. Es bestand in keiner Kommission ein Stab wissenschaftlicher Mitarbeiter, noch gab es darüberhinausgehende Forschungen externer Berater. Wissenschaftliche Arbeiten gingen nur insofern in den Bericht ein, soweit sie bereits in Buch- oder Artikelform vorlagen. Sozialwissenschaftler wurden allenfalls im Rahmen von Befragungen und Anhörungen in die Untersuchung miteinbezogen. Auch wurde jeweils nur ein Abschlußbericht erstellt und publiziert. Dem Zeitdruck wurde jedoch keine hohe Bedeutung zugemessen.

"...most of the commissions have little resources either in money or in time. In 1981 Lord Scarman didn't really have the time like similar commissions in the United States. In the context of what it was asked to do it wasn't a review of general policies on race or policies on racial in politics, it was a specific investigation into police strategies and police tactics" (BENYON).

Die Einflußchancen der Kommissionen wurden von den befragten Experten als nicht sehr groß beurteilt. Hier wurde immer wieder darauf hingewiesen, daß es eine Frage des politischen Willens der Regierung sei, aus einem Kommissionsbericht die entsprechenden Schlüsse zu ziehen und Maßnahmen einzuleiten.

"The problem with commissions in this country is that they make recommendations and if they don't fit in with the political climate or the direction in which the government is interested in going they will just remain as reports" (SOLOMOS).

Nach den 81er Unruhen sei die konservative Regierung noch nicht so gefestigt gewesen, daß sie es sich hätte leisten können, gar keine Reaktion zu zeigen. Nachdem sie jedoch 1983 mit großer Mehrheit die Wahlen gewonnen habe, die politischen Rahmenbedingungen also anders waren, habe sie auf die 85er Unruhen nahezu ausschließlich mit repressiven Maßnahmen reagiert.

Hinsichtlich der Relevanz und den Einflüssen von Untersuchungskommissionen zeigte sich, daß die Interviewten angesichts der Umsetzung von Empfehlungen äußerst skeptisch waren. Silverman drückt dies für seine Untersuchung folgendermaßen aus:

"... I cannot expect that our recommendations, which involved national action, would receive endorsement from the present government in this country".

Ähnlich äußerten sich auch die anderen Interviewpartner. Allerdings werden die Umsetzungschancen unterschiedlich beurteilt, je nachdem an welchen Adressat sie gerichtet sind. So hätten Empfehlungen, welche auf Maßnahmen der Zentralregierung zielten, kaum eine Chance realisiert zu werden, während sich dieses Bild in Zusammenhang mit an Lokalbehörden gerichteten Vorschlägen ändere. Grund hierfür seien die unterschiedlichen Machtverhältnisse auf den verschiedenen politischen Ebenen. So werde beispielsweise die Privatisierung des Wohnungsmarktes von der Labour-regierten Stadt Birmingham nicht in gleichem Maße befürwortet und gefördert wie von der konservativen Regierung. Die Tatsache, daß von Seiten der Lokalbehörden sehr viel mehr unternommen wurde als von der Regierung, belegt folgendes Zitat:

"The Local Authorities took far more immediate action, than the Government ever has taken..." (BENYON).

In keinem Fall wurde der Grund für die fehlende Umsetzung in mangelnder Konkretion oder fehlender Praktizierbarkeit der Empfehlungen gesehen. Die Empfehlungen seien durchweg detailliert und sehr konkret gewesen.

Solomos zufolge wurden von Regierungsseite keinerlei langfristigen Maßnahmen ergriffen. Es habe sich lediglich um symbolische Maßnahmen, beispielsweise im Bereich der Beschäftigung, gehandelt. Auch was den Aspekt der Rassengleichstellung angehe, ein Thema, dem in den Berichten jeweils hohe Bedeutung zugemessen wurde, seien von der Regierung keinerlei Maßnahmen (Gesetzesänderungen beispielsweise) ergriffen worden.

Aus den Interviewaussagen wurde deutlich, daß die Umsetzung der Empfehlungen des Scarman-Berichts sich nur auf sehr wenige Bereiche bezog. Konkrete Wirkungen habe es, abgesehen von dem Einfluß auf die Öffentlichkeit, nicht gegeben. Solomos meint hierzu:

"I don't think that it had much influence on the political agenda".

Die Themen, die letztendlich auf die politische Tagesordnung kamen, hätten nicht die Bereiche betroffen, die wesentliche Teile des Scarman-Berichtes ausmachten wie beispielsweise soziale Deprivation oder auch Rassendiskriminierung.

Für den Report des Review Panels zeichnete sich eine ähnliche Sicht ab. Auf die Frage, wie der Einfluß der Kommissionsempfehlungen auf politische Entscheidungen eingeschätzt werde, meinte Ouseley, ein Einfluß habe insofern bestanden, als politisch Verantwortlichen bewußt gemacht worden sei, daß die Sichtweisen und Ansprüche ethnischer Communities nicht länger ignoriert werden dürften, da ansonsten die Gefahr neuer Unruhen bestehe:

"...The result has been more policies devised with Black people's input and programmes designed to involve them and meet their particular needs" (OUSELEY).

Er sieht die Wirkungen in konkreten Bereichen wie Schule, Beschäftigung nur in einem sehr indirekten und sehr eingeschränkten Sinn, u.a. weil die politischen Institutionen die Untersuchung des Review Panel nicht anerkannt hätten. Den Einfluß dieses Reports auf die öffentliche Meinung bewertet er ähnlich wie die anderen Interviewpartner:

"Strong public opinions expressed on matters of welfare can be influential in bringing about change and, if well publicised, commissions can help to influence public opinion in limited ways".

Generell sind sich die befragten Experten darüber einig, daß ein öffentliches Bewußtsein dafür geschaffen wurde, Rassendiskriminierung und polizeiliche Schikanierungen nicht länger hinzunehmen.

4.6 Die politische Bedeutung der Kommissionen aus der Sicht der Experten

Die Annahme, daß Kommissionen den politischen Institutionen als Mittel der symbolischen Politik dienen, wird von den Interviewpartnern unterschiedlich beurteilt. So vertreten die befragten Sozialwissenschaftler weitgehend die Sichtweise, daß die Regierung lediglich um symbolische Handlungen bemüht gewesen sei ohne, daß dahinter ernsthaftere Absichten einer neuen Politik gestanden hätten.

"There was some symbolic gestures in 1981 and 1982 e.g. review of the unemployment" (SOLOMOS).

Der Einsatz einer Untersuchungskommission wird vielfach als eine Art Besänftigungsmaßnahme interpretiert, mit deren Hilfe die politischen Verantwortlichen demonstrierten, daß man sich der Problematik bewußt ist und daß etwas unternommen wird. Diese Strategie diene letztendlich allerdings lediglich dazu, in Ruhe abzuwarten, bis der Sturm sich gelegt und die Gemüter sich beruhigt hätten.

"I think that most people believed that the inquiry would be in some way a sop...That means that is something that is offered as a sacrifice to keep you quiet, to draw the sting, placate people, symbolic" (BENYON).

Vertreter des Review Panels beurteilen dies ähnlich:

"It is to give everyone the impression that something is being done, when in fact, very little is being done." "... the use of commissions gives the appeareance of an attempt to discuss problems, whereas in reality it is a means of bying time" (OUSELEY).

Die Bedeutung solcher Kommissionen wird daher vorwiegend darin gesehen, der Öffentlichkeit zu demonstrieren, daß sich die Regierung mit den aktuellen Problemen beschäftige. Mit symbolischer Politik wird - so die Interviewten - kurzfristig auf die veränderten Erwartungshaltungen in der Öffentlichkeit reagiert, ohne daß damit jedoch langfristig Veränderungen in der Politik notwendig verbunden wären.

"Most of the commissions which are set up by the government are set up in response to community pressure" (SOLOMOS).

Die Befragten sind davon überzeugt, daß ein wesentlicher Aspekt der Untersuchungskommissionen in der Initiierung und Forcierung öffentlicher Diskussionsprozesse zu sehen ist. Durch die Kommissionsberichte werden z.T. neue Perspektiven und Interpretationen eingeführt, sowie bestehende Sichtweisen entweder bestärkt oder revidiert. So habe der Scarman-Bericht ein hohes Maß an öffentlicher Aufmerksamkeit erlangt und dadurch bewirkt, daß die Ursachen der 'riots' öffentlich diskutiert worden seien, und daß vor allem der bis zu diesem Zeitpunkt vorherrschenden Annahmen über organisierte Kriminalität oder auch den Verschwörungstheorien sehr viel weitgehendere, differenziertere Analysen entgegengesetzt wurden. Scarman sei es letztendlich zu verdanken, daß die öffentliche Aufmerksamkeit auf die sozialen Gründe und Ursachen gelenkt wurde.

"In terms of immediate action and public discussion it received a lot of attention. There has been a continuing reference to it over the last few years... In terms of public agenda it had some influence" (SOLOMOS).

Auch über die Ergebnisse der Silverman Kommission wurde in den Medien ausführlich berichtet, und damit wurde die öffentliche Diskussion über Ursachen und Wesen der 'riots' neu entfacht. Anders jedoch als in der Auseinandersetzung mit den Ergebnissen der Scarman Kommission habe die öffentliche Diskussion des Silverman-Berichts nur kurzfristig eine Modifikation kollektiver Deutungen und Interpretationen bewirken können. Der Bericht des Review Panels habe in den Medien fast überhaupt keine Aufmerksamkeit gefunden.
In vielen Berichten sei jedoch weiterhin die Annahme einer den Krawallen zugrundeliegenden Kriminalität erkennbar gewesen. Die in dem Untersuchungsbericht angeführten sozialen Ursachen und Mißstände hätten - so Silverman - keine angemessene Aufmerksamkeit in der Presse erhalten.

4.7 Resumee

Die entscheidende Bedeutung der Kommissionen ist in der Beeinflussung der öffentlichen Meinung und der Anregung einer Diskussion über neue Sichtweisen und Problemlösungen zu sehen.
Insbesondere die Scarman-Kommission hat, wie die befragten Experten betonten, einen hohen Stellenwert im Land und über die Landes-

grenzen hinaus erhalten. In diesem Bericht sind die Probleme der ethnischen Minderheit aufgezeigt und der noch immer weitverbreitete Rassismus in der britischen Gesellschaft verdeutlicht worden. Auch hat der Scarman-Report sowohl der Öffentlichkeit als auch den politisch Verantwortlichen bewußt gemacht, daß es sich bei den 'riots' nicht um geplante Aktionen von Agitatoren gegen die Ordnungskräfte bzw. um die Taten Krimineller handelte, sondern daß die Ursache für die Unruhen in den tieferliegenden sozio-ökonomischen Gründen zu sehen ist.

Einig sind sich die Befragten auch hinsichtlich des Gewichts der von den Kommissionen ausgesprochenen Empfehlungen. Diese seien für die Beeinflussung von Maßnahmen in den meisten Politikbereichen nahezu bedeutungslos gewesen. Lediglich für den Bereich der Polizei und hier insbesondere die Verbesserung der Beziehungen zwischen Polizei und Bevölkerung hatten die Empfehlungen entsprechend eingeleitete Maßnahmen direkt beeinflußt. Ein gewisser Einfluß wird auch im Hinblick auf Gleichstellungsbemühungen in verschiedenen Bereichen zwischen den verschiedenen Bevölkerungsgruppen konstatiert.

V. DIE KOMMISSIONEN IM LÄNDERVERGLEICH - ERGEBNISSE DER DOKUMENTENANALYSE UND EXPERTENINTERVIEWS

In diesem Kapitel werden die zuvor dargestellten Kommissionen hinsichtlich der zentralen Analysedimensionen verglichen: der politische Kontext der Etablierung der Kommissionen; Zusammensetzung und Artikulationsmöglichkeiten; Arbeitsweise und Handlungsorientierungen; Rahmenbedingungen für politische Einflußchancen; politische Bedeutung und Leistung; schließlich Handlungsspielräume und Vorhersehbarkeit von Ergebnissen und Wirkungen. Grundlage hierfür bilden die bereits unter III angeführten Fragen und Überlegungen. Die Ergebnisse der Dokumentenanalyse und Experteninterviews aus den USA, Großbritannien und der Bundesrepublik werden hier zusammengetragen. Ziel dieses Vergleiches ist die Beantwortung von zwei Fragekomplexen.

Zum einen soll die Bedeutung von Untersuchungskommissionen für den Prozeß der Auseinandersetzung politischer Institutionen mit Protestphänomenen generell eingeschätzt werden. Welche Ähnlichkeiten und Unterschiede lassen sich für die drei betrachteten Länder beobachten? Auch wird gefragt, ob und inwieweit die hier untersuchten Kommissionen sich auf das Verhalten politischer Institutionen ausgewirkt haben. Diese Auswirkungen haben wir in mehreren Dimensionen untersucht, und zwar als Auswirkungen auf Informations- und Meinungsbildungsprozesse, auf politisches Handeln und auf die Bekräftigung oder Diskreditierung bestehender Sichtweisen bzw. politischer Maßnahmen.

Über diese allgemeinen Aspekte der Bedeutung von Kommissionen hinaus haben wir zum anderen unser Forschungsinteresse besonders darauf gerichtet, welche Relevanz Kommissionen als Instrumente wissenschaftlicher Politikberatung zugeschrieben wird. Unter dieser Perspektive haben wir untersucht, ob und inwieweit die untersuchten Kommissionen sich wissenschaftliche Beratung zunutze machten, in welcher Weise sie dies taten und wie der Einfluß wissenschaftlicher Beratungsleistung auf die Kommissionsarbeit eingeschätzt wird.

1. Der politische Kontext der Etablierung von Untersuchungskommissionen

Die hier untersuchten Kommissionen hatten sich in allen drei Ländern mit sehr umfassenden Problemstellungen auseinanderzusetzen (Frage 1). Die Interviews machen deutlich, daß innerhalb der politischen Institutionen und der Öffentlichkeit zum Zeitpunkt der Einsetzung der Kommissionen Unsicherheit darüber bestanden hat, wie mit diesen Problemen umgegangen werden solle (Interpretations- und Deutungskrise). Die verschiedenen Gesellschaften waren jeweils mit Ereignissen konfrontiert, die sich mit herkömmlichen Erklärungen nicht mehr verstehen und mit den traditionellen Mitteln von Politik und Polizei nicht mehr bewältigen ließen.

Im Falle der USA waren dies die Aufstände in den 'Ghettos', die Studentenrevolten und die Proteste gegen den Vietnamkrieg. In Großbritannien gab es in vielen Städten gewalttätige Ausschreitungen zwischen vorwiegend Jugendlichen, die ethnischen Minderheiten angehörten, und der Polizei. In der Bundesrepublik kam es Anfang der 80er Jahre zu großen Protestaktionen von Kernkraftgegnern, Umweltschützern, Hausbesetzern, Anhängern der Friedensbewegung und der Frauenbewegung. Die Kommissionsaufträge lauteten jeweils, die Ursachen der Entwicklungen und Proteste zu ergründen und politische Handlungsmöglichkeiten zu erarbeiten. In der Bundesrepublik und in den USA sind - wie in solchen Fällen zu erwarten - eine Enquete-Kommission des Deutschen Bundestages bzw. drei Presidential-Commissions eingesetzt worden. Ungewöhnlich dagegen scheinen die Reaktionen in Großbritannien gewesen zu sein. Anstatt eine Royal-Commission zu etablieren, was angesichts der Problemlage nach Aussage der Experten die 'angemessene' Reaktion gewesen wäre, hat die britische Regierung lediglich eine unter dem Polizeigesetz arbeitende Untersuchung veranlaßt, die sogenannte Scarman-Inquiry. Allerdings wurden eine Reihe von Untersuchungen auf kommunaler Ebene durchgeführt. Für diese auf Bundesebene eher schwachen, auf lokaler Ebene hingegen starken Reaktionen der politischen Institutionen machen unsere Interviewpartner in erster Linie politische Gründe verantwortlich. Die Regierung habe die Einsetzung einer Royal-Commission aus Angst vor deren Autorität vermieden, da sie sich über die Empfehlungen einer solchen Kommission nicht ohne weiteres hinwegsetzen konnte. Die Etablierung der Scarman-Inquiry ist daher als Kompromiß zu verstehen. Einerseits sollte den Forderungen nach einer Untersuchung Rechnung getragen werden, andererseits wollte man die Proteste aber von vorneherein nur unter Aspekten der 'Aufrechterhaltung der öffentlichen Ordnung' betrachtet wissen. Die Etablierung von Untersuchungen auf kommunaler Ebene sei als Reaktion auf diese politische Linie zu interpretieren. Um der Untätigkeit der konservativen Regierung entgegenzusteuern und um die Regierung unter Druck zu setzen hätten viele Stadträte mit Labourmehrheit eigene Untersuchungen initiiert.

Entsprechend der sehr komplexen Aufgabenstellung der Untersuchungskommissionen sah die Mehrzahl der Interviewten in den drei Ländern die wichtigste Zielsetzung nicht in der Entwicklung schon konkreter Lösungen sondern darin, Anstöße für eine Diskussion der Probleme zu geben und zugleich politische Entscheidungen durch Information und Analysen vorzubereiten (Frage 2).

2. Die Zusammensetzung der Kommissionen und die Artikulationschanchen von unterschiedlichen Gruppen

Aufgrund des in ihnen vertretenen Meinungsspektrums können alle Kommissionen exemplarisch für die etablierten politischen Institutionen ihrer Länder stehen, unabhängig davon, ob sie durch das Parlament der Bundesrepublik, den Präsidenten der USA, das Innenministerium in Großbritannien oder einzelne englische Städte berufen worden sind. Unter dem Aspekt der Zusammensetzung (Frage 3) zeigten sich für die Kommissionen aller drei Länder zwei auffällige Parallelen. Erstens wurden in den Kommissionen - bei vielfältigen sonstigen Unterschieden in der Zusammensetzung - Vertreter der an den Protesten beteiligten Gruppen in die kontinuierliche Arbeit i.d.R. nicht miteinbezogen.[6] So

---

6) Davon ausgenommen werden muß allerdings das britische 'Review Panel', eine von einem Gleichstellungsausschuß (Race Relation and Equal Opportunities Committee) initiierte Untersuchung. Das Abweichen dieser Kommission vom typischen Muster der Zusammensetzung offizieller Kommissionen verwundert aufgrund ihres Charakters als 'Gegenkommis-

waren in der Bundesrepublik die protestierenden Jugendlichen selbst nicht vertreten und in den USA und Großbritannien die ethnischen Minderheiten unterrepräsentiert. Artikulationsmöglichkeiten wurden den Betroffenengruppen jedoch immer im Zuge der von den Kommissionen durchgeführten Anhörungen, Befragungen, erbetenen schriftlichen Stellungnahmen, wissenschaftlichen Untersuchungen oder Gesprächen vor Ort eingeräumt. Dennoch ist nach Meinung der Betroffenen das Problem der adäquaten Berücksichtigung ihrer Sichtweisen dadurch noch nicht zufriedenstellend gelöst worden. So konnte bei den britischen Kommissionen nicht in jedem Falle sichergestellt werden, daß die vor einer Kommission getroffenen Aussagen nicht zur Anklage in Strafverfahren verwendet wurden. Auch der deutschen Jugendprotest-Enquete verweigerten einige Gruppen die Mitarbeit. Dies jedoch nicht aus Angst vor Strafverfolgung, sondern mit der Begründung, sich an einer Alibiveranstaltung ohne wirkliche Mitsprachemöglichkeiten nicht beteiligen zu wollen. Den drei untersuchten amerikanischen Kommissionen wird vorgeworfen, weder Vertreter der Protestgruppen aufgenommen noch die ethnischen Minderheiten ihrem Bevölkerungsanteil entsprechend repräsentiert zu haben. Ausgesprochen radikale Positionen waren in den Kommissionen daher nicht vertreten.

Das zweite für die Kommissionen aller drei Länder zu beobachtende Phänomen bezieht sich auf die Auswahl der Kommissionsmitglieder. In der Bundesrepublik und in den USA wurden die stimmberechtigten Mitglieder von den im Parlament vertretenen Parteien nominiert. In den amerikanischen Kommissionen wurden auch einzelne Kommissionsmitglieder aus Kirchen, Wirtschaftsverbänden und Gewerkschaften rekrutiert. In Großbritannien wurden Vorsitzende bestellt, die sich selbst ihre Mitarbeiter rekrutierten. Ein wesentliches Kriterium für die Auswahl der Kommissionsmitglieder scheint ihre Eignung zur öffentlichkeitswirksamen Darstellung politischer Positionen gewesen zu sein. In den amerikanischen Interviews wird dies mit dem Begriff des 'symbolic-leaders' zum Ausdruck gebracht. Symbolische Führer zeichneten

---

Fortsetzung Fußnote

sion' jedoch nicht. Eine weitere Ausnahme bildet die Mitgliedschaft eines Vertreters der Bürgerrechtsbewegung in der amerikanischen Kerner-Kommission.

sich durch ihren hohen Bekanntheitsgrad, ihr von möglichst vielen Gruppen geteiltes öffentliches Ansehen und ein gewisses Maß an Fachkompetenz bezüglich der in einer Kommission zu bearbeitenden Probleme aus. In den britischen Interviews wird neben der Bekanntheit der Vorsitzenden besonders auf deren juristische Qualifikationen verwiesen. Juristische Kompetenzen seien für die innerhalb der Kommissionstätigkeit durchzuführenden Befragungen und Verhöre von Wichtigkeit. Der öffentlich anerkannte Status von Juristen als neutrale und unabhängige Personen qualifiziere sie zusätzlich als Kommissionsmitglieder.

Bei der Enquete-Kommission 'Jugendprotest im demokratischen Staat' hingegen scheinen die Qualifikationen als 'Jugendpolitiker' die entscheidende Rolle gespielt zu haben, obwohl auch hier mit Mathias Wissmann und Gerhard Schröder sehr prominente Politiker ausgewählt wurden. Auffallend an der Enquete-Kommission sind weiterhin ihre Sachverständigen. Diese entsprechen nicht alle der Vorstellung vom 'neutralen Wissenschaftler', da sie z.T. nicht als wissenschaftliche Experten speziell auf dem Gebiet des Jugendprotests ausgewiesen waren oder aber zusätzlich politische Ämter bekleideten.

Inwieweit nun von der Zusammensetzung einer Kommission bereits auf die Ergebnisse ihrer Arbeit geschlossen werden könne, war eine unserer Fragen an die Interviewten. Unisono konstatierten die amerikanischen Interviewten ein typisches Muster der Zusammensetzung der drei Presidential-Commissions, das als 'interest-group-liberalism' gekennzeichnet worden ist (vgl. LIPSKY/OLSON 1977). Wegen des Fehlens von Vertretern der Bürgerrechtsbewegung, militanter Gruppen wie z.B. der Black Power Bewegung oder studentischer Verbände sei also mit 'radikalen' Vorschlägen der Kommissionen nicht zu rechnen gewesen. Aufgrund der deutschen Interviews kann diese Frage nicht eindeutig beantwortet werden. So gehen einige Interviewte von einem relativ hohen Grad der Vorhersagbarkeit der Kommissionsergebnisse aufgrund der Selektion von Politikern und Wissenschaftlern gemäß Parteienproporz aus. Andere heben demgegenüber die Offenheit von Diskussions- und Meinungsbildungsprozessen hervor, was die Ergebnisse nur zu einem geringen Grad vorhersehbar gemacht habe.

Alle betrachteten Kommissionen machten sich wissenschaftliches know-how zunutze, was durchaus Einfluß auf die Kommissionstätigkeit und die Arbeitsergebnisse hatte. Art und Ausmaß des wissenschaftlichen

Einflusses in den Kommissionen waren aber in den verschiedenen Ländern recht unterschiedlich. Die umfangreichste wissenschaftliche Beratung hatten die amerikanischen Presidential-Commissions (vgl. Kap. III.1.2.6.). Für die Enquete-Kommission "Jugendprotest" wurden ähnlich umfangreiche wissenschaftliche Studien nicht durchgeführt. Dafür wurde den Sachverständigen aber hier - im Gegensatz zu den amerikanischen Kommissionen - Stimmrecht zugestanden. Die britischen Kommissionen griffen zwar auch auf wissenschaftliche Kenntnisse zurück, beschäftigten aber keine wissenschaftlichen Berater und ließen auch keine eigenen Untersuchungen durchführen.

In den Kommissionen haben sich also die gesellschaftlich verantwortlichen Gruppen beraten und sich dabei wissenschaftlichen Sachverstandes versichert. Die Auswahl der Kommissionsmitglieder entspricht den unterschiedlichen Positionen und Interessengruppen des politischen 'Estabishments'. Radikale Positionen und auch die Protestgruppen selbst fanden in den Kommissionen zwar Gehör, hatten aber keinen Anteil an den Entscheidungen.

3. Die Arbeitsweise der Kommissionen

Parallelen zeigen sich auch in der Arbeitsweise. So legten alle Kommissionen ihrer Arbeit eine umfassende Analyse der Ursachen der Proteste zugrunde. Im Zuge der Kommissionsarbeit wurden jeweils Anhörungen, Befragungen und Gespräche vor Ort durchgeführt. Darüberhinaus wurden schriftliche Stellungnahmen ausgewertet. In den Berichten wurden jeweils Empfehlungen zu Verbesserungen in verschiedenen Politikbereichen ausgesprochen. Hierbei handelte es sich durchweg um konkrete, pragmatische Handlungsvorschläge, die für unterschiedliche Adressaten definiert wurden.

3.1 Kompromißorientierung als handlungsleitendes Prinzip

Die Handlungsorientierungen (Frage 4) in den Kommissionen haben wir daraufhin untersucht, ob trotz der Zugehörigkeit der einzelnen Kommissionsmitglieder zu unterschiedlichen, miteinander konkurrierenden Berufs- oder Interessengruppen eine Kompromißorientierung festzustellen war und welche Ziele damit verfolgt wurden. Dabei sind wir von der Annahme ausgegangen, daß diese Kompromißorientierung eine von allen gemeinsam getragene Darstellung der zentralen Probleme nach außen hin ermöglichen sollte.

In den drei Presidential-Commissions hat es nach unseren Interviewaussagen eine starke Kompromißorientierung gegeben, die aber je nach dem politischen Standpunkt der Interviewten unterschiedlich bewertet wird. Als dominierend hat sich jedoch die Position herauskristallisiert, daß die in den Kommissionen vertretenen Parteien und Interessengruppen bei aller Unterschiedlichkeit ein gemeinsames reform-liberales Grundverständnis hatten. Dies schließt auch eine gemeinsame Sichtweise möglicher Ursachen der Proteste und möglicher Strategien in der Auseinandersetzung mit Protestphänomenen ein. Im Rahmen dieses Grundverständnisses ist es zwar zu vielfältigen Konflikten zwischen Vertretern von Parteien, Interessengruppen und anderen Institutionen gekommen. Doch insgesamt ist die Kompromißorientierung so stark ausgeprägt gewesen, daß sogar Minderheitenpositionen durchgesetzt werden konnten. So ist im Bericht der Kerner-Kommission gegen die Mehrheitsmeinung sogar der Rassismus der 'Weißen' als Ursache der Proteste genannt worden, um ein Auseinanderfallen der Kommission zu verhindern.

Auch für die Jugendprotest-Enquete wurde uns eine Kompromiß-, teilweise sogar Konsensorientierung in den 'zentralen Fragen' bestätigt. Als 'zentrale Fragen' sind, laut Interviewaussagen, die Analyse der Protestursachen und ihre Darstellung in der Öffentlichkeit angesehen worden. Übereingekommen sei man darin, die Proteste nicht in erster Linie als Jugendproblem oder als Schwierigkeiten bestimmter 'Randgruppen', sich in der Gesellschaft zurechtzufinden, anzusehen. Vielmehr habe sich letztlich die Ansicht durchgesetzt, in den Protesten würden sich allgemeine gesellschaftliche Probleme wie etwa Wohnungsmangel oder die zunehmende ökologische und militärische Bedrohung artikulieren. Konflikte habe es eher beim Aushandeln der Vorschläge zu politischen Maßnahmen gegeben, doch verdeutliche auch hier die insgesamt sehr geringe Anzahl an Minderheitenvoten die vorherrschende Kompromißorientierung in der Kommission.

Für die britischen Untersuchungskommissionen ist die Frage der Kompromißorientierung der Kommissionsmitglieder nicht zu beantworten, da in der Regel (bis auf das Review-Panel) der Vorsitzende einer

'Inquiry' alleine für die Untersuchung verantwortlich ist und lediglich einige ihm unterstellte Mitarbeiter hat, die jedoch nicht gleichberechtigt in den Abstimmungen sind. Gerade dies kann - wie sich in der Silverman-Kommission zeigte - dazu führen, daß inhalticher Dissens nicht verarbeitet werden kann und entweder unterdrückt wird, oder sich als abweichende Stellungnahme darzustellen versucht.

Strategien und Ziele, die von den Kommissionsmitgliedern mit einer Kompromißorientierung verfolgt worden seien, werden für die Presidential-Commissions und die Enquete-Kommission Jugendprotest ähnlich beschrieben. Wichtiges Ziel scheint es hier gewesen zu sein, der Öffentlichkeit durch einen gemeinsamen Kommissionsstandpunkt die Betroffenheit in den politischen Institutionen, das Bemühen um eine Auseinandersetzung mit den Problemen und eine diesbezügliche Handlungskompetenz und Handlungsbereitschaft zu demonstrieren. Dieses Ziel sei am ehesten durch eine gemeinsam vertretene Position der Mitglieder zu erreichen. Aus diesen Gründen seien in den Kommissionen Strategien zur Vermeidung von Minderheitsvoten, Austritten und Ausschlüssen entwickelt worden. In den amerikanischen Kommissionen seien diese Strategien jedoch oftmals durchkreuzt worden. Bei der Eisenhower- und der Kerner-Kommission seien von einzelnen Abteilungen Berichte vorgelegt worden, die der Position der Kommission insgesamt nicht entsprochen hätten. Zur Korrektur dieser Abweichungen sei von der Kommission interveniert worden. Im Fall der Kerner-Kommission seien die mißliebigen Mitarbeiter entlassen worden. Im Fall der Eisenhower-Kommission seien die unerwünschten Berichte nicht als Berichte der Kommission selbst veröffentlicht, sondern als Berichte **an** die Kommission deklariert worden. In der Jugendprotest-Enquete hat es solche nachträglichen Ausgrenzungen nicht gegeben.

3.2 Zusammenarbeit zwischen Politikern und Wissenschaftlern

In einer weiteren Interviewfrage wurde nach der Zusammenarbeit von Politikern und wissenschaftlichen Sachverständigen in den Kommissionen gefragt (Frage 5). Dabei sind wir von der Annahme ausgegangen, daß es aufgrund der unterschiedliche Berufsrollen von Politikern und Wissenschaftlern zu typischen Verständigungsschwierigkeiten und Konflikten kommt.

Hinsichtlich dieser Frage ist der Vergleich zwischen den drei Ländern eingeschränkt, da die britischen 'Inquiries' weder Sozialwissenschaftler als Kommissionsmitglieder beschäftigten, noch über eigene wissenschaftliche Berater verfügten oder eigene wissenschaftliche Untersuchungen durchführen ließen. Ihre wissenschaftliche Beratung bestand lediglich in der Aufbereitung bereits publizierter wissenschaftlicher Abhandlungen zum Thema der Rassenkonflikte.

Im Vergleich der wissenschaftlichen Beratung der amerikanischen Presidential-Commission mit der Enquete-Kommission 'Jugendprotest' zeigt sich ein wesentlicher Unterschied hinsichtlich der Position der Sachverständigen in den Kommissionen. Während in den amerikanischen Kommissionen üblicherweise keine Wissenschaftler zu den stimmberechtigten Mitgliedern gehörten, nahmen in der Enquete-Kommission wissenschaftliche Experten den Status von stimmberechtigten Sachverständigen ein. Während sich in der Enquete-Kommission die Politiker also direkt mit den Sachverständigen auseinanderzusetzen hatten, war den Wissenschaftlern in den Presidential-Commissions eine indirekte, nur vermittelte Einflußnahme möglich. Die untersuchten Presidential-Commissions und die Enquete-Kommission 'Jugendprotest' unterscheiden sich auch erheblich im Ausmaß ihrer wissenschaftlichen Beratung. Zwar hat die Enquete-Kommission mit der Prognos-Studie auch eine eigene Untersuchung durchführen lassen. Neben den umfassenden und vielfältigen wissenschaftlichen Untersuchungen der Presidential-Commissions nimmt sich dies aber eher bescheiden aus.

Ähnlich sind sich die Enquete-Kommission und die Presidential-Commissions darin, daß es in ihnen insgesamt zu wenig Konflikten gekommen zu sein scheint. Der Enquete-Kommission wird in den Interviews durchweg eine 'partnerschaftliche Zusammenarbeit' zugeschrieben. In den Presidential-Commissions haben sich gemäß unserer Interviewaussagen die Sozialwissenschaftler den politischen Bedingungen der Kommissionsarbeit angepaßt. Nur dadurch hätten sie ihre Einflußchancen wahren können. Durch den Zwang Kompromisse aushandeln zu müssen, seien zwar Abstriche an wissenschaftliche Ansprüche der Wahrheitsfindung gemacht worden, diese seien jedoch bewußt in Kauf genommen worden. Konflikte zwischen Politikern und Wissenschaftlern hätten sich in den untersuchten Kommissionen aus den USA und der Bundesrepublik primär auf die mögliche Vorgehensweise der Kommission bezogen. Während die Politiker mehr an öffentlichkeitswirksamen

Veranstaltungen wie Hearings, Befragungen oder Diskussionen vor Ort interessiert gewesen seien, hätten die Wissenschaftler vorwiegend die gründliche Analyse der zu untersuchenden Phänomene verfolgen wollen und daher möglichst große Mittel für wissenschaftliche Untersuchungen gefordert.

3.3 Einflußchancen der Wissenschaftler in den Kommissionen

Die Vermutung, daß der Einfluß der Wissenschaftler auf Meinungsbildungs- und Entscheidungsprozesse in den Untersuchungskommissionen aufgrund ihrer Zurechenbarkeit zu politischen Positionen vorhersehbar sei, wird durch unsere Untersuchung nicht bestätigt (Frage 6). Nicht die Zurechenbarkeit zu politischen Positionen, sondern die fachliche Kompetenz ist im allgemeinen entscheidend für den Einfluß der wissenschaftlichen Sachverständigen gewesen. In den amerikanischen Interviews wird aber auch auf Ausnahmen von dieser Regel verwiesen. So sei es bei der Kerner- und der Eisenhower-Kommission zu Konflikten gekommen, weil den Kommissionen einzelne wissenschaftliche Analysen nicht in ihr politischen Konzept gepaßt haben.

Der wesentliche Einfluß wissenschaftlicher Beratung für die drei Presidential-Commissions wird in der Interpretation der Ursachen von Protesten und Rassenkonflikten gesehen. Die Politiker in den Kommissionen seien vor allem in dieser Hinsicht offen für Erklärungen gewesen. Es sei den Wissenschaftlern gelungen, die Aufmerksamkeit auf die Diskriminierung ethnischer Minderheiten in der amerikanischen Gesellschaft zu lenken und jene Deutungen größtenteils zu widerlegen, die auf der Annahme von Verschwörungen und organisierter Kriminalität aufbauten. Den zahlreichen Untersuchungen der Kommission sei es gelungen, die Diskriminierungsthese wissenschaftlich zu untermauern und dadurch größere Akzeptanz für diese Sichtweise der Protestursachen zu schaffen. Auch für die Enquete-Kommission 'Jugendprotest' wird der größte Einfluß der Wissenschaftler im Bereich der Wahrnehmung und Interpretation der Proteste gesehen. Als Ursachen der Proteste werden gesamtgesellschaftliche Probleme und Zukunftsfragen in den Vordergrund gerückt. Außerdem sei der Einfluß der Wissenschaftler dort am größten gewesen, wo parteipolitische Positionen noch nicht definiert gewesen seien und bei Vorschlägen, die sich zu den Interessen einflußreicher Gruppen relativ neutral verhalten hätten.

4. Gesellschaftliche und politische Rahmenbedingungen für die Einflußchancen von Kommissionen

Ausgangspunkt zur Untersuchung der politischen und gesellschaftlichen Rahmenbedingungen der Kommissionsarbeit war die Annahme, daß sowohl die Einflußchancen von Kommissionen als auch ihre tatsächlichen Auswirkungen nur zum Teil auf die Arbeit der Kommissionen selbst zurückgeführt werden können. Entscheidend für den Einfluß von Kommissionen schienen uns Veränderungen im weitergefaßten gesellschaftlichen und politischen Kontext der Kommissionsarbeit zu sein, also die Veränderung von Bedingungen, die über die direkte Zusammenarbeit von Kommissionen und politischen Institutionen hinausgehen. Gedacht werden kann in diesem Zusammenhang an ein Anhalten oder Nachlassen des Problemdruckes auf die politischen Institutionen, Veränderungen der öffentlichen Aufmerksamkeit gegenüber den Problemen oder Prioritätenverschiebungen auf der politischen Tagesordnung (Frage 7).

Unser Ziel war es nun herauszufinden, inwieweit die tatsächlich von Kommissionen ausgehenden Impulse und Einflüsse von den oben genannten gesellschaftlichen und politischen Bedingungen bestimmt wurden. Dies haben wir für zwei Bereiche untersucht. Zum einen geht es um die Einflüsse der Kommissionen auf Meinungsbildungsprozesse in den politischen Institutionen und in der Öffentlichkeit. Zweitens hat uns besonders interessiert, welche Auswirkungen die genannten Rahmenbedingungen darauf haben, ob Kommissionsvorschläge tatsächlich umgesetzt werden oder doch in den politischen Entscheidungsprozeß eindringen können.

Die Handlungsempfehlungen aller untersuchten Kommissionen wurden in den Interviews dahingehend charakterisiert, daß sie bis auf sehr wenige Ausnahmen konkret und auf die politisch-pragmatischen Bedingungen hin orientiert gewesen seien. Die in der Literatur oft geäußerte Vermutung, die mangelnde Implementierung von Kommissionsempfehlungen liege an ihrer politischen Unbrauchbarkeit, kann demnach nicht bestätigt werden (Frage 8). Trotzdem werden die Auswirkungen von Kommissionsempfehlungen auf die Initiierung und Implementierung politischer Maßnahmen für alle auf bundestaatlicher Ebene angesiedelten Kommissionen als unbedeutend eingeschätzt.[7] Hierfür wird als Grund angeführt, Kommissionen seien zeitlich begrenzte Projekte zur Beratung der verfaßten politischen Institutionen, die über keinerlei Macht zur Realisierung ihrer Handlungsempfehlungen verfügten. Kommissionen hätten demnach keinen nennenswerten Einfluß darauf, wie die jeweiligen politischen Institutionen mit ihren Arbeitsergebnissen umgehen. Die Verwirklichung von Kommissionsempfehlungen hängt somit nach Aussage der interviewten Experten primär davon ab, ob die jeweilige Regierung daran interessiert ist und ob sie über die notwendige Macht zu deren Umsetzung verfügt.[8] Generell sei der Einfluß von Kommissionsempfehlungen auf die Einleitung und Implementierung von politischen Maßnahmen dann noch am größten gewesen, wenn von den Kommissionen die 'politische Großwetterlage' - Machtverhältnisse, politische Prioritäten, öffentliche Meinung etc. - richtig eingeschätzt und entsprechende Vorschläge gemacht worden seien.

Relevante Einflüsse auf die öffentliche Meinungsbildung seien von Kommissionen immer dann ausgegangen, wenn den in den Kommissionen thematisierten Problemen während der Kommissionsarbeit ein hohes Maß an öffentlicher Aufmerksamkeit zuteil geworden sei. Durch die massenhafte Verbreitung von Kommissionspositionen in den Medien würden große Teile der Öffentlichkeit erreicht, wodurch Impulse auf deren Meinungsbildungsprozesse ausgingen. Eine solche Wirkung wird vor allem der amerikanischen Kerner-Kommission, der britischen Scarman-Kommission und der Enquete-Kommission 'Jugendprotest' zuge-

---

7) Lediglich für die auf kommunaler Ebene angesiedelten britischen Kommissionen werden umfassendere Auswirkungen der Kommissionen auf politische Maßnahmen vermutet.

8) Weiterhin waren sich alle Interviewten darüber einig, daß die Entwicklung von politischen Handlungsempfehlungen zwar gemäß des offiziellen Arbeitsauftrages an die Kommissionen als wesentlich erscheine, aber weder für die Handlungsorientierungen der in Kommissionen Tätigen noch für die tatsächlichen Auswirkungen der Kommissionen große Relevanz habe.

schrieben. Für letztere gelte dies allerdings nur bis zur Vorlage ihres Zwischenberichtes, danach sei durch das Abflauen der Proteste sowohl das Medieninteresse als auch das Engagement der Kommissionsmitglieder zurückgegangen. Der Regierungswechsel des Jahres 1982 hingegen habe keinen nennenswerten Einfluß auf die Auswirkungen der Enquete-Kommission gehabt.

Im Gegensatz zu den bereits erwähnten Kommissionen sei von der amerikanischen Scranton-Kommission ein außerordentlich geringer Einfluß auf die öffentliche Diskussion ausgegangen. Hierfür werden von den Interviewten zwei Gründe angeführt. Erstens habe zur Zeit der Scranton-Kommission die öffentliche Aufmerksamkeit gegenüber innenpolitischen Vorgängen aufgrund einer neuen Phase im Vietnam-Krieg (Kambodscha-Invasion) nachgelassen. Zweitens habe die Kommission aufgrund der ablehnenden Reaktion der Nixon Regierung auf ihren Bericht kaum öffentliche Aufmerksamkeit erlangen können.

Neben den bereits erwähnten gesellschaftlichen und politischen Rahmenbedingungen haben wir auch danach gefragt, inwieweit Rahmenbedingungen im engeren Sinne die Kommissionsarbeit beeinflussen. Hierzu zählen etwa die Ausstattung einer Kommission mit Personal und Ressourcen, der Zeitdruck, unter dem Kommissionen arbeiten, und die Handlungsorientierungen der Kommissionsmitglieder. Nach den Aussagen der Interviewten müßten diese hinreichend sein, damit Kommissionen überhaupt Einflußchancen zukommen. Ob aber von Kommissionen wirklich Impulse für Meinungsbildungsprozesse oder politische Maßnahmen ausgingen, hinge in erster Linie von den zuvor genannten gesellschaftlichen und politischen Rahmenbedingungen ab.

Hinsichtlich der Ausstattung mit Personal und Ressourcen sind die britischen Kommissionen nicht mit den amerikanischen Kommissionen oder der 'Jugendprotest' Enquete-Kommission zu vergleichen. Die amerikanischen Kommissionen verfügten über eine große Zahl hauptamtlicher wissenschaftlicher und Verwaltungs-Mitarbeiter und ausreichende Ressourcen, um eigene Untersuchungen durchführen zu können. Die 'Jugendprotest'-Enquete beschäftigte fünf Sachverständige und gab darüberhinaus eine Studie in Auftrag. Die britischen Kommissionen hingegen verfügten weder über wissenschaftliche Mitarbeiter noch ließen sie wissenschaftliche Studien durchführen. Ihnen standen insgesamt weitaus weniger Ressourcen zur Verfügung als der deutschen und den amerikanischen Kommissionen. Letztere waren laut der Aussagen der Interviewten hinreichend mit Personal und Ressourcen ausgestattet. Der auf allen Kommissionen lastende Zeitdruck wird von den Interviewten als Problem für eine gründliche Analyse der zu untersuchenden Phänomene eingeschätzt. Andererseits habe er sich auf die notwendige schnelle Entscheidungsfindung in der Kommissionsarbeit jedoch durchaus positiv ausgewirkt.

5. Die Wahrnehmung der Proteste

In welcher Weise wurden nun die Proteste und die darin sich artikulierenden Probleme in den Kommissionen wahrgenommen und welche Auswirkungen hatte die wissenschaftliche Beratung der Kommissionen auf die Wahrnehmung und Interpretation der Proteste?

5.1 Die Sichtweise in den USA

Die drei hier untersuchten **amerikanischen Presidential-Commissions** hatten sich mit den Protesten ethnischer Minderheiten (das waren vor allem Proteste der 'Schwarzen') und den Studentenunruhen auseinanderzusetzen, die sich in der zweiten Hälfte der 60er Jahre in großer Zahl ereigneten[9]. Thematisiert wurden die in fast allen größeren Städten auftretenden, gewalttätig verlaufenden Ghettounruhen, die gewaltfreien Aktionen der Bürgerrechtsbewegung und die Konflikte an den Universitäten. Die **Ursachen** der Proteste **ethnischer Minderheiten**

---

9) Dabei beschäftigte sich aber nicht jede einzelne Kommission mit der Gesamtheit der Protestformen. So wurde in der Kerner-Commission ausschließlich die gewalttätigen Rassenkonflikte in den Ghettos der amerikanischen Städte diskutiert. Die Eisenhower-Commission hingegen setzte sich mit allen Erscheinungsformen von Gewalt auseinander; Ghetto-riots, Aktionen des zivilen Ungehorsams der Bürgerrechtsbewegung und die Studentenunruhen waren dabei die uns interessierenden Themen. Die Scranton-Commission untersuchte ausschließlich die gegen Ende der 60er Jahre an den Universitäten auftretenden Konflikte. Eine ausführliche Darstellung der einzelnen Kommissionen findet sich in Kap. IV.2-2.7.

wurden von den drei Kommissionen in der seit langem wirkenden Diskriminierung und Segregation der 'schwarzen' Bevölkerung gesehen. Trotz der vorangegangenen Erfolge in der rechtlichen Gleichstellung sei die schwarze Bevölkerung von den Problemen der Arbeitslosigkeit, der Wohnungsnot, der unzureichenden Ausbildungsmöglichkeiten und der schlechten Sozialleistungen besonders hart betroffen. Diese Lage führte bei ihr zu Ohnmachtsgefühlen und Frustrationen. Die ständigen Konflikte zwischen Ghetto-Bewohnern und der Polizei lösten in dieser Situation die gewalttätig verlaufenden Unruhen aus.

Die **Ursachen für das Protestverhalten der Studenten** wurden von den Kommissionen im gesellschaftlichen Wertewandel gesehen, der sich parallel zum Eintritt der amerikanischen Gesellschaft in das postindustrielle Zeitalter vollzogen habe. Vor allem bei der jüngeren Generation seien im Zuge dieses Wandels Werte wie Gleichheit, Gerechtigkeit und Humanität wichtiger geworden. Dies habe zu einer größeren Sensibilität für soziale Probleme und zu einer größeren Protestbereitschaft geführt. Daher seien in den Studentenprotesten Probleme wie der Vietnam-Krieg, die Rassendiskriminierung, die mangelnden politischen Partizipationsmöglichkeiten und Mißstände an den Universitäten thematisiert worden.

Welchen Einfluß hatte die wissenschaftliche Beratung auf die Definition der Protestursachen in den amerikanischen Kommissionen? Nach den Aussagen der interviewten wissenschaftlichen Experten wurden durch die Tätigkeit der Kommissionen nur z.T. neue wissenschaftliche Erklärungen hervorgebracht (Ausnahme: GURR 1970, SKOLNICK 1969). Allerdings gelang es den Wissenschaftlern mit Hilfe ihrer Untersuchungen und Analysen, die vielfältigen Diskriminierungen ethnischer Minoritäten als Ursache der Proteste und Ghettounruhen auch den anderen Kommissionsmitgliedern und so der amerikanischen Öffentlichkeit nahezubringen. Als Folge davon wurden Deutungen, hier seien Kriminelle oder Verschwörer am Werk, zurückgewiesen. Kritisiert wurden auch zahlreiche Polizeipraktiken, die als auslösende oder eskalationsfördernde Faktoren in den Auseinandersetzungen zwischen Protestgruppen und Staatsorganen gewirkt hatten. Auch in der Rechtsprechung wurden Benachteiligungen nachgewiesen. Dadurch konnte die in der Öffentlichkeit und bei einigen Politikern bestehende einseitige 'law and order'-Mentalität zurückgedrängt werden.

5.2 Die Sichtweise in der Bundesrepublik Deutschland

Von der **Enquete-Kommission "Jugendprotest"** wurden sehr unterschiedliche Phänomene thematisiert. Das Spektrum reicht von Hausbesetzungen, Anti-Atomkraft-Protesten, Aktionen der Ökologie- und Friedensbewegung über die Erprobung von alternativen Lebensstilen in selbstorganisierten Projekten bis zu passiven Protesten in Form der totalen Verweigerungshaltung oder des Drogenmißbrauchs. Die **Ursachen** wurden nicht in jugendspezifischen Bedingungen, sondern in der Kombination von vielfältigen sozialen, ökonomischen, politischen und psychologischen Faktoren gesehen. Zusammen mit einem grundlegenden Wertewandel in der Gesellschaft, der bei den Jugendlichen in besonders hohem Maße zu postmaterialistischen Wertpräferenzen führe, würden diese ungelösten Probleme der Gesellschaft (Jugendarbeitslosigkeit, die sich verschlechternden individuellen Entfaltungsmöglichkeiten, das Wettrüsten, die zunehmende Umweltzerstörung u.a.) Zukunftsängste produzieren.

Der Interpretation der Proteste durch die Wissenschaftler und Sachverständigen in der Kommission war es zu verdanken, daß die Protestursachen nicht auf einen Generationenkonflikt oder auf reine Jugendprobleme reduziert wurden. Der Einfluß der Sachverständigen in der Kommission ist in dieser Hinsicht deshalb besonders groß gewesen, weil in Parteien, Regierung und Parlament zur damaligen Zeit noch keine feste Sichtweise der Jugendproteste bestanden hat und die Politiker daher für neue Erkenntnisse und Informationen offen gewesen sind. Da in der Kommission keine bindenden Entscheidungen über substantielle politische Maßnahmen getroffen werden mußten, ist es zu einem hohem Maß an Verständigungs- und Kompromißbereitschaft auch unter den Politikern unterschiedlicher Parteien gekommen. Von der Enquete-Kommission sind Impulse auch auf die Wahrnehmungs- und Meinungsbildungsprozesse in Fraktionen, Parteien und Behörden sowie der breiten Öffentlichkeit ausgegangen.

5.3 Die Sichtweise in Großbritannien

Thema aller **britischen Kommissionen** waren die seit Beginn der 80er Jahre einsetzenden Rassenkonflikte, die ihre **Ausdrucksformen** in Straßenschlachten zwischen Jugendlichen und Polizei fanden. Die

Erklärung der **Konfliktursachen** wies bei den britischen Kommissionen große Übereinstimmungen mit den amerikanischen Kommissionen auf und waren auch inhaltlich durch sie beeinflußt. In allen drei untersuchten Kommissionen wurde auf die sozio-ökonomischen Lebensbedingungen, die gesellschaftliche Diskriminierung (white racism) und insbesondere auf die schlechten Beziehungen zwischen den ethnischen Minoritäten und der Polizei als den wichtigsten Bedingungsfaktoren hingewiesen. Die Scarman-Commission hatte die soziale Benachteiligung und rassistisch begründete Diskriminierung ethnischer Minderheiten öffentlich herausgestellt und dadurch die Aufmerksamkeit der Politiker auf die den Protesten zugrundeliegenden sozialen Probleme lenken können.

Resümierend kann also festgehalten werden, daß durch die Kommissionen die Fähigkeit der Wahrnehmung und des Verstehens gesellschaftlicher Probleme innerhalb politischer Institutionen durchaus verbessert wurde. Dies ist auch auf die wissenschaftliche Beratung der Kommissionen bzw. die Verarbeitung der entsprechenden Erkenntnisse zurückzuführen.

6. Die politische Bedeutung: Information, Interessenclearing, symbolische Politik und Akzeptanzförderung

In unseren Fragen zu der politischen Bedeutung und spezifischen Leistun Kommissionen wollen wir hier unterschiedliche Aspekte untersuchen.

Informationsleistung

Unserer Frage zur Informationsleistung (Frage 9a) liegt die Annahme zugrunde, daß das Sammeln und Aufbereiten von Wissensbeständen sowie die Beratung von Politikern durch wissenschaftliche Experten wichtige Aufgaben von Kommissionen sind. Diese Arbeit bildet eine Grundlage, auf der die Verständigung innerhalb politischer Institutionen über neuartige Probleme erleichtert wird.

Nach den Aussagen unserer Interviewten trifft dies für die Enquete-Kommission 'Jugendprotest' sowie für die amerikanischen Kommissionen in starkem Maße zu, auf die britischen Kommissionen hingegen nur bedingt, da weder sachverständige Experten von den Kommissionen beschäftigt noch eigene wissenschaftliche Untersuchungen durchgeführt wurden.

In der Enquete-Kommission seien von den Informationen der Wissenschaftler wichtige Impulse auf die Wahrnehmung und Interpretation der Proteste bei den Politikern ausgegangen. Dies gelte im besonderen Maße für die Diskussion der Protestursachen. Durch die vielfältigen neuen Informationen und Anregungen der Wissenschaftler seien den Politikern neue Perspektiven nahegebracht worden. Infolgedessen faßte die Kommission in ihrem Bericht den Jugendprotest auch nicht als bloßen Generationenkonflikt oder als reines Jugendproblem, was zu Anfang der Kommissionsarbeit eine häufig vertretene Ansicht gewesen sei. Vielmehr wurden die Proteste als Ausdruck neuer gesellschaftlicher Entwicklungen und Problemlagen verstanden. Über die erfolgreiche Beratung durch die Sachverständigen hinaus hätten weitere Faktoren diese Meinungsbildungsprozesse in der Kommission begünstigt. Zur Zeit der Kommissionsarbeit hätte man in den politischen Institutionen gerade erst die Diskussion über die Protestphänomene aufgenommen. In dieser Diskussionsphase seien Offenheit und Verständigungsbereitschaft der Politiker im allgemeinen größer als dann, wenn sich bereits parteipolitische Positionen herausgebildet hätten. Weiterhin sei der besondere Charakter der Kommissionsarbeit den geschilderten Meinungsbildungsprozessen förderlich gewesen. Da in der Enquete-Kommission keine Entscheidungen mit unmittelbaren Konsequenzen für politische Maßnahmen zu treffen waren, hätten Selbstdarstellungs- und Profilierungstendenzen bei den Politikern im Vergleich zu sonstigen politischen Auseinandersetzungen nur eine geringe Rolle gespielt. Allenfalls die Position der Vorsitzenden eigne sich zur persönlichen Profilierung und als mögliches 'Karriere-Sprungbrett'. Im Gegensatz zum sonstigen politischen Geschäft, wo Profilierung meistens durch die scharfe Abgrenzung der eigenen von anderen Positionen erreicht wird, scheint in der Kommissionsarbeit ein besonders hohes Maß an Integrations- und Kompromißfähigkeit für die Profilierung besonders förderlich gewesen zu sein.

Sind von der Enquete-Kommission nach Ansicht der Interviewten wichtige Impulse auf die politische Wahrnehmung und Interpretation der Proteste ausgegangen, so wird ihre Bedeutung für die Vorbereitung von substantiellen politischen Maßnahmen eher als gering eingeschätzt.

Zwar seien in Einzelfällen für die Initiierung politischer Maßnahmen (wie z.B. der Novellierung des KdV-Gesetzes) wichtige Impulse von der Enquete-Kommission ausgegangen. Im Ganzen gesehen würden die Handlungsempfehlungen aber eher als Optionen angesehen, die der Diskussion in den politischen Institutionen eine Grundlage boten.

Die Informationsleistung der Presidential-Commissions wird von den Interviewten ähnlich wie die der Enquete-Kommission beurteilt. Die entscheidenden Impulse werden auch hier im Bereich der Wahrnehmung und Erklärung der Proteste gesehen. Die Kerner- und die Eisenhower-Kommission hätten durch ihre Untersuchungen Armut, relative Deprivation und Rassendiskriminierung als Protestursachen benannt. Damit hätten sie dieses Verständnis der Protestursachen legitimiert und anderen Erklärungen wie Kriminialitäts- oder Verschwörungstheorien die Grundlage entzogen. Unmittelbare Einflüsse auf politische Maßnahmen seien von den Presidential-Commissions aber nur in geringem Maße ausgegangen.

Resümierend kann festgehalten werden, daß sich die Informationsleistung von Kommissionen primär auf die Wahrnehmung und Erklärung der Proteste bezog. So wurden Meinungsbildungs- und Entscheidungsprozesse bei Problemen, die sich erst im Anfangsstadium der Diskussion befanden, ein Stück vorangetrieben (9a).

Interessenclearing

Als eine spezifische Leistung von Kommissionen wird oft das Interessenclearing genannt (9b). Dem liegt die Annahme zugrunde, daß Kommissionen korporatistisch besetzt seien und der Aushandlung von Kompromissen zwischen den beteiligten politischen Akteuren dienten. Die Ergebnisse dieser Verhandlungen bildeten dann eine Grundlage zur Entwicklung politischer Maßnahmen.

Für die Enquete-Kommission wird in einzelnen Interviewaussagen zwar bestätigt, daß das Ausloten von Kompromißmöglichkeiten und die modellhafte Entwicklung einzelner Handlungsmöglichkeiten eine Leistung der Kommission gewesen sei. Generell wird die Jugendprotest-Enquete aber nicht als korporatistisches Gremium verstanden. Ihre Besetzung mit Vertretern aller im Bundestag vertretenen Parteien einerseits und die Nichtbeteiligung von starken gesellschaftlichen Interessengruppen andererseits stünden einer solchen Folgerung entgegen. Auch für die Vorbereitung politischer Maßnahmen hätten die in der Kommission ausgehandelten Kompromisse - von wenigen Ausnahmen abgesehen - nur sehr geringe Bedeutung gehabt. In dieser Hinsicht sind laut Interviewaussagen auch die untersuchten Presidential-Commissions recht wirkungslos gewesen.

In einem anderen Sinne wird die These des Interessenclearings für die Presidential-Commissions aber bestätigt. In den Interviews wird geäußert, die Kommissionen repräsentierten aufgrund ihrer typischen Zusammensetzung nur die besonders einflußreichen Interessengruppen der amerikanischen Gesellschaft. Diesen hätte die Kommissionsarbeit als Möglichkeit zur Verständigung über ihre gemeinsamen Interessen gedient, auch wenn in den Kommissionen nicht über die einzelnen Maßnahme entschieden worden sei.[10]

Die symbolische Wirkung von Kommissionen

In den Interviewaussagen in allen drei Ländern wird den Kommissionen eine wichtige symbolische Wirkung zugeschrieben (Frage 9c). Die symbolische Wirkung sei als Strategie von den politischen Akteuren innerhalb und außerhalb der Kommissionen und auch von den Wissenschaftlern verfolgt worden. Soweit besteht Konsens zwischen den Interviewten. Zu sehr unterschiedlichen Auffassungen kommen die Interviewten jedoch, wenn nach den politischen Absichten und Zielen hinter diesen symbolischen Handlungen gefragt wird. Entsprechend den vermuteten Zielen der politischen Institutionen wird symbolische Politik dann einerseits als Ersatz für fehlende politische Maßnahmen bzw. als Täuschung über Handlungsbereitschaften interpretiert, andererseits jedoch als legitimes Mittel der politischen Kommunikation, mit der unmittelbar auf Erwartungen reagiert werden könne und Zeit zur Vorbereitung substantieller Maßnahmen gewonnen werden könne. Welche symbolische Wirkung mit der Kommissionsarbeit erzielt werden konnte, ist daher von der Bewertung dieser Absichten abhängig.

Betrachten wir zuerst, wie die symbolische Wirkung der Kommissio-

---

10) Da in britischen Kommissionen keine Interessengruppen vertreten waren, konnte bei ihnen von einem Interessenclearing auch nicht die Rede sein.

nen zustande kam. Hierüber besteht weitgehend Konsens bei den dazu befragten Experten.

Kommissionen werden als Instrument zur symbolischen Politik dann eingesetzt, wenn in politischen Institutionen und in der Öffentlichkeit Unsicherheit darüber besteht, wie mit neuartigen oder unerwartet auftretenden Problemen umgegangen werden soll. Eine solche Unsicherheit habe sowohl in den USA als auch in Großbritannien in der Auseinandersetzung mit den Rassenkonflikten bestanden. Auch für den Umgang mit den unter dem Schlagwort 'Jugendprotest' gefaßten Protestphänomenen in der Bundesrepublik treffe diese Einschätzung zu. In solchen Situationen der Unsicherheit könne es den politischen Institutionen durch das Verfolgen einer Strategie der symbolischen Politik gelingen, unterschiedlichen Anforderungen gleichzeitig gerecht zu werden. Mit der Einsetzung einer Kommission werde zuerst einmal dem öffentlichen Druck auf die politischen Institutionen begegnet, auf die in den Protesten artikulierten Probleme reagieren zu müssen. Eine Kommission fungiere quasi als Ventil für diesen Druck, indem sie die Handlungsbereitschaft politischer Institutionen signalisiere, ohne diese damit aber zur sofortigen Einleitung substantieller politischer Maßnahmen zu zwingen. Hinsichtlich der Entwicklung politischer Maßnahmen verschaffe die Einsetzung einer Kommission den politischen Institutionen also einen Zeitgewinn, der angesichts der unterschiedlichen, mitunter gegensätzlichen an die politischen Institutionen herangetragenen Forderungen sehr hoch bewertet wird. Gegensätzliche Forderungen hätten z.B. hinsichtlich der möglichen Reaktionen auf Ghetto-Unruhen und Rassenkonflikte bestanden. So seien einerseits ein hartes polizeiliches Vorgehen zur Unterbindung der Proteste, andererseits gesetzgeberische und sozialpolitische Maßnahmen zur Bekämpfung der Rassendiskriminierung gefordert worden.

Kommissionen können die für die symbolische Wirkung notwendige öffentliche Aufmerksamkeit jedoch nur dann erzielen, wenn ihre Arbeit in den Massenmedien eine spürbare Resonanz erzeugt und dadurch die Ansichten der Kommission zu einem relevanten Faktor in der öffentlichen Diskussion werden. Damit dies gelingen kann müssen jedoch eine Reihe von Bedingungen erfüllt sein. In den politischen Institutionen und in den Kommissionen selbst wird durch verschiedene Verfahren und Strategien versucht, diesen Bedingungen gerecht zu werden. Das fängt an bei der Auswahl der Kommissionsmitglieder. Ein möglichst hoher

Grad an Bekanntheit und öffentlichem Ansehen der Kommissionsmitglieder wird dabei als Voraussetzung zum Erzielen der Medienaufmerksamkeit angesehen. Weiterhin soll eine die üblichen Konfliktlinien und Parteigrenzen überwindende Zusammensetzung einer Kommission für eine glaubwürdige und wirkungsvolle Demonstration der Handlungsbereitschaft politischer Institutionen insgesamt sorgen. Je größer die Anzahl der in einer Kommission vertretenen Parteien und Interessengruppen sei, desto besser könne die Bereitschaft innerhalb des politischen Systems ausgedrückt werden, sich mit den artikulierten Problemen auseinandersetzen zu wollen. Allerdings kann dies nur gelingen, wenn eine Kommission in zentralen Fragen ihrer Arbeit auch zu gemeinsamen Aussagen kommt. Austritte einzelner Mitglieder oder zahlreiche Minderheiten- oder Sondervoten müssen daher möglichst vermieden werden. In den Handlungsorientierungen der Kommissionsmitglieder spiegelt sich ein solches Bemühen zur Entwicklung einer gemeinsamen Außendarstellung wider (vgl. hierzu Kap. V.5). Schließlich können Kommissionen durch eine geschickte medienwirksame Inszenierung ihrer Tätigkeit (z.B. mittels Pressekonferenzen, öffentliche Hearings, Publikationen) versuchen, größtmögliche öffentliche Aufmerksamkeit für ihre Anliegen zu erzielen.

Alle genannten Strategien und Verfahren bleiben jedoch recht wirkungslos, wenn sich die öffentliche Aufmerksamkeit plötzlich anderen Themen zuwendet. Das kann z.B. an einem Nachlassen von spektakulären Protestaktionen liegen, ohne daß sich an den zugrundeliegenden Problemen etwas geändert haben muß. Es können aber auch andere Themen (bei unveränderter Problemlage) ins Zentrum der öffentlichen Aufmerksamkeit rücken. Hierfür ist das geringe öffentliche Interesse an den britischen Rassenkonflikten Mitte der 80er Jahre aufgrund des für die Medien viel spektakuläreren Falkland-Krieges ein Beispiel.

Obwohl es unter den interviewten Experten also Konsens über die symbolische Wirkung von Kommissionen gibt, gehen die Auffassungen über die mit symbolischer Politik verfolgten Strategien weit auseinander. Dies gilt sowohl im Vergleich der Interviewaussagen zwischen verschiedenen Ländern als auch innerhalb einzelner Länder. Von einigen unserer amerikanischen Interviewten wird die Ansicht vertreten, mit den Kommissionen würden ausschließlich symbolische Strategien zur Herrschaftssicherung verfolgt. Eine ernsthafte Bereitschaft der herrschenden gesellschaftlichen Gruppen zur Lösung der den Protesten zugrundeliegenden Probleme bestehe aber nicht. Im Grunde sei es nur um die Entwicklung von Strategien bestimmter Interessengruppen zur Aufrechterhaltung ihrer Privilegien gegangen. Darauf weise bereits die Zusammensetzung der Kommissionen hin. Einerseits seien Vertreter der protestierenden Gruppen überhaupt nicht, andererseits aber Vertreter einflußreicher gesellschaftlicher Gruppen wie z.B. der Wirtschaftsverbände, der Kirchen, der Justiz oder der Medien stets berücksichtigt worden. Eine demokratische Begründung für diese Verzerrung gäbe es nicht, da keine der genannten Gruppen und Institutionen durch Wahlen legitimiert sei. Vor allem die in der Folge der Proteste ausbleibenden politischen Maßnahmen zur Lösung der zugrundeliegenden Probleme werden als Bestätigung dafür gewertet, daß solche Maßnahmen auch gar nicht beabsichtigt gewesen seien und die in den Kommissionen entwickelten politischen Handlungsvorschläge daher bedeutungslos gewesen seien.

Dieses Verständnis des Kommissionseinsatzes als ausschließlich symbolisches Handeln stellt aber nur *eine* Interpretation von symbolischer Politik dar. In einer anderen Sichtweise werden zwar auch die nur geringen Auswirkungen der Kommissionsempfehlungen auf politische Maßnahmen konstatiert. Dadurch sei aber noch lange nicht widerlegt, daß mit den Kommissionen auch ernsthaft an Ideen zur Problemlösung gearbeitet werden sollte. Eine gradlinige Umsetzung der Handlungsempfehlungen von Kommissionen zu erwarten, sei jedoch naiv. Die von den Kommissionen entwickelten Vorschläge stellten lediglich eine Informationsbasis für die Diskussion innerhalb von Regierung, Parlament und Parteien dar. Die eigentliche Bedeutung von Kommissionen läge nicht im Bereich der Vorbereitung politischer Maßnahmen. Vielmehr würden Kommissionen für die politischen Institutionen eine Möglichkeit bieten, sich angesichts neuer und umfassender Probleme auf eine von möglichst vielen gesellschaftlichen Gruppen getragene gemeinsame Sichtweise zu verständigen. Diese könne dann eine Grundlage für zu entwickelnde politische Maßnahmen sein.

Auch in den deutschen Interviews zeigen sich unterschiedliche Interpretationen der mit der Jugendprotest-Enquete verfolgten symbolischen Politik. So wird einerseits von einer bewußten 'Verschleppungstaktik' ausgegangen, mit deren Hilfe die Entwicklung politischer Maßnahmen zur Lösung der Probleme verzögert bzw. umgangen werden sollte.

Andererseits wird auch hier darauf verwiesen, die Bedeutung der Kommissionsarbeit habe weniger in der Erarbeitung konkreter Vorschläge zu politischen Maßnahmen bestanden als darin, bestehende Probleme zu erkennen und Diskussions- und Entscheidungsprozesse voranzutreiben. Wesentlich sei die Verständigung darüber gewesen, was die Proteste zum Ausdruck brächten und welche Ursachen ihnen zugrundelägen. In dieser Perspektive erscheint es von vorneherein als realitätsfern, Erwartungen an die unmittelbare Implementation von Kommissionsvorschlägen zu haben. Es stellt sich allerdings die Frage, ob nicht die Öffentlichkeit und insbesondere die Protestgruppen solche Erwartungen an die Verwirklichung von Kommissionsvorschlägen hegen. Denn sowohl in Selbstdarstellungen der Kommissionen als auch in der konkreten Kommissionsarbeit spielen die Handlungsempfehlungen eine nicht unwesentliche Rolle. Falls solche Erwartungen einerseits durch die Kommissionstätigkeit geweckt, andererseits aber systematisch enttäuscht würden, könnte dies eine Eskalation in den Auseinandersetzungen zwischen staatlichen Organen und Protestgruppen zur Folge haben und zugleich die politische Entfremdung der Protestgruppen verstärken. Nach Ansicht der interviewten Experten sind von der Enquete-Kommission solche Wirkungen jedoch nicht ausgegangen.

Für die britische Scarman-Commission wird in den Interviews unter dem Aspekt der symbolischen Politik nur eine Interpretation geäußert. Die Regierung habe mit dem Einsetzen der Kommission die in der Öffentlichkeit und von der politischen Opposition vorgebrachten Vorwürfe besänftigen wollen, sie sei untätig und nicht willens gewesen, notwendige Maßnahmen einzuleiten. Die unerwarteten Ergebnisse der Kommissionstätigkeit - Lord Scarman hatte entgegen dem Untersuchungsauftrag nicht nur polizeiliche Aspekte, sondern auch die sozialen Ursachen der Proteste thematisiert - hätten die Regierungserwartungen jedoch durchkreuzt.

Bekräftigungs- und Akzeptanzfunktion

Im Ländervergleich der Interviewaussagen ergeben sich recht unterschiedliche Ergebnisse hinsichtlich der Bekräftigungs- und Akzeptanzfunktion von Untersuchungskommissionen (9d). Die Enquete-Kommission 'Jugendprotest' hatte weder bereits existierende Sichtweisen und Interpretationen der Proteste, noch bereits von Fraktionen und Parteien entwickelte Forderungen zum Umgang mit den Protesten bestärkt. Denn keine der in der Enquete-Kommission vertretenen Parteien hatte zum Zeitpunkt der Einsetzung der Kommission überhaupt über ausgereifte, für die Öffentlichkeit bereits formulierbare Vorstellungen verfügt. Gerade für die Entwicklung solcher Vorstellungen sei die Kommission wichtig gewesen. Die Enquete-Kommission hat mit ihrer eigenen Definition der Jugendproteste und ihren Hinweisen auf die gesamtgesellschaftlichen Ursachen und Probleme, auf die die Proteste verweisen, vielmehr eine Interpretation vorgenommen, die so in der politischen Arena und in der Öfentlichkeit bis dahin kaum vertreten wurde.

Anders die Situation in den USA: Sowohl der Kerner- wie auch der Eisenhower-Kommission wird eine bedeutende Akzeptanzwirkung hinsichtlich der Regierungspolitik zugeschrieben. Mit der Darstellung von Armut, relativer Deprivation und Rassendiskriminierung als Ursachen der Proteste hätten die Kommissionen die gleiche Sichtweise wie die Johnson-Regierung vertreten und diese durch ihre wissenschaftliche Arbeit bekräftigen können. Weiterhin sei von den Kommissionen oftmals auf bereits bestehende sozialpolitische Maßnahmen verwiesen worden. Die Kommissionen sahen diese Maßnahmen als wirksam an und befürworteten ihre Ausweitung. Auf diese Weise sei die Sozialpolitik der Johnson-Regierung von den Kommissionen legitimiert worden. Trotzdem könne nicht behauptet werden, mit diesen bekräftigenden Wirkungen seien die lediglich entsprechenden Erwartungen der Regierung 'bedient' worden. Die Kerner-Kommission habe gleichzeitig mit der Darstellung des Rassismus der 'Weißen' als Hauptursache der Rassenkonflikte eine viel weitergehendere Position in der Analyse der Rassenkonflikte als die Regierung vertreten. Auf diese Weise habe die Kerner-Kommission nicht nur die Sozialpolitik Johnsons gestärkt, sondern auch weitergehende Forderungen der protestierenden Gruppen unterstützt und zugleich deren Akzeptanz gestärkt.

Von den britischen Untersuchungskommissionen ist gemäß unserer Interviewaussagen vor allem die Forderung der Regierung nach der polizeilichen Kontrolle von Protesten gestärkt worden. Die Kommissionen - mit Ausnahme des Review-Panels - hätten das polizeiliche Eingreifen - das in der Öffentlichkeit oft als brutal und eskalationsfördernd angesehen worden sei - als richtig und notwendig beschrieben. Die Scarman-Commission habe allerdings mit ihrer Analyse der sozialen Ursachen der Proteste und der Forderung von sozialpolitischen Maßnahmen die Regierung in Verlegenheit gebracht, da diese ausschließlich an Aspekten der Kontrolle und des Eindämmens der Proteste interessiert gewesen sei.

7. Handlungsspielräume und die Unprognostizierbarkeit der Ergebnisse und Wirkungen

Wieweit die Untersuchungskommissionen jeweils ihre Handlungsspielräume nutzten und zu einer eigenen, unabhängigen Sicht der Dinge und Einschätzung der notwendigen Maßnahmen gelangten, ist unterschiedlich und ist nicht zuletzt auch von den in den Kommissionen tätigen Personen und ihren Fähigkeiten zum Diskurs abhängig. Für alle drei Länder läßt sich jedoch feststellen, daß die Kommissionen, sowohl hinsichtlich ihrer Ergebnisse eigene Wege beschritten haben, als auch hinsichtlich ihrer Wirkung unvorhersehbar waren.

In den USA waren es vor allem die Kerner und Eisenhower Kommissionen die in der Sache neue, überraschende Interpretationen lieferten. So ist die Kerner-Kommission durch die scharfe Formulierung des Rassismus der 'Weißen' als Ursache der Gewalttätigkeiten über das beabsichtigte Ziel der Regierung hinausgeschossen und hat, indem sie das soziale Problem der Diskriminierung ethnischer Minderheiten in den verschiedensten Bereichen als entscheidende Ursache beschrieb, diese in die öffentliche Diskussion gebracht. Insofern sind selbst weitergehendere Forderungen der Protestgruppen legitimiert worden. Doch auch die von der Johnson-Regierung forcierte Sozialpolitik wurde durch die Arbeit der Kerner- und Eisenhower-Kommission bekräftigt. Dieser Wirkung konnte sich selbst die spätere Nixon-Regierung in ihren sozialstaatlichen Maßnahmen nicht gänzlich entziehen.

Die Enquete-Kommission Jugendprotest hat hinsichtlich der Phänomenbestimmung und der Beschreibung der gesellschaftlichen Ursachen des Jugendprotests in die damalige öffentliche Diskussion neue, unerwartete Positionen präsentiert. Sie hat verdeutlicht, daß die Jugendproteste auf gesamtgesellschaftliche Problemlagen verweisen und hat somit der weithin vorherrschenden Interpretation der Jugendproteste als Generationen- und Autoritätskonflikte widersprochen. Sie hat damit eher die Position der Protestgruppen bekräftigt, weil sie unterstrich, daß deren Anliegen und Sorgen zukünftige gesamtgesellschaftliche Probleme betreffen, die ernst zu nehmen sind.[11] Zugleich wollte die Enquete-Kommission den Jugendlichen vermitteln, daß ihre Anliegen und Ziele Beachtung finden. Sie wollte so auch zu verbesserter Integration der Jugendlichen in die Gesellschaft beitragen und der zunehmenden Entfremdung und Distanzierung der Jugendlichen von der Politik entgegenwirken. Indem sie so die Proteste in ihrer Sache ernstnahmen und die Position der Jugendlichen - nicht nur symbolisch - unterstützten, weckten sie jedoch zugleich Erwartungen bei diesen, die nicht erfüllt werden konnten. Sie hatten damit möglicherweise Wirkungen auf die Jugendlichen und die Proteste, die ihrer Intention der Integration eher entgegenliefen.

In Großbritannien hat Lord Scarman hinsichtlich der Problemdefinition und der Erklärung der Unruhen mehr geleistet, als viele, vor allem die Regierung, von ihm erwartet hatten. Er hat nicht nur auf die sozialen und ökonomischen Ursachen verwiesen, sondern auch auf den 'institutionellen Rassismus', der den Umgang der Gesellschaft (und vor allem auch der Polizei) mit Minderheiten prägt, und hat damit die Sichtweisen und Erfahrungen der Minoritäten öffentlich gemacht und unterstützt. Er hat es, ähnlich wie auch Silverman, verstanden die Handlungsspielräume der Kommission zu nutzen und in der Ergebnisbeschreibung und auch in den Empfehlungen neue Wege zu gehen. Für das politische Establishment waren diese Ursachenbeschreibungen nicht nur unerwartet sondern auch unerwünscht. Führten sie doch zu einer Vielzahl von Empfehlungen bezüglich politischer Maßnahmen, die der derzeit betriebenen Sozial- und Wirtschaftspolitik entgegenliefen.

---

11) In diesem Zusammenhang wird von der Signalfunktion der Proteste für das politische System gesprochen. In ihnen werden gesellschaftliche Fehlsteuerungen und Anpassungsprobleme deutlich. Sie stellen daher wichtige Indikatoren für die politische Steuerung dar und müssen von den Politikern ernst genommen werden.

8. Resumee

Die Ausgangslage war in allen drei Ländern ähnlich: die Öffentlichkeit war durch die Proteste und gewalttätigen Unruhen alarmiert. Trotz anfänglichen Sympathien für die Forderungen der Protestgruppen wuchs die Angst vor Chaos und Anarchie.

In dieser Situation sahen sich die politischen Institutionen unter Druck gesetzt. Plötzlich und unerwartet waren Probleme aufgetreten, die Reaktionen herausforderten, für die es aber weder entwickelte Konzepte noch schnelle Lösungen gab. Da weder Regierung noch Opposition sich in einer solchen Situation öffentlich als handlungsunfähig darstellen können, mußten sie reagieren und demonstrierten mit dem Einsetzen von Kommissionen Handlungsbereitschaft und Handlungskompetenz. Diese 'symbolische' Wirkung muß als eine der wichtigsten Effekte der Kommissionstätigkeit überhaupt angesehen werden. Gleichzeitig wurde Zeit gewonnen, um auf der Grundlage der jeweiligen politischen Überzeugung Konzepte der Problembewältigung zu entwickeln und/oder abzuwarten, ob die Proteste nicht von selbst nachlassen würden.

Die symbolische Wirkung kam nicht zufällig zustande, sondern wurde von den politischen Akteuren inner- und außerhalb der Kommissionen als strategisches Ziel verfolgt. (Bereits die Auswahl der Kommissionsmitglieder reflektierte diese Absicht.) Sie war jedoch letztlich von äußeren Faktoren abhängig. Immer dann, wenn neue Ereignisse in der Öffentlichkeit stärker beachtet wurden[12], wenn spektakuläre Protestaktionen nachließen oder wenn die Kommissionsergebnisse aus politischen Gründen von den Auftragebern bagatellisiert wurden (Scarman in GB, Scranton in USA)B, verringerte sich die symbolische Wirkung der Kommissionen.

Wem die Einsetzung von Untersuchungskommissionen im politischen Diskurs mehr nutzt und welche Parteien, Interessenverbände oder Bürgerinitiativen sich auf die Ergebnisse und Empfehlungen stützen können, ist nicht von vorneherein entscheidbar. In der Regel sind die Ergebnisse, die Schlußfolgerungen und Empfehlungen so heterogen und

---

12) So wurde aufgrund des Falkland-Krieges den Rassenkonflikten in Großbritannien kaum noch Aufmerksamkeit geschenkt.

vielfältig, daß sie auch quer zu den jeweiligen Interessen und Konfliktlinien laufen.

VI. DIE POLITISCHEN MASSNAHMEN UND DIE ROLLE DER KOMMISSIONEN

In diesem Kapitel sollen die Maßnahmen thematisiert werden, die als Reaktionen von Parlamenten und Regierungen auf die Proteste verstanden werden können. Haben wir bisher die Einsetzung von Kommissionen als eine der ersten Reaktionen untersucht, soll nun nach den langfristig eingeleiteten politischen Maßnahmen gefragt werden. Es geht hier also um Gesetzesänderungen oder um Einleitung, Reform oder Ausweitung von Maßnahmenprogrammen. Eine Untersuchung solcher Reaktionen steht vor dem Problem, den Zusammenhang von Protesten und politischen Maßnahmen nachweisen zu müssen. Dabei stellt sich zunächst die Frage, in welchen Politikbereichen überhaupt mit Auswirkungen der Unruhen gerechnet werden kann. Für die als relevant identifizierten Bereiche ist dann festzustellen, inwieweit die Proteste tatsächlich eine Ursache für die zu beobachtenden politischen Maßnahmen darstellen und welche Bedeutung ihnen dabei im Vergleich zu anderen Einflußfaktoren zukommt. Im Anschluß daran werden wir dann den Versuch unternehmen, die Einwirkung der Kommissionen auf eben diese Maßnahmen aufzuzeigen. Dies soll Rückschlüsse darauf ermöglichen, wie sich die Proteste auf den Prozeß der politischen Problembearbeitung auswirken. Von Interesse ist hierbei die Frage, inwieweit Proteste von politischen Institutionen als Signale für gesellschaftliche Probleme wahrgenommen werden und darüberhinaus Maßnahmen initiieren, die zur Problemlösung dienen können.

Um die Frage zu klären, inwieweit die Politikberatung durch Untersuchungskommissionen bei den Reaktionen eine Rolle spielen, haben wir gefragt, inwieweit die politischen Entscheidungsprozesse durch Empfehlungen von Kommissionen initiiert oder zumindest beeinflußt wurden. Dies sollte durch Analyse von Sitzungsprotokollen und Parlaments- bzw. Kongreßdrucksachen vorgenommen werden und durch Experteninterviews ergänzt werden. Da jedoch die Datenlage und die wissenschaftliche Aufarbeitung von Kommissionseinflüssen in den einzelnen Ländern unterschiedlich ist, war eine einheitliche Vorgehensweise nicht sinnvoll.

In den **USA** konnten wir uns auf eine bereits entwickelte Forschung zum politischen Einfluß von Kommissionen stützen. So wurden in den empirischen Arbeiten von Wolanin (1975) und Button (1978) systematisch die Auswirkungen der einzelnen Kommissionen und Empfehlungen auf politische Maßnahmen untersucht (Vgl. hierzu auch Lipsky/Olson (1977), Feagin/Hahn (1973) und Platt (1971)). Ergänzend haben wir Experteninterviews hinzugezogen.

In der **Bundesrepublik Deutschland** haben wir uns schwerpunktmäßig auf die von der Enquete-Kommission 'Jugendprotest' bearbeiteten Politikfelder konzentriert. Dabei haben wir mehrere Wege eingeschlagen: Anhand der Bundestagsdrucksachen und der stenographischen Sitzungsprotokolle ist die Diskussion im Bundestag über politische Maßnahmen im Anschluß an die Arbeit der Enquete-Kommission 'Jugendprotest' rekonstruiert worden. Ergänzend dazu haben wir in den Experteninterviews nach den Auswirkungen der Kommissionsempfehlungen auf politische Maßnahmen gefragt. Zu einzelnen, wenigen Aspekten der Reaktionen auf die Proteste liegen bereits Forschungsergebnisse vor, die wir eingearbeitet haben.

Um die Auswirkungen der Proteste in **Großbritannien** zu analysieren, konnten wir ebenfalls nicht auf eine systematische wissenschaftliche Aufarbeitung der im Zusammenhang mit den 'riots' eingeleiteten Maßnahmen und Programme zurückgreifen. Darum wurde Literatur ausgewertet, die sich mit Veränderungen in einzelnen Bereichen wie Wohnungsbau, Beschäftigung, Schule und Polizei befaßt. Der Schwerpunkt der Betrachtung liegt auf den von der Regierung implementierten politischen Maßnahmen, obgleich es auch eine Vielzahl kommunaler Programme gibt.[13]

---

13) Als ausgesprochen problematisch gestaltet sich für Großbritannien die Auswertung sowohl für die Auswirkungen der Proteste insgesamt, als auch für den Einfluß der Kommissionen auf politische Maßnahmen. Da von den ausgewählten britischen Kommissionen nur die Scarman-Kommission auf Regierungsebene eingesetzt worden war, fand auch nur diese

Im Folgenden werden Maßnahmen in verschiedenen Bereichen dargestellt, die von politischer Seite in den USA in den 60er und 70er Jahren
bzw. in der BRD und GB im Anschluß an die Proteste der frühen 80er
Jahre eingeleitet wurden und zwar zunächst unabhängig davon, ob sie
durch Kommissionsarbeit beeinflußt wurden oder nicht.

Hierbei schien vor allem die Frage interessant, welche Entwicklungen
sich in bestimmten Politikfeldern (wie z.b. Ausbildungs- und Beschäftigungspolitik, Jugend- und Familienpolitik oder auch Wohnungsbaupolitik) für die Zeit nach dem Höhepunkt der Proteste abzeichnen. Es geht
dabei nur um solche Auswirkungen, die sich als Gesetzesänderungen
oder als Veränderungen von Maßnahmenprogrammen politischer Institutionen niederschlagen. Auswirkungen auf Meinungsbildungsprozesse in
der Öffentlichkeit oder in politischen Institutionen werden an dieser
Stelle nicht eigens thematisiert.

Fortsetzung Fußnote

Berücksichtigung in Parlamentsdebatten. Aufgrund der Literatur und
Dokumenten-Recherchen zeigte sich jedoch selbst für die Scarman-
Kommission, daß eine der Enquete-Kommission vergleichbare parlamentarische Diskussion offensichtlich nicht stattgefunden hat. Außer der
Regierungsdebatte zur Einsetzung der Scarman-Untersuchung wurden
vom 'House of Commons' nach Veröffentlichung des Kommissionsberichts lediglich einzelne Empfehlungen behandelt, die den Bereich Polizei
und Sicherheit betreffen. Entsprechende Anfragen, die im Jahre 1988 von
der Gewaltkommission der Bundesregierung über das Bundesministerium
des Inneren an das britische Innenministerium (Home Office) gestellt
wurden, blieben ergebnislos. Um trotzdem auswerten zu können, welche
Reaktionen im Anschluß an die riots in Großbritannien erfolgt sind, haben
wir auf Literatur zu einzelnen Politikbereichen und auf die Aussagen der
Interviewpartner zurückgegriffen. Es zeigte sich, daß die Forschung
sowohl zum allgemeinen Thema der Auswirkungen von Protesten auf
Maßnahmen als auch zu den speziellen Auswirkungen der Kommissionen
auf Maßnahmen wenig entwickelt ist. Allerdings gibt es eine Fülle an
Material, in welchem die Entwicklung verschiedener Politikbereiche in
den vergangenen Jahren (Wohnungs- und Städtebau, Schule und Erziehung, Ausbildung und Beschäftigung sowie Polizei) analysiert wird. In
diesem Material werden jedoch keine Verbindungen zu den Kommissionen hergestellt.

1. Maßnahmen im Bereich der Polizei und Justiz

USA

Bei Maßnahmen im Bereich Polizei und Justiz müssen wir zwischen Präventions- und Kontrollmaßnahmen unterscheiden. Zwischen 1963 und 1966 waren in den Vereinigten Staaten nur wenige Aktivitäten des Bundes-Justizministeriums (Departement of Justice) in Polizeiangelegenheiten zu verzeichnen. Hierin spiegelt sich möglicherweise die historisch gewachsene Struktur des amerikanischen Systems wider, nach der Polizeiangelegenheiten in den Kompetenzbereich der einzelnen Bundesstaaten und Kommunen fallen. Die wenigen Aktivitäten auf Bundesebene bewegten sich im Rahmen einer Präventionsstrategie, die auf soziale Reformen setzte und auf polizeilicher Seite die Beziehungen zwischen Bürgern und Polizei zu bessern versuchte (vgl. BUTTON 1978, 111, 153). So hatte der 1964 eingesetzte 'Community Relations Service' (vgl. ebd., 114) besondere Bedeutung für die frühzeitige Wahrnehmung von Rassenkonflikten und ihre Schlichtung, und für die Beratung der Kommunen, wie Ressourcen zur Bewältigung der Probleme aquiriert werden konnten. Weiterhin wurde im Jahre 1965 die gesamtstaatliche Polizeibehörde 'Office of Law Enforcement Assistance' ins Leben gerufen. Sie stellte den ersten Eingriff der Bundesregierung in die Polizeihoheit von Einzelstaaten und Kommunen dar. Wenn auch anfangs dabei nur geringe Mittel für Programme zur Verbesserung der Beziehungen zwischen Polizei und Bürgern (community relations) mobilisiert wurden, bezeichnete diese Entwicklung doch eine einschneidende qualitative Veränderung in der Polizeipolitik (vgl. ebd., 115). Hinsichtlich der Kontrollmaßnahmen begann lediglich das FBI bereits 1964 mit der Entwicklung einzelner Trainingsprogramme zur Eindämmung akuter Unruhen. Trotz dieser vereinzelten politischen Maßnahmen hält Button resümierend fest, daß die Rassenkonflikte während dieser Zeit keine wesentlichen Veränderungen in der Polizeipolitik hervorgerufen hätten (vgl. ebd., 120).

Die Entwicklungen zwischen 1967 und 1969 zeichneten sich durch zwei gegensätzliche Tendenzen aus. Zum einen wurde im Justizministerium die Präventionsstrategie beibehalten (vgl. ebd., 122), d.h. die Aktivitäten des 'Community Relations Service' wuchsen an. Konferenzen zur Diskussion der Strategien von Justiz und Polizei kamen zum

Ergebnis, der Schwerpunkt müsse auch weiterhin auf politischen Maßnahmen der Prävention liegen (vgl. ebd., 123). Gleichzeitig jedoch wurden Gesetze mit dem Ziel der Eindämmung der Rassenkonflikte (Kontrollstrategien) verabschiedet. Eine ergänzende Bestimmung zum 'Open Housing Act' von 1968 z.b. drohte jedem mit Strafe, der in der Absicht, an 'riots' teilzunehmen, eine einzelstaatliche Grenze übertritt (vgl. ebd., 127). Eine weitere einschneidende Maßnahme war der 1968 verabschiedete 'Omnibus Crime Control and Safe Streets Act'. Aufgrund dieses Gesetzes wurde die dem Justizministerium angegliederte Behörde 'Law Enforcement Assistance Administration' (LEAA) damit beauftragt, Maßnahmen mit dem Schwerpunkt der Verhinderung, Abschreckung und Kontrolle von Revolten zu entwickeln (vgl. ebd., 127).

Am deutlichsten aber wurden die Weichen in Richtung direkter Kontrolle und Eindämmung von Rassenkonflikten im Verteidigungsministerium gestellt. Die 'National Guard' (etwa vergleichbar dem Bundesgrenzschutz) wurde 1967 angewiesen, Trainingsprogramme zur Kontrolle von Revolten zu entwickeln. Hierfür wurden ausreichend Ressourcen zur Verfügung gestellt. Die 'National Guard' konnte bereits 1968 über sieben Spezialeinheiten mit insgesamt 15 000 Mann zur Aufstandsbekämpfung verfügen. Die mit dem gleichen Gesetz angestrebte Erhöhung der Anteile ethnischer Minderheiten in der Polizei machte jedoch nur bescheidene Fortschritte. So bewertet Button die Steigerung des Anteils schwarzer Polizisten von 1,8% auf 6,3% als Mißerfolg (vgl. BUTTON 1978, 130f.; siehe hierzu auch PLATT 1982, 178).

Eine weitere entscheidende Veränderung im Umgang mit den Revolten war die 1967 einsetzende drastische Steigerung der Überwachungsaktivitäten. Sowohl beim FBI und Justizministerium, besonders aber beim Verteidigungsministerium war die Einrichtung bzw. der Ausbau von nachrichtendienstlichen Überwachungsaktivitäten ('Intelligence Services') in großem Ausmaß festzustellen. Allein der dem Pentagon unterstellten neuen Einheit 'Directorate for Civil Disturbance Planning and Operations' gehörten 150 Beschäftigte an, die ausschließlich mit Informationsbeschaffung, -sammlung und -weitergabe sowie der Überwachung von Unruhen beschäftigt waren (vgl. BUTTON 1978, 133; vgl. hierzu auch: FEAGIN/HAHN 1973, 227f.). Im Vergleich der Gesamtausgaben von Justiz- und Verteidigungsministerium liegen diejenigen des letztgenannten wesentlich höher (vgl. BUTTON 1978, 133).

Nach 1969 wurde nach Buttons Ergebnissen die Präventionsstrategie fallengelassen und nur noch die Kontrollstrategie verfolgt. Diese Entwicklung sei auf den Regierungswechsel von Johnson zu Nixon zurückzuführen (vgl. ebd., 154). Nixons erklärtes Ziel, "Gewalt mit Gewalt zu begegnen", fand seinen deutlichsten Ausdruck in den Ausgabensteigerungen der LEAA. Betrugen diese 1969 noch 63 Mio. Dollar, waren sie 1972 bereits auf über 700 Mio. Dollar angewachsen (vgl. ebd., 138). Trotz gegenteiliger Empfehlung der Kerner-Kommission, die weiterhin den Schwerpunkt auf die Verbesserung der Beziehungen zwischen Polizei und Bürgern legen wollte, wurden 1969 65% der LEAA-Mittel für Kontrollmaßnahmen (Waffen, Ausrüstung und Training für die entsprechenden Polizeieinheiten) ausgegeben (vgl. ebd., 139). Auch Feagin und Hahn kommen zu dem Ergebnis, daß der überwiegende Teil der LEAA-Mittel für Kontrollmaßnahmen und nur wenig für Programme zur Verbesserung der Beziehungen zwischen Bürgern und Polizei (community relations) und für die Rechtshilfe verwendet worden sei (FEAGIN/HAHN, 1973, 256)[14]. Auffällig ist, daß diejenigen von Aufständen betroffenen Städte, bei denen Konflikte zwischen Bevölkerung und Polizei in der Wahrnehmung der politisch Verantwortlichen die Ursache der Aufstände waren, mehr als drei Mal so viele Mittel von der LEAA (für Kontrollmaßnahmen) als die übrigen Städte erhielten. Als weiterer Beleg für seine 'Kontrollstrategiethese' führt Button die Entwicklung der 'Intelligence Services' und des 'Community Relations Service' an. Die Ausgaben für nachrichtendienstliche und Überwachungstätigkeiten blieben auf hohem Niveau, wobei sich zwischen einzelnen Behörden lediglich Kompetenzverschiebungen ergaben (vgl. ebd., 148f.). Die Aufgaben des 'Community Relations Service' wandelten sich unter der Nixon-Regierung weg von kontinuierlicher, langfristiger Zusammenarbeit von Behördenvertretern und Repräsentanten der ethnischen Minoritäten hin zur unmittelbaren Krisenbewältigung. Daher wurden die Ressourcen dieser Institution 1973, als es kaum noch Unruhen gibt, um zwei Drittel gekürzt (vgl. ebd., 149-151).

---

14) Die aggregierte statistische Analyse zum Zusammenhang zwischen 'riot characteristics' und den Ausgabensteigerungen der LEAA zeigt zwar wenig signifikante Korrelationen (vgl. BUTTON 1978, 140).

Bundesrepublik Deutschland

Eine Folge der teilweise gewalttätigen Proteste in der Bundesrepublik in den 80er Jahren ist in der Verbesserung der Ausstattung der Polizei und in der teilweisen Erhöhung des Personals zu sehen. So wurden beispielsweise 1986 rund 1000 neue Stellen für Einsatzbeamte beim Bundesgrenzschutz geschaffen sowie Großhubschrauber und Wasserwerfer im Gesamtwert von über 70 Millionen DM angeschafft. Angesichts der teilweise eskalierenden Demonstrationen kam eine Diskussion um die Ausrüstung der bundesdeutschen Polizeien mit neuen Waffen, insbesondere CS-Reizgas und Gummigeschossen in Gang. Nachdem die Innenministerkonferenz zu keiner einheitlichen Bewertung in diesen Fragen kam, beschloß sie, "daß es Sache jedes einzelnen Bundeslandes ist, darüber zu entscheiden, ob CS eingeführt wird oder nicht" (DEUTSCHE POLIZEI, 1982, 9). Bereits Mitte des Jahres 1982 war in einer Reihe von Bundesländern (Baden-Württemberg, Bayern, Rheinland-Pfalz, Schleswig-Holstein und Niedersachsen) CS-Reizstoff eingeführt worden, aus Hessen und dem Saarland lagen positive Äußerungen der jeweiligen Innenminister vor, Hamburg und Berlin waren noch unentschieden, während Nordrhein-Westfalen sich als einziges Bundesland dagegen aussprach.

Ähnlich verlief die Diskussion über die Einführung von Gummigeschossen. Hier rüstete Baden-Württemberg als erstes Bundesland seine Polizei für den Einsatz gegen gewalttätige Demonstranten mit einer sogenannten Mehrzweckpistole aus. Bislang sind allerdings Gummigeschosse nicht zum Einsatz gekommen.

Im Freistaat Bayern wurden für die Einstellung von Polizisten, Richtern, Staatsanwälten, speziell für den Raum Wackersdorf, sowie für die Anschaffung von Hubschraubern und Spezialfahrzeugen, Reizgas und Gummigeschossen über 20 Millionen DM investiert. Insgesamt ist festzustellen, daß besonders die unionsregierten Länder ihre Ausgaben steigerten (Vgl. hierzu CILIP 1982).

Neben diesen Kontrollmaßnahmen gab es jedoch auch Präventionsstrategien, wie etwa Konflikttrainings- und Anti-Streß-Programme für Einsatzbeamte, zunächst vor allem in Nordrhein-Westfalen und Hessen dann aber auch in Niedersachen, Rheinland-Pfalz, Baden-Württemberg u.a..

Die Bundesausgaben für Öffentliche Sicherheit und Ordnung steigerten sich von 1.581 Mio DM im 1983 auf 1.891 Mio DM 1988 (BUNDESMINISTERIUM 1989, 147), wobei der größere Teil der Neuausgaben zur Verbesserung der Ausstattung der Polizei und der Kontrollaufgaben verwendet wurde.

Im Anschluß an die Proteste wurden auch verschiedene Gesetzesänderungen beschlossen und eingeführt, wobei insbesondere das Demonstrationsrecht eine wichtige Rolle spielt. Die wichtigsten, 1985 in Kraft getretenen Gesetze beinhalten:

- Änderung des §125 Landfriedensbruch, wonach Demonstrationsteilnehmer bestraft werden, die trotz Aufforderung durch einen Träger von Hoheitsbefugnissen 'Bewaffnung' oder 'Vermummung' nicht ablegen oder sich aus einer Menschenmenge, aus der Gewalttätigkeiten oder Bedrohungen begangen werden, nicht entfernen.
- Einführung des Tatbestands 'Aufforderung zur Teilnahme an verbotenen Demonstrationen' in das Versammlungsgesetz §17, 27 Abs 2 VersG n.F;
- Strafbewehrtes Verbot der 'Vermummung' und 'passiven Bewaffnung'; §17a VersG
- Verzicht auf eine Antragserfordernis bei der Verfolgung von Sachbeschädigungen; §303 StGB

Insgesamt betrachtet kann man zu dem Schluß kommen, daß die Veränderungen in den Bereichen Polizei und Justiz im betrachteten Zeitraum stärker den Kontrollaspekt als den Präventionsaspekt betreffen.

Großbritannien

Im Anschluß an die 'riots' gab es in Großbritannien vielerorts Bemühungen, mehr 'farbige' Polizeischüler anzuwerben. In Wohnbezirken mit einem hohen Anteil ethnischer Minoritäten wurden entsprechende Kampagnen und Werbeaktionen durchgeführt. So wurde beispielsweise versucht, die Arbeitsvermittlungs-Zentren und örtlichen Beratungsstellen zur Kriminalitätsvorbeugung in die Bemühungen um eine verstärkte Rekrutierung 'farbiger' Bürger einzubeziehen. Die bisherigen Erfolge sind allerdings gering. Die Zahl der 'farbigen' Polizeibeamten konnte zwar seit Beginn der 80er Jahre erhöht werden, die ethnischen Minderheiten sind jedoch im Polizeidienst immer noch unterrepräsentiert

(INSTITUTE OF RACE RELATIONS 1987, Nr.35; BENYON 1984; SOLOMOS Interview vom 5.12.89). Lediglich 0.89 % der Polizeibeamten in England und Wales sind Angehörige ethnischer Minoritäten (CERD, 1988), während der Anteil der ethnischen Minoritäten[15] in der Gesamtgesellschaft 4,2 % ausmacht.

Die Vorschläge zur Verbesserung der Polizeiausbildung (vor dem Hintergrund traditionell extrem kurzer Ausbildungszeiten) wurden größtenteils realisiert (vgl. RAISON 1984). Die empfohlene Verlängerung der Grundausbildungszeit auf 6 Monate wurde mittlerweile in einigen Polizeibezirken verwirklicht. In Lambeth (London) beispielsweise beträgt die Ausbildungszeit jetzt 30 Wochen, während die Kurse andernorts immer noch lediglich 10 Wochen dauern. Auch die Ausbildungsinhalte wurden erweitert. Neben geographischen und fachspezifischen werden mittlerweile auch stärker verhaltenstheoretische Kenntnisse vermittelt (INSTITUTE OF RACE RELATIONS 1985, Nr. 24). Als Folge der Unruhen 1985 richtete die Polizei Kurse ein, in deren Verlauf verschiedene Formen des Umgangs mit gewalttätigen Ausschreitung erarbeitet und eingeübt wurden (CERD, 1988).

In einigen Städten bzw. Stadtteilen wurden sogenannte 'Police-Consultative Groups' gebildet, die sich aus Vertretern der Polizei, Stadträten und Repräsentanten der ethnischen 'Communities' zusammensetzen. Diese Gruppen sollen die Polizei vor Einsätzen in Innenstadt-Bezirken beraten. Unter anderem haben sie die Aufgabe, sich mit polizeilichen Übergriffen zu befassen und zusammen mit der Polizei Möglichkeiten zur Untersuchung und Bekämpfung von Gesetzesübertretungen durch Polizeibeamte zu diskutieren. Mitglieder der 'Police Consultative Groups' besuchen u.a. in unregelmäßigen Abständen und ohne Vorankündigung verschiedene Polizeiwachen und informieren sich über die Behandlung Inhaftierter (INSTITUTE OF RACE RELATIONS 1985, Nr. 21; JEFFERSON u.a. 1984; POLICE/COMMUNITY CONSULTATIVE GROUP 1988).

---

15) NCWP Bevölkerung = Personen, die in einem Privathaushalt wohnen, dessen Familienoberhaupt im New Commonwealth und Pakistan geboren wurde. (REGISTRAR GENERAL, SCOTLAND and OPCS: Census 1981)

Kritiker führen jedoch an, daß sich solche Gruppen offensichtlich nicht aus Repräsentanten der ethnischen 'Communities' zusammensetzen (GIFFORD 1986; THACKRAH 1985). Es sind zumeist Vertreter kirchlicher Verbände, Mietervertretungen und Nachbarschaftsgruppen, die in diesen beratenden Kommissionen mitwirken. Da die 'Consultative Groups' lediglich eine beratende Funktion haben und die Polizei diesen Gruppen letztendlich auch nicht verantwortlich ist, werden sie von farbigen 'Community-Leitern' und Aktivisten häufig boykottiert. Kritiker führen an, daß die Polizei die 'Consultative Groups' nicht ausreichend bzw. in einigen Fällen gar nicht über bestimmte Vorfälle und Aktionen informiert (vgl. NEWHAM MONITORING PROJECT 1985).

Die gesetzlich vorgeschriebenen Polizeiausschüsse (Police Authorities), die nach dem Gesetz (vgl. POLICE ACT 1976) die Verantwortung für die Polizei haben und sich aus direkt gewählten Gemeindevertretern, Beamten der Stadtverwaltungen und ernannten Richtern (magistrats) zusammensetzen, wurden 1984 mit der Erweiterung des 'Police and Criminal Evidence Act' durch die 'Police Joint Boards' ersetzt. Diese bestehen zu einem Drittel aus Gemeindevertretern und einer Anzahl von Repräsentanten der jeweiligen Gebietskörperschaften, die nicht mehr direkt gewählt, sondern von den Gemeinderäten ernannt werden. In einigen Städten werden die Police Joint Boards durch sogenannte Polizei-Überwachungs-Komitees (Police-monitoring-groups) unterstützt. Diese sollen die Einhaltung einer verantwortungsbewußten Polizeiarbeit in der Community überwachen. Sie setzen sich aus Gemeinderäten und Beamten zusammen. Ein Ziel der Polizei-Überwachungs-Komitees besteht darin, die Bewohner vor polizeilichen Übergriffen zu schützen und deren Bürgerrechte zu verteidigen (SCRATON 1985). Gleichzeitig sollen Strategien entwickelt werden, die die Sicherheitsbedürfnisse der Bevölkerung berücksichtigen und die Angst vor Verbrechen und Kriminalität reduzieren, welche angesichts der relativ hohen Kriminalitätsrate bestimmter Delikte in den Innenstadt-Bezirken bei der Bevölkerung besteht (DONNISON 1986). Diese 'Police-monitoring-groups' erhalten finanzielle Unterstützung vom Gemeinde- bzw. Stadtrat. Sie beobachten und analysieren u.a. Polizeistrategien, die ethnische Minderheiten betreffen und arrangieren Publikumsveranstaltungen mit Polizeivertretern, auf denen die Polizei umstrittene Aktionen direkt vor der Bevölkerung legitimieren muß. Teilweise leiten sie auch Untersuchungen über bestimmte lokale Vorfälle ein.

Das von Lord Scarman angeregte 'Community Policing' zur Verbesserung der Beziehungen zwischen Polizei und Bevölkerung wurde weitgehend verwirklicht. Im Zusammenhang mit dem Modell werden in den gefährdeten Innenstadtbereichen verstärkt Fußstreifen ('Community Officers') eingesetzt. Diese arbeiten eng mit den örtlichen 'Crime Prevention Officers' zusammen, wenn es beispielsweise um die Durchführung der Programme zur Überwachung von Wohnvierteln geht. Beteiligt sind die Streifenpolizisten auch bei den 'school-contact-programs', in deren Verlauf Polizisten in den Schulen Informationsveranstaltungen durchführen. Um die Beziehungen zwischen den Communities und der Polizei zu verbessern, wurden 'Community Liason Forces' eingerichtet (Verbindungszentren, die sich aus Vertretern der Polizei, Repräsentanten der verschiedenen Community-Gruppen und Mitarbeitern verschiedener fachlicher Dienststellen zusammensetzen), mit denen polizeiliche Maßnahmen besprochen werden. Zwischen diesen und der Polizei finden regelmäßig Treffen statt, sie sollen der gegenseitigen Beratung und Information dienen.

Das Modell des 'Community Policing' wird aber von Teilen der Polizei kritisiert, da sich, insbesondere durch den Verzicht auf die 'Stop and Search-Praktiken', sogenannte 'no-go-areas' in bestimmten Innenstadtbezirken gebildet hätten, innerhalb derer weiße Bewohner von 'Farbigen' unterdrückt würden. Auch habe der Verzicht auf diese Praktiken zur Ausbreitung des Drogenmißbrauchs und -handels beigetragen (INSTITUTE OF RACE RELATIONS 1985, Nr. 23; SPENCER 1985).

Um rassistischen Angriffen entgegenzuwirken, startete die Metropolitan Police London eine Kampagne in Bezirken, in denen sich häufig Angriffe gegen ethnische Minderheiten ereigneten. Polizisten wurden im Umgang mit rassistischen Übergriffen trainiert. Ziel der Aktion war die Schaffung von Vertrauen und Kooperationsbereitschaft zwischen Bevölkerung und Polizei sowie die Prävention rassistischer Angriffe und die Hilfe bei der Identifizierung von Tätern. In verschiedenen Städten richtete die Polizei eine eigene Telefonleitung für Opfer rassistischer Übergriffe ein (INSTITUTE OF RACE RELATIONS 1988, Nr. 41).

Einen besonderen Stellenwert nehmen allgemeine Programme zur Kriminalitätsprävention ein, die auch als Beitrag zum allgemeinen Sicherheitsbewußtsein und zur Entstigmatisierung ethnischer Minoritäten gesehen werden können. Die angeregten 'Pläne zur Überwachung von

Wohnvierteln' (Home Watch Program, Neighbourhood-watch) wurden in vielen Stadtbezirken verwirklicht. Sie werden von der Polizei als bedeutende präventive Maßnahme hinsichtlich der Kriminalitätsbekämpfung bewertet und im Rahmen eines Kriminalitätsvorbeugungspakets des Innenministeriums (Umfang 1,7 Millionen Pfund) finanziell gefördert. Diese Programme gelten als durchaus erfolgreich zur Prävention bestimmter Deliktarten (CERD 1988). Einbrüche und Vandalismusschäden an Gebäuden und öffentlichen Einrichtungen beispielsweise gingen in den betreffenden Stadtteilen zurück. Ein positiver Effekt der 'Home-Watch'-Programme wird in einer Reduzierung der Furcht vor Kriminalität bei den Bewohnern gesehen. Kritiker hingegen sehen die Programme als rein kosmetische Maßnahme, mit deren Hilfe die Kriminalität in Gegenden verlagert wird, deren Bewohner sich weniger gut schützen können (POLICE WATCH 1986). Die von der Polizei empfohlenen Maßnahmen zur Eigentumssicherung seien zudem für Bevölkerungsgruppen mit niedrigem Einkommen von geringem praktischem Nutzen, da diese sich die Verbesserungsmaßnahmen i.d.R. nicht leisten könnten (DONNISON 1986).

In einigen Bezirken erfolgte die Ausstattung der Polizei mit Wasserwerfern und Reizgas, während die 'Police Authorities' in anderen Bezirken den notwendigen finanziellen Ausgaben hierfür nicht zustimmten. Heute verfügen die Einsatztruppen über entsprechende Schutzuniformen, Helme und Schutzschilder. Schußwaffen tragen bislang nur die Spezialeinheiten, wie beispielsweise die Mitglieder der Special Patrol Groups (SPG). Entsprechend der Empfehlung, die allgemeine Ausrüstung und den Umgang der Polizisten mit einer speziellen anti-riots-Ausrüstung zu verbessern, wurde ein Training in der Anwendung von Plastik-Geschossen bei der Polizei eingeführt (INSTITUTE OF RACE RELATIONS 1988, Nr. 26).

Zusammenfassend bleibt festzustellen, daß im Bereich Polizei eine starke Ausgabensteigerung (Zuwachsrate von über 30 % seit 1979) stattgefunden hat. Ein Großteil dieser Ausgaben kam allerdings nicht präventiven Maßnahmen zugute, sondern wurde zur Verbesserung der Ausstattung der Polizeikräfte verwendet (SCRATON 1985; THACK-RAH 1985). Verschiedene Interviewpartner sehen hierin eine direkte Reaktion auf die 'riots' (vgl. Interview Solomos, 27.11.89). Außerdem sei die Ausbildung im Umgang mit kollektiven Protestsituationen in den Jahren nach den Unruhen entscheidend verbessert worden.

Die Beziehungen in den deprivierten Stadtteilen haben sich verschiedenen Angaben zufolge in den vergangenen Jahren aufgrund der Maßnahmen des 'community-policing' verbessert. Hinsichtlich der Verantwortlichkeit und Rechenschaftspflicht wird allerdings die weiterhin unveränderte Stellung der Metropolitan Police Londons kritisiert. Diese ist nach wie vor ausschließlich dem Innenministerium und nicht, wie die anderen Polizeibehörden des Landes, einer 'Police Authority' verantwortlich (BUNDRED 1982; CIVIL LIBERTY 1986; SPENCER 1985).

2. Maßnahmen im Bereich Wohnungs- und Städtebau

USA

In die erste Phase zwischen 1963 und 1966 fiel eine wichtige Reformmaßnahme. Ein Gesetz zur Stadtsanierung ('Urban Renewal'), dem die Verdrängung der 'Schwarzen' aus ihren Wohngebieten vorgeworfen wurde, wurde durch das 'Model Cities Program' abgelöst (vgl. BUTTON 1978, 58-61). Das neue Programm sollte der Verringerung der residentiellen Segregation dienen und zugleich die Partizipation der Stadtteilbewohner in kommunalen Belangen erhöhen.

Für die Phase der intensiven Unruhen zwischen 1967 und 1969 kann keine signifikante Korrelation zwischen Ausgabensteigerungen für Wohnungsbau und Sanierungsprogrammen einerseits und den Unruhen andererseits festgestellt werden. Die Ausnahme macht das 'Model Cities Program', das in Städten mit 'riots' besonders intensiv angewendet wurde. Dennoch fielen wichtige qualitative Veränderungen der Wohnungsbau- und Sanierungspolitik in diesen Zeitabschnitt. Der Wohnungsbau für Familien mit niedrigen Einkommen wurde stark ausgeweitet. Zwei im Jahre 1968 erlassene Gesetze ('Open Housing Law' und 'National Housing Act') hatten den Rassenunruhen einen wesentlichen Impuls bei ihrer Durchsetzung zu verdanken (vgl. BUTTON 1978, 92f.). Sie wurden als 'magna charta of housing' angesehen und hatten u.a. die Gleichberechtigung der Rassen zum Ziel.

Auch für die Zeit zwischen 1970 und 1972 ist eine signifikante Korrelation zwischen den gesamten Ausgaben des Ministeriums für Wohnungs- und Städtebau und den wichtigsten Programmen (Urban Renewal, Model Cities, Housing Program) einerseits und den Unruhen andererseits festzustellen. Im besonderen stiegen die Subventionen im Bereich des Wohnungsbaues für Familien mit niedrigen Einkommen rapide an (vgl. ebd., 89-94). Diese Ausgabenentwicklung steht nach Button im völligen Widerspruch zur politischen Rhetorik der ersten Nixon-Regierung, Revolten nicht in Form von Sozialprogrammen 'belohnen' zu wollen. Diese Politik der rhetorischen Verneinung bei gleichzeitiger tatsächlicher Ausweitung der Programme sei sowohl auf das Andauern der Aufstände in den Ghettos als auch auf den zu jener Zeit liberal beherrschten Kongreß zurückzuführen (vgl. ebd., 95). Anfang 1973 aber, als diese beiden Bedingungen entfallen waren, beschloß Nixon ein Moratorium für alle Wohnungsbauprogramme (vgl. ebd., 101f.).

Bundesrepublik Deutschland

Die Hausbesetzungen von Jugendlichen in Berlin und anderen Großstädten stellten einen Ausgangspunkt der Jugendunruhen in der Bundesrepublik dar. Im Vordergrund stand die Bereitstellung bzw. der Erhalt von einfachem und preiswertem Wohnraum. Mittlerweile wird in mehreren Städten der gemeinsame Ausbau und die Nutzung von abgewohnten Häusern durch Gruppen von Jugendlichen, teilweise in pädagogischen Projekten, durch städtische Mittel gefördert. In verschiedenen Städten ist es Jugendlichen in Wohngemeinschaften in begrenztem Umfang möglich, gemeinsam einen Berechtigungsschein für Sozialwohnungen zu erhalten (Drs. 10/2062, 58).

Die Ausgaben im Bereich sozialer Wohnungsbau beinhalten Bewilligungen für Gebäude und Wohnungen, die im Rahmen des 1. und des 2. Förderungsweges gefördert werden. Der 1. Förderungsweg betrifft die Förderung des nach § 25 des 2. Wohnungsbauförderungsgesetzes begünstigten Personenkreises mit öffentlichen Mitteln im Sinne des § 6, Abs. 1, II. WoBauG (traditionell öffentlich geförderter sozialer Wohnungsbau). Der 2. Förderungsweg hingegen betrifft die Förderung von Bauvorhaben im Rahmen steuerbegünstigten Wohnungsbaus auch für Personen mit höherem Einkommen mit Mitteln aus dem öffentlichen Haushalt, die nicht als öffentliche Mittel im Sinne des § 6, Abs. 1, II WoBauG gelten.

Die Entwicklung der Förderung nach dem 1. Förderungsweg zeigt, daß die Mittel aus öffentlichen Haushalten seit 1982 jährlich gekürzt wurden (1982 - 5.469 Mio DM, 1986 - 2.710 Mio DM). Im Rahmen des 2.Förderungsweges stiegen die öffentlichen Ausgaben zwischen 1982 und 1983. In den darauffolgenden Jahren gingen sie jedoch wieder zurück (BUNDESMINISTERIUM 1989).

Die Bundesregierung hat die Finanzhilfen für die Städtebauförderung von 220 Mio DM im Jahre 1982 auf 280 Mio. DM in den Jahren 1983 und 1984 sowie 330 Mio DM im Jahre 1985 aufgestockt. Für die Jahre 1986 und 1987 wurden die Mittel auf je 1 Mrd. DM verdreifacht. Die Mittelerhöhung in den Jahren 1986 und 1987 war ein Schwerpunkt des von der Bundesregierung im Juni 1985 beschlossenen Maßnahmenpaketes zur Steigerung der Investitionskraft der Wirtschaft und zur Erleichterung des Anpassungsprozesses im Baubereich. Die Förderung der Stadterneuerung nach dem StBauFG erfolgte in Kombination mit zahlreichen weiteren Förderungsmöglichkeiten. Dazu gehörten Mittel für sozialen Wohnungsbau, Modernisierungs- und Energieeinsparung, Denkmalschutz, für Gewerbe- und Strukturförderung, für den Straßenbau und für öffentliche Einrichtungen.

Verschiedene Gesetze trugen, Angaben der Regierung zufolge, zu einer Stärkung der Bautätigkeit und zu einem verbesserten Wohnungsangebot bei. Hierbei handelte es sich beispielsweise um das Gesetz zur Erhöhung des Angebots an Mietwohnungen vom 20. Dez. 1982, wodurch die Rahmenbedingungen für den freifinanzierten Mietwohnungsbau verbessert wurden. Das Haushaltsbegleitgesetz 1983 enthält Maßnahmen zur Förderung der Bildung von selbstgenutztem Wohneigentum. Weiterhin wurden die Bundesmittel für die direkte Wohnungsbauförderung in den Haushaltsjahren 1983 und 84 um zusätzlich 2 Mrd. DM erhöht (Drs. 10/6027, 40). Nachdem durch die genannten Maßnahmen eine Normalisierung auf dem Wohnungsmarkt erreicht zu sein schien, konzentrierte die Bundesregierung 1986 ihre Mittel für den sozialen Wohnungsbau auf die Eigenheimförderung. "Eine globale Förderung im sozialen Wohnungsbau durch den Bund findet seither nicht mehr statt" (Drs 10/6027, 41). Infolge der sich Ende der 80er Jahre abzeichnenden Wohnungsnot legte Bundesbauministerin Adam-Schwaetzer aber im Herbst 1991 ein wohnungsbaupolitisches Gesamtkonzept vor. Einen Schwerpunkt hierbei stellen die zusätzlichen Hilfen für Wohnungseigentümer dar: Änderung des §10e EKStG, Neueinführung des Schuldzinsabzuges, Baukindergeld. Durch die verschiedenen Fördermaßnahmen und den damit verbundenen 'Sickereffekt' erhofft sich die Regierung eine Entlastung des Mietwohnungsmarktes. Im Bereich des sozialen Wohnungsbaus sollen, entsprechenden Plänen zufolge, die Mittel im Bundeshaushalt 1992 um 440 Millionen DM auf 2,2 Milliarden DM angehoben werden.

Großbritannien

In den vergangenen Jahren wurden verschiedene Untersuchungen veröffentlicht, die sich mit den Lebensbedingungen ethnischer Minderheiten, der Bewohnerstruktur, der Zuteilung von Wohnungen u.ä. beschäftigen. Weitgehende Einigkeit herrscht hinsichtlich der Tatsache rassischer Diskriminierungen auf dem Wohnungsmarkt. Angehörige ethnischer Minderheiten sind in den benachteiligten Bezirken überrepräsentiert und bewohnen dort die schlechtesten Wohnungen (SMITH/ MERCER 1987; HUSBANDS 1987; WARD 1984). Diese Studien zeigen i.d.r. Muster einer sozialen Segregation auf. Die Situation auf dem Wohnungsmarkt verschlechterte sich in den siebziger Jahren und in noch stärkerem Maß nach 1980. Der soziale Wohnungsbau kam in den meisten Städten praktisch zum Erliegen. Die Regierung verordnete eine drastische Beschneidung der Ausgaben für den Wohnungsbau. Der Zustand vorhandener Sozialwohnungen verschlechterte sich rapide. Die besseren Sozialwohnungen wurden häufig zu niedrigen Preisen an ihre jeweiligen Mieter verkauft, wodurch sie dem sozialen Sektor nicht mehr zur Verfügung standen. Allerdings spielte der private Mietwohnungsmarkt bereits lange Jahre zuvor kaum eine Rolle, da Mietpreisbindung Privatvermietungen fast unrentabel gemacht hatten. Hier sollte das neue Wohnungsbaugesetz (Housing Act) von 1988 Abhilfe schaffen, indem die Preisbindung zumindest für Neubauten aufgehoben wurde. Heute gibt es allerdings in den Städten kaum mehr Mietwohnungen auf dem privaten Markt, wie noch zu Zeiten der Mietpreisbindung. Die Objekte werden i.d.R. von Firmen angemietet, die ihren Angestellten den Wohnraum zur Verfügung stellen. Unterkünfte fehlen weiterhin für diejenigen, deren Wohnungsnot am größten ist. Vorsichtige Schätzungen besagen, daß allein in London 1989 etwa hunderttausend Familien obdachlos waren (EVERSLY 1989).

Trotz der Beschränkung der Ausgaben für Wohnungsbau gab es in den 80er Jahren verschiedene Inititiaven und Programme der Regierung zur Wiederbelebung der Innenstadtbereiche. Entsprechende

Maßnahmen hatten das Ziel, Elendsgebiete zu sanieren und einen Großteil der alten Wohnhäuser zu renovieren (CENTRAL OFFICE OF INFORMATION 1989). Da Probleme wie hohe Arbeitslosigkeit, Verfall und Vernachlässigung von Wohnungen sowie Bevölkerungsstrukturen mit relativ hohen Anteilen an benachteiligten und alten Menschen eng mit den 'heruntergekommenen' Inner-city-areas verbunden sind, ist die Regierung, eigenen Verlautbarungen zufolge, bestrebt, gemeinsam mit privaten Investoren, Kommunalbehörden und örtlichen freiwilligen Organisationen eine Reihe von Maßnahmen für benachteiligte Gebiete auszuarbeiten, die zur Wiederbelebung und Verbesserung bestehender Bedingungen führen sollen (CENTRAL OFFICE OF INFORMATION 1988; dergl. 1986).

Im folgenden werden einige der im Bereich Wohnungs- und Städtbau eingeleiteten Maßnahmen kurz genannt und beschrieben.

Im März 1988 wurde eine Initiative 'Action for Cities' eingeleitet, die sich auf eine Reihe neuer Maßnahmen, an denen verschiedene Ministerien beteiligt sind, erstreckt. Diese Maßnahmen betreffen Umweltprobleme sowie die Förderung neuer kommerzieller Vorhaben und privater Investitionen in den Innenstädten. Weiterhin sollen sie der Förderung handwerklicher und anderer Beschäftigungsmöglichkeiten sowie der Verbesserung von Wohnstätten, Verkehrsmitteln und der Einschränkung von Verbrechen dienen. Die wichtigsten Programme werden von den Ministerien für Umweltfragen, dem Arbeitsministerium und dem Ministerium für Handel und Industrie getragen (CENTRAL OFFICE OF INFORMATION 1989; ACTION FOR CITIES 1988).

Das Stadtentwicklungsprogramm (Urban Programme) wurde bereits 1969 beschlossen. Es war das erste ausschließlich für die Innenstädte bestimmte größere Investitionsprogramm der Regierung. In seinem Rahmen werden über die Kommunalbehörden Zuwendungen zu Vorhaben in den Innenstädten erteilt. Immer stärker werden mittlerweile Vorhaben begünstigt, die die örtliche Wirtschaft stärken. 1987 konzentrierte die Regierung die Aufwendungen auf 57 Bereiche mit speziellen Problemen (hierunter auch die ehemaligen 'riot-areas'). In bestimmten Gegenden werden Sonderpläne durchgeführt. In den Bezirken Birmingham, Liverpool, Manchester, Newcastle und Teilen Londons besteht ein System 'koordinierter Partnerschaft', in dessen Rahmen die Zentralregierung mit den Kommunalverwaltungen an der Lösung von Großstadtproblemen zusammenarbeitet (CENTRAL OFFICE OF INFORMATI-

ON 1988).

Seit Mitte der achtziger Jahre gibt es eine Reihe von Bemühungen zur Entwicklung und Koordination verschiedener Maßnahmen und Programme zwischen den Behörden. Hierzu zählen 'city action teams', 'task forces' sowie die Subventionierung von Vorhaben in Innenstädten, 'city grant' (CERD 1988). Einzelne Maßnahmen beinhalten beispielsweise: Investitionen in die Wiederherstellung der Häuser; gemeinsame Erneuerungspläne, nach denen bisher arbeitslose Personen an der Verbesserung der Umwelt arbeiten; die Entwicklung von Mietverwaltungs- und Eigentumsgenossenschaften; Förderung örtlicher Beschäftigungsinitiativen und der örtlichen Wohnungsverwaltung im Zusammenhang mit dem sogenannten 'Priority Estates Project' (CENTRAL OFFICE OF INFORMATION 1989).

Zur Verbesserung des Zustandes älterer Siedlungen weisen die Kommunalbehörden bestimmte Gebiete als 'allgemeine Förderungsbereiche' (general improvement areas) und 'Wohnhausaktionsbereiche' (housing action areas) aus. Aufgrund von Sonderbefugnissen können die Behörden Maßnahmen zur Verbesserung der Lebensbedingungen der Bevölkerung initiieren. Dabei werden die Kommunen finanziell von der Regierung unterstützt (Landschaftsgestaltung, Verschönerungsarbeiten an Gebäuden etc.) (CENTRAL OFFICE OF INFORMATION 1988).

In den siebziger und vor allem in den achtziger Jahren sind eine Reihe von Maßnahmen im Wohnungs- und Städtebau eingeleitet worden. Trotz dieser Programme bestehen in den Innenstadtbezirken nach wie vor Probleme. Noch immer fehlen tausende von Unterkünften, noch immer konzentrieren sich einkommensschwache Familien - zu denen i.d.R. Angehörige ethnischer Minderheiten zählen - in Gebieten mit qualitativ schlechten Wohnungen (WARD 1984). Einig ist man sich darüber, daß eine nach wie vor weitverbreitete Diskriminierung der ethnischen Minderheiten besteht. Das Geld für Innenstadtbereiche floß häufig in Prestigeobjekte, während es gleichzeitig in anderen Bereichen gekürzt wurde (vgl. Interview Solomos). So seien Zuschüsse der Regierung an die Städte so stark gekürzt worden, daß beispielsweise Birmingham über zwei Jahre (1987/88) keine neuen Wohnungen habe bauen können (vgl. Silverman-Interview, 29.11.89; HANDSWORTH COORDINATING COMMITTEE 1986). Studien zur Situation des Wohnungsmarktes machen deutlich, daß bestimmte Gruppen ethnischer Minderheiten (insbesondere Bangladeshi) die niedrigste Rate an Hauseigentum aufweisen (SMITH/MERCER 1987). Husbands spricht von einem 'split-housing-market' analog einem dualen Arbeitsmarkt, auf welchem 'Weiße' und Angehörige anderer ethnischer Gruppen völlig unterschiedlichen Bedingungen unterliegen. Er beschreibt Diskriminierungen, die sich vor allem auf dem privaten Wohnungsmarkt und bei der Zuteilung öffentlicher Wohnungen zeigen (HUSBANDS, 1987; siehe auch GRUBB 1987; WARD 1987).

Angesichts solcher Ergebnisse bleibt festzustellen, daß trotz der eingeleiteten Maßnahmen eine einschneidende Besserung im Bereich Städte- und Wohnungsbau im Hinblick auf die Situation der benachteiligten Bevölkerungsgruppen nicht stattgefunden hat. Insgesamt betrachtet sind Einflüsse sowohl der 'riots' selbst, als auch der Empfehlungen der verschiedenen Kommissionen auf diesen Politikbereich kaum feststellbar.

3. Maßnahmen im Bereich Beruf, Ausbildung und Beschäftigung

USA

Wichtigste Behörde im Bereich dieser Maßnahmen war nicht das Dep. of Labor, sondern das Office of Economic Opportunity (OEO), eine dem Präsidenten direkt unterstellte Administration. Dieser Behörde oblagen Entwicklung und Koordination verschiedener Maßnahmen des 'Antipoverty-Programs' Präsident Johnsons. Sie diente der Regierung als Instrument zur Reaktion auf besonders drängende Probleme. Eine der expliziten Zielsetzungen dieses sozialstaatlichen 'Krieges gegen die Armut' war es, die materielle Armut als Ursache der Gewalt aufzuheben (vgl. BUTTON 1978, 30).

Wichtige vom OEO betreute innovative Maßnahmen des Anti-Armut Programms waren u.a. Beschäftigungsprogramme (z.B. das 'Concentrated Employment Program' oder das Programm 'Job Opportunities in the Business Sector'), ein Programm des freiwilligen sozialen Dienstes ('Volunteers in Service to America') und ein Programm zur Verbesserung der Partizipation in kommunalen Selbstverwaltungsangelegenheiten ('Community Action Program'). Sowohl die aggregierte statistische Analyse als auch die städtevergleichenden Fallstudien belegen eindeutig den Zusammenhang zwischen dem Einsatz dieser Maßnahmen und den Protesten und Revolten in den Ghettos (vgl. BUTTON 1978, 26-28, 35f.). So ist neben der generellen Ausweitung der Programme auch eine stärkere Konzentration auf die Zielgruppe der ethnischen Minderheiten und Jugendlichen festzustellen. Dies läßt sich vor allem für die zweite Phase von 1967-1969 beobachten. Für die Zeit zwischen 1970 und 1972 steigen die Ausgaben für die entsprechenden Maßnahmen zwar langsamer an als in der vorigen Phase, weiterhin besteht aber eine signifikante Korrelation zwischen den Ghettorevolten und den Ausgabensteigerungen für die entsprechenden Maßnahmen.

Bundesrepublik Deutschland

Angesichts der sich seit Ende der siebziger Jahre verschärfenden Situation auf dem bundesdeutschen Ausbildungsmarkt wurden von den im Bundestag vertretenen Parteien verschiedene Programme zur Bekämpfung der Jugendarbeitslosigkeit vorgelegt.

Maßnahmen zur Verbesserung der Situation auf dem Arbeitsmarkt stellen die von der Bundesregierung verbesserten Rahmenbedingungen für Teilzeitarbeit dar. Auch das Gesetz zur Förderung von Vorruhestandsleistungen muß in diesem Zusammenhang genannt werden. Hierdurch wurden die Voraussetzungen geschaffen, daß Arbeitnehmer schon im Alter von 58 Jahren vorzeitig in den Ruhestand treten konnten. Damit sollten zusätzliche Einstellungschancen für Auszubildende und arbeitslose Jugendliche geschaffen werden. Ebenso sollte das Beschäftigungsförderungsgesetz von 1985 zur Schaffung weiterer Arbeitsplätze beitragen, indem beispielsweise die Möglichkeit, befristete Arbeitsverträge abzuschließen, erleichtert werden sollte.

Da weitgehend Einigkeit darüber besteht, daß eine abgeschlossene Berufsausbildung nach wie vor den wirksamsten Schutz gegen Arbeitslosigkeit darstellt, wurde der Bereitstellung beruflicher Ausbildungsplätze besondere Bedeutung beigemessen. Die Regierung unterstützte entsprechende Bemühungen der Betriebe nachhaltig und ergriff flankierende Maßnahmen. Hierzu zählt beispielsweise das Sonderprogramm von 1983 zur Gewinnung von über- oder außerbetrieblich organisierten Ausbildungsplätzen. Hierfür wurden 1984 85 Mio. DM und 1985 50 Mio. DM bereitgestellt (Drs. 10/6027, 159). Die Mittel flossen bevorzugt in Regionen mit Ausbildungsplatzdefiziten.

Eine wichtige Aufgabe für die berufliche Integration arbeitsloser Jugendlicher kam in den 80er Jahren auch den berufsvorbereitenden Maßnahmen zu. Hierzu zählen beispielsweise das Berufsvorbereitungsjahr, ein zusätzliches Vollzeitschuljahr für lernschwache bzw. berufsunreife Jugendliche, die nach Ende der Schulzeit noch keinen Ausbildungsplatz gefunden haben, oder auch die verschiedenen berufsvorbereitenden Lehrgänge der Bundesanstalt für Arbeit auf der Grundlage des Arbeitsförderungsgesetzes (AFG). Hier wurden für unterschiedliche Zielgruppen spezifische Lehrgangsformen entwickelt. So sieht das 1983 entwickelte Konzept "Berufliche Bildungsmaßnahmen für jüngere Arbeitslose" eine Vielzahl von unterschiedlichen Bildungsangeboten vor. Hiermit wurde ein flexibel einsetzbares Förderungsinstrumentarium eingeführt, mit dem ein heterogener Personenkreis von 19-25 jährigen Arbeitslosen (jugendliche Hilfsarbeiter, Ausbildungsabbrecher, Jugendliche mit 'Maßnahmekarrieren', Schulabgänger ohne Ausbildungswunsch, junge Ausländer) angesprochen wird.

1983 wurde auch das sogenannte Berufspraktische Jahr eingeführt. Es soll Jugendlichen, die für eine reguläre berufliche Ausbildung nicht oder nicht mehr in Frage kommen, zumindest eine berufliche Teilqualifizierung ermöglichen. Die Durchführung kann von der Bundesanstalt für Arbeit im Rahmen des AFG, des Bildungsbeihilfeprogrammes des Bundes sowie verschiedener Programme der Länder finanziell gefördert werden.

Zu den berufsvorbereitenden Programmen zählen auch die Maßnahmen zur beruflichen und sozialen Eingliederung junger Ausländer (MBSE). Der Rückgang der Teilnehmerzahlen von 15.000 im Jahre 1980/81 auf 6.500 1983/84 ist z.T. auf veränderte Zugangsvoraussetzungen (Mindestsprachkenntnisse, Sprachintensivkurse) zurückzuführen. Einen weiteren Grund stellt die Zuzugsbeschränkung für junge Ausländer über 16 Jahre zu nur einem in der Bundesrepublik lebenden Elternteil dar, sowie das gestiegene Platzangebot im schulischen Berufsvorbereitungsjahr für junge Ausländer (SCHOBER, K. 1984). Die MBSE junger Ausländer wurden mittlerweile abgeschafft, u.a. weil aufgrund der ausländerrechtlichen Entwicklungen die Zahl der Seiteneinsteiger stark abgenommen hat.

Die Maßnahmen der Arbeitsvermittlung starteten 1983 mit rund 26.500 Jugendlichen, 1986/87 betrug die Teilnehmerzahl 40.000. Hinzu kommen die vormals nach dem Bildungsbeihilfenprogramm geförderten allgemeinbildenden Lehrgänge und Kurse zum nachträglichen Erwerb des Hauptschulabschlusses, die seit 1988 in die Regelförderung des AFG übernommen wurden. In berufsvorbereitenden Maßnahmen der Bundesanstalt wurden 1987/88 insgesamt knapp 74.000 Jugendliche gefördert. Angesichts der eingetretenen teilweisen Entspannung auf dem Arbeits- und Ausbildungsstellenmarkt waren 1988 nur noch 57.000 Jugendliche in entsprechenden Maßnahmen (ANBA, 6/1990).

Bei den Arbeitsbeschaffungsmaßnahmen (ABM) handelt es sich um ein weiteres wichtiges arbeitsmarktpolitisches Instrument. Sie bieten Möglichkeit zur direkten, wenn auch befristeten Schaffung von Arbeitsplätzen. Mit Hilfe von Lohnkostenzuschüssen werden zusätzliche Arbeitsplätze für Arbeiten im öffentlichen Interesse zur Verfügung gestellt. Sie dienen insbesondere der Wiedereingliederung schwer vermittelbarer Arbeitsloser. Die Zahl der in ABM Beschäftigten stieg von 29.000 im Jahr 1982 auf 87.000 im Jahr 1985 (Drs. 10/6027). Die Zahl der Arbeitnehmer, die unter Inanspruchnahme der Förderungsleistungen nach dem AFG in eine berufliche Weiterbildungsmaßnahme eingetreten sind, nahm einen ähnlichen Verlauf. Am 1. Jan. 1986 trat die 7.Novelle des AFG in Kraft. Das Instrumentarium der Förderung der beruflichen Bildung ist dadurch weiter ergänzt und verbessert worden (Drs. 548/89).

Großbritannien

Sowohl seitens der Regierung als auch der Kommunalbehörden wurde mit Hilfe unterschiedlicher Programme versucht, die Berufschancen Jugendlicher zu verbessern und die Jugendarbeitslosigkeit zu bekämpfen. Sie richteten sich teilweise darauf, durch Ausbildungsmaßnahmen die Arbeitslosigkeit unter den Jugendlichen zu senken und ihre Beschäftigungschancen nach Abschluß der Ausbildung zu erhöhen. Teilweise gelten sie der Wiedereingliederung Jugendlicher in das Beschäftigungssystem. Der überwiegende Teil der Programme wird unter staatlicher oder unter gemeinsamer Verantwortung staatlicher und nichtstaatlicher Stellen durchgeführt. Bei den staatlich getragenen oder mitgetragenen Programmen handelt es sich um Ausbildungszuschüsse an Betriebe, direkte Ausbildung oder Schulung durch die TSA (Training Service Agency) und um befristete Beschäftigung und Beschäftigungshilfen.

In engem Zusammenhang mit den Maßnahmen zur Stadt- und

Wohnungsbaupolitik, insbesondere den Urban-Programs (UP), sollen auch Arbeits- und Ausbildungsplätze neu geschaffen werden. So ist beispielsweise die Unterstützung und Förderung von Geschäftsgründungen ein wichtiges Element. Die UP's helfen den ortsansässigen Unternehmen durch Beratung bei Neubauten, Renovierungen und in Lohn- und Steuerfragen (REES/ATKINSON 1982). Die 'City Action Teams', die im April 1985 gegründet wurden, beraten Unternehmen zur Schaffung von Beschäftigungs- und Ausbildungsmöglichkeiten für Bewohner der 'inner-cities'. Auch im Rahmen der seit 1988 bestehenden 'Action for Cities programs' werden Unternehmen und Privatpersonen in Fragen neuer Geschäftsgründungen beraten (CERD 1988; CENTRAL OFFICE OF INFORMATION 1989).

Die Programme zur Ausbildung und Beschäftigung waren teilweise bereits in den siebziger Jahren eingeführt worden, wie beispielsweise das 'Community Industry Scheme' oder auch das 'Youth Opportunities Program'. Bei dem 'Community Industry Scheme' hat sich die Anzahl der Regionen, die in diese Maßnahme einbezogen wurden, mittlerweile beträchtlich erhöht. Das Programm zielt auf schlecht qualifizierte Schulabgänger aus sozial schwachen Familien. Die zu schaffenden Arbeitsplätze sollen durch die Anbindung an ein lokales Projekt von besonderem sozialen Wert sein. Gemeinden können auf diese Weise soziale Dienste einführen bzw. ausbauen. Die Maßnahme dient vorwiegend konkreten Qualifikationsaspekten wie der Schulung einzelner Fähigkeiten oder einem praktischen Kontakt mit der Arbeitswelt. Das 'Youth Opportunities Program' (YOP), wurde ebenfalls Anfang der 80er Jahre stärker ausgebaut. Ziel dieser Maßnahme ist es, die Berufsaussichten derjenigen Schulabgänger zu verbessern, deren Chancen auf dem Arbeitsmarkt gering sind. Hierbei werden je nach lokaler Gegebenheit von unterschiedlichen Organisationen - Betrieben, Gewerkschaften, Arbeitgeberverbänden, Behörden - oder von Einzelpersonen berufsvorbereitende Maßnahmen durchgeführt (WILLIAMSON 1982).

Das 'Youth Training Scheme' (YTS) ist ein seit September 1983 bestehendes Programm. Die Regierung hatte im Anschluß an die Jugendunruhen zugesichert, daß jeder fortbildungswillige Jugendliche einen Platz erhalten würde. Allen 16-jährigen Schulabgängern und allen 17-jährigen Arbeitslosen wird im Rahmen dieser Maßnahme ein Ausbildungsplatz in der Wirtschaft für die Dauer eines Jahres angeboten (NATIONAL YOUTH BUREAU 1989; MOON 1983).

Neben den o.g. Programmen bestehen eine Reihe von Maßnahmen, mit deren Hilfe die Regierung in Form direkter oder indirekter Subvention versucht, die Einstellungswilligkeit von Unternehmen zu fördern. Hierunter fallen beispielsweise das 'Young Worker Scheme' und das 'Job Splitting Scheme'. Zusätzlich bestehen in den Städten und Gemeinden eine Vielzahl von Einzelprogrammen und Beschäftigungsinitiativen, die an dieser Stelle nicht einzeln aufgelistet werden können (MOON u.a. 1985; NEWNHAM 1986).

Eine steigende Zahl von Jugendlichen nimmt diese Angebote wahr (MOON 1983, 301ff.). Eine allgemeine Akzeptanz der Programme kann jedoch daraus nicht abgeleitet werden. Die Ergebnisse von Umfragen unter Jugendlichen deuten daraufhin, daß sich infolge steigender Arbeitslosigkeit immer mehr Schulabgänger schlicht gezwungen sehen, staatliche Angebote anzunehmen (WILLIAMSON 1982). Eine Studie des National Youth Bureau stellte allerdings fest, daß immer mehr Jugendliche Maßnahmen wie das 'YTS' vorzeitig verlassen, weil sie nach Abschluß des Trainings kaum auf einen 'Job' hoffen können. Dieser Untersuchung zufolge waren nahezu die Hälfte der YTS-Teilnehmer nach Beendigung der Maßnahme als arbeitslos registriert (NATIONAL YOUTH BUREAU 1984).

Unterstützungsleistungen an Betriebe bewirken allerdings selten, daß zusätzliche Arbeitsplätze mobilisiert werden (STARES u.a. 1982; CROSS 1987). So zeigte eine Studie der 'Manpower Service Commission' ('MSC', eine unserer Bundesanstalt für Arbeit vergleichbare Einrichtung), daß lediglich sechs Prozent der subventionierten Beschäftigungsverhältnisse neu geschaffen wurden (NATIONAL YOUTH BUREAU 1984). Bereits Jahre vorher war das Department of Employment zu einem ähnlichen Ergebnis gekommen: Laut Umfrage hätte drei Viertel der die Jugendbeschäftigungshilfe in Anspruch nehmenden Unternehmer die Jugendlichen auch ohne Förderung eingestellt (BILDUNGSWESEN IM VERGLEICH 1979).

Eine umfassende Untersuchung über die Beteiligung von Jugendlichen aus ethnischen Minoritäten an den verschiedenen staatlichen Beschäftigungsprogrammen existiert unseres Wissens nicht. Einzelne auf lokaler Ebene durchgeführte Untersuchungen zeigen allerdings eine hohe Beteiligung dieser Personengruppe an den Maßnahmen. Stares u.a. stellten beispielsweise für die Bezirke Handsworth (Birmingham), Moss Side (Manchester) und Southall (London) fest, daß im Rahmen der

'Youth Opportunity Programs' drei Viertel der teilnehmenden Jugendlichen aus ethnischen Minderheiten kamen (STARES u.a. 1982)

Es zeigte sich, daß von staatlicher Seite aus insbesondere nach den 'riots' 1981 zwar der Versuch unternommen wurde die bestehenden Ausbildungsprogramme zu verbessern. Kritisiert wird jedoch, daß keine längerfristigen Maßnahmen initiiert wurden und die monetaristische Wirtschaftskonzeption der konservativen Regierung nicht zu einer Entschärfung der Lage auf dem Arbeitsmarkt beitrage. So hätten die verschiedenen Beschäftigungsprogramme das Problem der Diskriminierung ethnischer Minderheiten in diesem Bereich nicht gelöst (SOLOMOS 1986, BENYON 1984; MOON/RICHARDSON 1985; TROYNA/ SMITH 1983).

Nach Auskunft unserer Interviewpartner sind auch die Maßnahmen im Bereich Beschäftigung und Ausbildung nur beschränkt auf die 'riots' zurückzuführen, da zahlreiche Programme bereits in den siebziger Jahren bestanden und lediglich weiter ausgebaut wurden. Diese Tatsache wird allerdings eher als Folge der sich verschärfenden Situation auf dem Arbeitsmarkt und der rapide steigenden Arbeitslosenzahlen zu Beginn der achtziger Jahre interpretiert. Sie beruhe kaum auf der Einsicht der Regierung, daß das Problem Jugendarbeitslosigkeit eine der Hauptursachen für die 'riots' gewesen sei.

4. Maßnahmen im Bereich Schule und Erziehung

USA

In der ersten Phase zwischen 1963 und 1966 stiegen die Ausgaben des Ministeriums für Gesundheit, Erziehung und Wohlfahrt (HEW) in Reaktion auf die Unruhen deutlich an. Innovative Ansätze waren beim HEW aber nur vereinzelt zu verzeichnen. Besonders stark vorangetriebene Programme lagen im Bereich der medizinischen Vorsorge und Hilfe, der Gesundheitsdienste und der Armutsbekämpfung (vgl. BUTTON 1978, 66).

Ein generelles drastisches Anwachsen der wohlfahrtstaatlichen Ausgaben ist für den Zeitraum zwischen 1967 und 1969 zu verzeichnen. Signifikante Zusammenhänge zwischen den Unruhen und neuen, speziell in Reaktion auf die 'riots' entwickelten Maßnahmen des HEW sind jedoch nur schwer feststellbar. Die Gründe hierfür sieht Button sowohl in der nachlassenden öffentlichen Aufmerksamkeit gegenüber dem Thema der Rassenkonflikte angesichts des Vietnamkriegs als auch in einem Stimmungsumschwung in großen Teilen der 'Weißen' Bevölkerung seit dem Ende der 60er Jahre. Im Zuge dieses Stimmungsumschwunges seien die anfangs als legitim anerkannten Forderungen der Protestgruppen zunehmend als bedrohlich empfunden worden und hätten zu einer ablehnenden und aggressiven Haltung bei den 'Weißen' (backlash-mood) geführt (vgl. BUTTON 1978, 103).

Die - insgesamt sehr geringen - Ausgaben für innovative Maßnahmen flossen in Experimente zur Verbesserung der Partizipation in Nachbarschaftseinheiten, ins Gesundheitswesen sowie in Programme der Berufsbildung, des Schulwesens und in 'black awareness' Programme (vgl. ebd., 81). Ausgesprochen negativen Einfluß hätten die Unruhen auf Maßnahmen zur schulischen Desegregation gehabt. Im HEW habe sich im Zuge der gegen die 'Schwarzen' gerichteten Reaktionen der 'Weißen' eine immer zögerlichere Haltung zur Durchsetzung dieser Programme entwickelt (vgl. ebd., 81).

Wie schon beim HUD, so entwickelten sich auch die Ausgaben beim HEW zwischen 1970 und 1972 insgesamt steil nach oben, bei gleichzeitig ablehnender politischer Rhetorik der Nixon-Regierung (vgl. ebd., 98). Im Gegensatz zu diesen allgemeinen Ausgabensteigerungen stand die Politik der Nixon-Regierung hinsichtlich der schulischen Desegregationsbemühungen. Teilweise wurde gar nicht versucht, entwickelte Maßnahmen durchzusetzen. Weiterhin opponierte die Nixon-Regierung gegen die 'busing-programs', die den Schulbesuch von 'schwarzen' Kindern an überwiegend von 'Weißen' besuchten Schulen ermöglichen und damit zur ethnischen Integration beitragen sollten. Sie verweigerte ebenfalls die Mittel zur Erforschung des Zusammenhangs von Ghettorevolten und Segregation sowie Mittel zur Evaluation bestehender Desegregationsprogramme (vgl. ebd., 99f.).

Neben den in der Phase zwischen 1970 und 1972 zu verzeichnenden drastischen Ausgabensteigerungen des HEW ist die Diskussion um den 'Family Assistance Plan' als wichtige Reaktion auf die Proteste festzuhalten. Der 'Family Assistance Plan' sollte das bis dahin gültige System wohlfahrtsstaatlicher Leistungen ersetzen und in der wichtigen Forderung der 'Schwarzen' nach einem Mindesteinkommen entgegenkommen. Erstmals 1968 noch unter Johnson in die Diskussion gebracht, wurde von der Nixon-Regierung eine Verabschiedung dieses Gesetzentwurfes nie ernsthaft betrieben. Button führt dies darauf zurück, daß mit dem Rückgang der 'riots' auch der politische Druck der 'Schwarzen' zu Anfang der 70er Jahre nachgelassen habe (vgl. ebd., 101).

Bundesrepublik Deutschland

Im Bereich der Ausbildungsförderung für Schüler und Studenten wurden in den 80er Jahren eine Reihe von Änderungen im Rahmen des Bundesausbildungsförderungsgesetzes (Bafög) durchgeführt. So wurde 1983 eine Reduzierung des Förderungsbereiches beschlossen. Mit Beginn des Schuljahres 1983/84 wurden die Mittel im Schulbereich auf die durch Ausbildungskosten besonders hoch belasteten Familien konzentriert. Es wurden prinzipiell nur noch zwei Gruppen gefördert: Auszubildende, für deren weitere Förderung die Absicht maßgebend gewesen ist, nach regelmäßig bereits längerer wirtschaftlicher Selbständigkeit, den Übergang in eine weitere Bildungsphase zu erleichtern (Abendschulen, Kollegs), sowie Schüler von weiterführenden Schulen und Berufsfachschulen ab Klasse 10, Berufsaufbauschulen, Fachoberschulen und Fachschulklassen, deren Besuch eine abgeschlossene Berufsausbildung voraussetzt. Diese erhalten allerdings nur dann Unterstützung, wenn sie nicht bei den Eltern wohnen können, da eine entsprechend zumutbare Ausbildungsstätte von deren Wohnort aus nicht erreichbar ist. Weitere leistungsreduzierende Eingriffe bezogen sich auf sogenannte Sozialpauschalen; gesenkt wurden teilweise die Höchstbeträge und der zusätzliche Freibetrag bei Einkommen beider Elternteile. Leistungen für Schulgeld, Fahrtkosten, Studienfahrten, Lern- und Arbeitsmittel nach der Härteverordnung entfielen (Drs. 10/835). Änderungen gab es auch bei den Regelungen zum Bafög für Studenten. Hier wurde 1983 eine Umstellung auf Volldarlehen beschlossen.

In Folge dieser Einsparmaßnahmen verringerten sich die Ausgaben für Schülerbafög von 1.080 Mio DM im Jahr 1982 auf 299 Mio DM 1988. Die Höhe des Zuschusses für geförderte Studenten verringerte sich von 870 Mio. DM im Jahr 1982 auf 11 Mio DM 1988, während die Darlehenssumme von 440 Mio. DM 1982 auf 1.144 Mrd. DM stieg (BUNDESMINISTERIUM DER FINANZEN 1988).

Im Herbst 1990 traten erneut geänderte Bafög-Regelungen in Kraft.

Die wichtigsten Änderungen sind: Anhebung der relativen Freibeträge von Elterneinkommen; Schüler von Schulen, deren Besuch eine abgeschlossene Berufsausbildung voraussetzt, sowie Schüler von Schulen, die zu einem berufsqualifizierenden Abschluß führen, in die Förderung aufzunehmen; Ausbildungsförderung der Studenten zu 50% als Zuschuß zu leisten. Man geht davon aus, daß das Gesetz im Bereich der Sozialhilfe teilweise zu Einsparungen, teilweise zu Mehrausgaben führt und daß die Gemeinden unter Berücksichtigung ihres Anteils an den Steuermehreinnahmen insgesamt finanziell entlastet werden.

Die Proteste haben - wie es scheint - keine Auswirkungen auf die Programme gehabt. Zur gleichen Zeit führten allgemeine Einsparmaßnahmen der Regierung auch in diesem Bereich zu Änderungen.

Großbritannien

Trotz des Gesetzes über die Beziehungen zwischen den Rassen von 1976, das die Rassendiskriminierung im Bildungs- und Ausbildungsbereich verbietet, kann von Chancengleichheit im schulischen Bereich keine Rede sein (TOMLINSON 1986; GURNAH 1987; TROYNA 1986; RILEY 1982).

Troyna zufolge bewirkten die Ereignisse von 1981 eine Stärkung der Sichtweise, daß die Curricula der Schulen stärker multikulturell ausgerichtet werden sollten. In der Folge seien sowohl Zentral- als auch Lokalbehörden sich darin einig gewesen, daß die Bedürfnisse der Kinder ethnischer Minderheiten stärker berücksichtigt werden müssen (Interview Troyna, 6.12.89). Insbesondere in den Jahren 1986-1989 wurden Initiativen zur multikulturellen Erziehung stärker gefördert. So wurde beispielsweise vom Department of Education and Science (DES) eine breitangelegte Kampagne zur Rekrutierung von Lehrkräften aus ethnischen Minderheiten gestartet. 1986 wurde die Entwicklung und Durchführung eines Curriculums für eine multi-ethnische Gesellschaft zu einer Angelegenheit mit nationaler Priorität erklärt (Troyna-Interview; CERD 1988; DES 1986).

Die von vielen Ausbildungsinstitutionen angebotenen Kurse, in denen angehende Lehrer spezielle Kenntnisse auf dem Gebiet der sprachlichen oder sozialen und kulturellen Probleme ethnischer Minderheiten erwerben können, wurden in den achtziger Jahren ausgebaut. Bei diesen Angeboten handelt es sich beispielsweise um 'Urban Education',

'English as a Foreign Language', 'Community and Multi-Cultural Studies', 'Multi-Ethnic-Education'. In den Jahren 1987 und 1988 wurden vom Bildungsministerium in Zusammenarbeit mit verschiedenen Institutionen neue Ausbildungslehrgänge entwickelt, die speziell Lehramtskandidaten aus ethnischen Minderheiten ansprechen sollen (LITTLE u.a. 1981; DES 1988).

Für die Lehrer, die zum großen Teil Kinder aus ethnischen Minderheiten unterrichten, wurde das Fort- und Weiterbildungsangebot erweitert. So gibt es z.b. mittlerweile ein nationales Netz von Lehrerzentren, die entsprechende Kurse anbieten. In einigen der von Großstädten oder innerstädtischen Gebieten errichteten Lehrerzentren werden längere Kurse zu Themen wie 'Englisch als Fremdsprache', 'Probleme der Einwandererkinder' oder 'Multikulturelle Curriculumentwicklung' angeboten. Universitäten, Fachhochschulen und Colleges veranstalten ebenfalls eine große Anzahl von Kursen. Obwohl einige der Studiengänge Veranstaltungen über multirassische bzw. multikulturelle Erziehung enthalten, weisen verschiedene Untersuchungen nach, daß die bisherigen Anstrengungen sowohl in quantitativem als auch in qualitativem Umfang den Erfordernissen noch nicht gerecht werden (LYNCH 1981; DES 1988; HOME AFFAIRS COMMITTEE 1981). Kritisiert wird auch, daß es bislang in Großbritannien noch keine ausschließlich auf ethnische Minderheiten abgestimmte Lehrerausbildung gibt, die das Konzept der multikulturellen Erziehung auch explizit vertritt (WRIGHT 1987; TROYNA u.a. 1986).

Spezielle Maßnahmen zur Förderung von Kindern aus ethnischen Minderheiten gibt es in zahlreichen Regionen. Die einzelnen Erziehungsbehörden (LEAs) bieten eine Auswahl an unterschiedlichen Möglichkeiten. Einige lokale Erziehungsbehörden haben z.B. Sprachzentren eingeführt, um einen Einführungsunterricht für Kinder ohne Englisch als Muttersprache zu vermitteln, und in vielen Schulen werden Schüler aller Altersgruppen je nach Bedarf aus dem normalen Klassenverband herausgelöst, um an besonderem Förderunterricht teilzunehmen. Darüberhinaus haben viele Schulen spezielle Abteilungen für Englisch als zweite Sprache aufgebaut. Sowohl die örtlichen Behörden, wie auch einzelne Schulen haben versucht, neue Methoden und Materialien zu entwickeln (JOSEPH 1986).

Die Regierung fördert die Einstellung von zweisprachigem Lehrpersonal in den Grundschulen, indem sie Gelder aus dem Fond des

Kommunalgesetzes (Local Government Act 1966, Section 11) zur Verfügung stellt. Durch dieses Gesetz besteht die Möglichkeit, daß die lokalen Erziehungsbehörden 75 % der Kosten für besondere Bildungsmaßnahmen, die der Arbeit mit Einwanderern gewidmet sind, von der Zentralregierung erstattet bekommen (BEN-TORIN 1982).

Zusammenfassend bleibt festzustellen, daß es sich bei den o.g. Maßnahmen um eine Vielzahl von Einzelinitiativen handelt, die häufig von den lokalen Bildungsbehörden getragen werden. Angesichts der von der Regierung zu Beginn der 80er Jahre eingeleiteten Kürzungsmaßnahmen, die in erheblichem Maße das Erziehungswesen betrafen, hat ein landesweiter Ausbau und die Finanzierung besonderer Programme auf dem Gebiet der multikulturellen Erziehung nicht erfolgen können (TROYNA 1989; TROYNA u.a. 1990; RICHARDSON 1988).

Verschiedene Untersuchungsergebnisse über die Durchsetzung der multikulturellen Erziehung in Großbritannien (GILES/ CHARINGTON 1981; HOUSE OF COMMONS 1981) machen deutlich, daß die Lehrerbildung bisher nur ungenügend und teilweise überhaupt nicht auf die veränderte Situation in Gesellschaft und Schule Großbritanniens reagiert hat. Dies erstaunt umso mehr, als nicht nur die verschiedenen Untersuchungsberichte zu den 'riots', sondern auch weitere offizielle Berichte (Rat des Schulwesens 'Schools Council' (DES), Sonderausschuß des Unterhauses, Rampton Committee) die Lehrerbildung als unentbehrliches Element in der Entwicklung der multikulturellen Gesellschaft identifiziert haben.

Vor allem in der Metropole London hat sich die Lage verschärft. Mit der Abschaffung der Inner London Education Authority wird die Praxis der selektiven Unterstützung vor allem jener Schulen, an denen es die größten Probleme gibt, nicht mehr möglich sein. Schulen, die in besondere Bedrängnis geraten, werden geschlossen. Es herrscht großer Lehrermangel und die Aussichten benachteiligter Kinder auf Bildung und Ausbildung schwinden. Kritiker befürchten angesichts dieser Entwicklung die Entstehung eines neuen Potentials für künftige Unruhen (TROYNA /CARRINGTON 1990; TROYNA 1989).

5. Die Bedeutung der Kommissionsempfehlungen

USA

Alle interviewten amerikanischen Experten sind der Ansicht, die Handlungsempfehlungen der drei untersuchten Presidential-Commissions hätten nur geringen **unmittelbaren** Einfluß auf politische Maßnahmen ausgeübt. Diese Einschätzung gelte sowohl für die sozialpolitischen Maßnahmen in den Bereichen des Städte- und Wohnungsbaues, des Bildungs- und Erziehungswesens und der Beschäftigungspolitik als auch für die Maßnahmen im Bereich von Polizei und Justiz. Dieses Ergebnis wirft die Frage auf, warum trotz der intensiven Beratungen über politische Maßnahmen und trotz der Fülle konkreter Vorschläge für die unterschiedlichsten Politikbereiche in kaum einem Politikfeld direkte Auswirkungen dieser Vorschläge gesehen werden. Die Interviewten geben verschiedene Gründe hierfür an. Erstens könnten Kommissionen aufgrund ihres Beratungsauftrages die Implementierung ihrer Handlungsvorschläge so gut wie gar nicht beeinflussen. Zweitens könne mit der Implementierung ihrer Handlungsempfehlungen ohnehin nicht gerechnet werden, wenn die Kommissionen sich mit solch umfassenden Problemstellungen wie z.b. den Rassenkonflikten zu beschäftigen hätten.

Die Frage nach den Auswirkungen von Kommissionsempfehlungen auf politische Maßnahmen ist Gegenstand einer umfangreichen Studie (vgl. WOLANIN 1975, 132ff). In dieser Studie hat Wolanin insgesamt 99 Presidential-Commissions - darunter auch die hier interessierende Kerner-, Eisenhower- und Scranton-Commission - daraufhin untersucht, welche Reaktionen ihre Arbeit bei den politischen Institutionen hervorgerufen hat. Die Datengrundlage für seine Untersuchung hat Wolanin sich durch die Analyse von Dokumenten[16], durch Interviews mit Kommissionsmitgliedern, Regierungsbeamten und anderen Experten sowie durch die Auswertung von Sekundärquellen geschaffen. Die

---

16) Bei der Dokumentenanalyse wurde untersucht: 'Public Papers of the Presidents'; 'Weekly Compilation of Presidential Documents' und 'Congress and the Nation' (vgl. WOLANIN 1975, 132).

Auswirkungen der Kommissionsvorschläge sind in unterschiedlichen Abstufungen untersucht worden. Während Kommentare und Stellungnahmen (statements and messages) von Regierungsseite von ihm als 'schwache Reaktion' interpretiert werden, gelten die Einleitung von Maßnahmen sowie die Vorbereitung und Verabschiedung von Gesetzen als 'starke Reaktionen'. Bei der Gesamtauswertung kommt Wolanin zum Ergebnis, daß die meisten Kommissionen starke Auswirkungen auf bundesstaatliche politische Maßnahmen gezeigt hätten (siehe ebd., 192). Typischerweise seien zumindest einige zentrale Handlungsvorschläge der Kommissionen von der Regierung aufgegriffen und umgesetzt worden. Für die uns interessierenden Kerner-, Eisenhower- und Scranton-Commissions trifft dieses Ergebnis aber nicht zu. Im Gegenteil, im gesetzgeberischen Bereich seien so gut wie gar keine Auswirkungen zu beobachten. Lediglich die Kerner-Kommission habe ein Gesetz zum Wohnungs- und Städtebau beeinflussen können. Ansonsten werden für die drei Kommissionen aber nur 'schwache Reaktionen' in Form von Stellungnahmen der Regierung, Reden im Kongreß und vor Wirtschaftsverbänden sowie Pressekonferenzen festgestellt (vgl. ebd., 134ff). Die Gründe für die außergewöhnlich geringfügigen Auswirkungen dieser drei Kommissionen auf politische Maßnahmen sieht Wolanin in ihrem Charakter als 'Krisenkommissionen'. 'Krisenkommissionen' würden sich üblicherweise mit sehr umfassenden Themen beschäftigen (ebd., 193f). Ihre Bedeutung liege vor allem darin, der Regierung für die Dauer der Kommissionsarbeit Zeit zu verschaffen, um über Reaktionen auf die Proteste beraten zu können[17]. Einen weiteren Grund für den nur geringen Einfluß dieser Kommissionen auf politische Maßnahmen sieht Wolanin in der mangelnden Konkretion ihrer Handlungsempfehlungen. Dies trifft unserer Ansicht nach aber nicht zu, da sowohl die Fallstudien zu den Kommissionsberichten als auch die Interviewergebnisse zeigen, daß die meisten Handlungsempfehlungen sehr wohl konkret, pragmatisch und an spezifische Adressaten gerichtet sind. Diese Einschätzung wird letztlich auch durch Button bestätigt, der speziell die

---

17) Diese Bedeutung des Zeitgewinns durch 'Krisenkommissionen' in Wolanins Studie weist Parallelen zur symbolischen Wirkung von Kommissionen auf, die von unseren Interviewten betont wird (vgl. Kap. IV.1.2.4.).

Kerner-Kommission daraufhin untersucht hat, wie Handlungsempfehlungen zustande kamen und welche Auswirkungen sie hatten (vgl. BUTTON 1978, 44, 82, 122, 139, 155). Nach Button hat die Kerner-Kommission bei der Entwicklung ihrer Handlungsempfehlungen immer auf die Fachkompetenz in den Ministerien zurückgegriffen. Anfragen und Gespräche mit den Fachleuten aus dem Justiz-, dem Wohnungsbau-dem Sozial- und dem Arbeitsministerium seien die wichtigste Grundlage zur Entwicklung der Handlungsempfehlungen gewesen. Auf mangelnden politischen Pragmatismus läßt dieses Vorgehen also nicht schließen.

Welche Auswirkungen hatten nun die untersuchten Presidential-Commissions auf die verschiedenen Politikbereiche? Zuerst einmal ist festzustellen, daß es in allen von den Kommissionen als relevant angesehenen Politikfeldern zu erheblichen Reaktionen kam. Zwar können die Kommissionen sicherlich nicht als einzige oder entscheidende Ursache für diese Reaktionen verstanden werden; ein unmittelbarer, direkter Einfluß läßt sich also nicht nachweisen. Bei der Durchsetzung von bereits in der Diskussion befindlichen Vorschlägen gingen von ihnen aber mitunter wichtige Impulse aus. So konnten sie in vielen Fällen bereits existierende Programme legitimieren und so mögliche Ausgabenkürzungen verhindern. Diese Auswirkungen der Kommissionen gründeten auf einem doppelten Effekt. Zum einen schafften bzw. erhielten sie in der Öffentlichkeit das Bewußtsein von der Notwendigkeit bestimmter Maßnahmen. Dies wirkte sich als Handlungsdruck auf die Politiker aus, bereits vorliegende Vorschläge zu verwirklichen. Zum anderen wirkten die Kommissionen auch unmittelbar auf die Politiker ein. Sie beeinflußten die Wahrnehmung und die Aufmerksamkeit der Politiker, indem sie die Notwendigkeit von bestimmten Maßnahmen besonders herausstellten. Insofern ist die eher pessimistische Einschätzung der Interviewpartner auf der Basis der Studie Buttons zu korrigieren.

Wenn nun die unmittelbaren Auswirkungen der Kommissionsvorschläge auf politische Maßnahmen nur als gering eingeschätzt werden, worin liegt dann ihre Bedeutung? Laut Aussagen unserer Interviewpartner stellen die Kommissionsvorschläge eine Ideensammlung für Handlungsoptionen dar. Diese diene den politischen Institutionen als eine Grundlage zur Beratung über einzuleitende Maßnahmen. Dabei konkurrierten die Kommissionsvorschläge aber mit anderen Vorschlägen. Eine unmittelbare Umsetzung von Kommissionsempfehlungen sei daher nicht zu erwarten. Für die Implementierung einzelner Maßnahmen könnten die Kommissionsvorschläge aber als zusätzliche legitimatorische Ressource eine Rolle spielen. So sei für einige bereits in der Diskussion befindliche Maßnahmen von den Kommissionen der noch fehlende Druck ausgegangen, diese endlich einzuleiten. Zu einer ähnlichen Einschätzung kommt Button, der darüberhinaus in der Legitimation von bestehenden Maßnahmen eine Auswirkung der Kommissionsvorschläge sieht (vgl. BUTTON 1978, 125). Die Presidential-Commissions haben seinen Ergebnissen zufolge keine völlig neuen Vorschläge entwickelt. Sie haben aber den Stellenwert einzelner Maßnahmen sowohl im Bewußtsein der Politiker als auch in der öffentlichen Aufmerksamkeit verbessert. Indem sie so auf die Prioritätenordnung sowohl der öffentlichen wie auch der politischen Agenda einwirkten, konnten sie wichtige Impulse für die Einleitung und Durchsetzung von Maßnahmen geben.

BRD

In der bundesdeutschen wissenschaftlichen Diskussion über die Auswirkungen von Kommissionsempfehlungen wird vorwiegend die Ansicht vertreten, Enquete-Kommissionen seien zwar gemäß ihres Arbeitsauftrages aufgefordert, Handlungsempfehlungen zur Lösung politischer Fragen abzugeben, die Umsetzung der Empfehlungen lasse aber - einmal abgesehen von der ersten Enquete des Deutschen Bundestages zur Auswärtigen Kulturpolitik - in der Regel zu wünschen übrig (vgl. KLATT 1981, 13; REHFELD 1981, 236; KRETSCHMER 1983, 270). Nach Kretschmer (vgl. JULING 1987, 20) beziehen sich die Auswirkungen der Enquete-Kommissionen offenbar weniger auf die Realisierung spezifischer Einzelempfehlungen. Enquete-Kommissionen hätten vielmehr in erster Linie "eine Integrationsfunktion und dienten dem Dialog zwischen Parlamentariern und der Fachöffentlichkeit" (ebd.). Entsprechend kann eine Äußerung von Gerd Langguth verstanden werden: Vieles - (so Langguth Interview 20.11.1989) - werde in solchen Enquete-Kommissionen zu Protokoll gegeben, damit man die Nachwelt darauf hinweisen könne, man habe dieses oder jenes bereits vor Jahren so formuliert. Die von Enqueten vorgelegten Vorschläge waren nach Kretschmer (1983, 270) in der Regel keine, die zum erstenmal in der politischen Diskussion auftauchen. Oftmals präsentieren Enquete-

Kommissionen keine 'neuen' Lösungsansätze, sondern greifen solche heraus, über die schon zuvor diskutiert wurde. Enquete-Kommissionen können damit bestimmten Lösungsansätzen in der politischen Diskussion zu einer herausgehobenen Stellung verhelfen.

Eine Aussage darüber, wie stark bestimmte Empfehlungen politische Maßnahmen beeinflußten, ist schwierig. Für einige Politikbereiche ist ein gewisser Einfluß durchaus feststellbar.

Dies ist eindeutig bei der Regelung der Kriegsdienstverweigerung der Fall, welche eine zentrale Fragestellung der Kommissionstätigkeit bildete. Der Kommissionsvorschlag, das Prüfungsverfahren für Kriegsdienstverweigerung abzuschaffen und die Dauer des Zivildienstes zu verlängern, erregte in Bonn besondere Aufmerksamkeit: Die Empfehlung zur Neuordnung des Rechts auf Kriegsdienstverweigerung war im Frühjahr/Sommer 1982 ein häufig diskutierter Tagesordnungspunkt (vgl. ebd. 65f.). Das Besondere an dem Vorschlag der Enquete-Kommission war - darauf hat der Kommissionsvorsitzende Wissmann aufmerksam gemacht - daß sie als erstes interfraktionell zusammengesetztes parlamentarisches Gremium in dieser politisch offenen Frage einen Vorschlag einvernehmlich (mit einer Protokollnotiz des Abg. Sauter) verabschiedete (vgl. St. 9/104, 6270, 6285; BÖHR u.a. 1984, 66, Busch-Interview 21.11.1989). Wissmann sieht den entscheidenden Punkt dieser Einigung im politischen Druck, den diese fast einstimmig beschlossene Empfehlung auf die CDU/CSU-Fraktion ausgeübt habe. Wenn erstmals eine Enquete unter Beteiligung von Unions-Mitgliedern das bisherige Anerkennungsverfahren in Zweifel gezogen habe, dann würde die Union nicht mehr sehr lange ihre ablehnende Position aufrechterhalten können (vgl. Wissmann-Interview 30.11.1989).

Der neuen Koalition war die Neuregelung der Kriegsdienstverweigerung dann offenbar auch so wichtig, daß das entsprechende Gesetz nach dem Regierungswechsel vom Herbst 1982 noch in der 9. Wahlperiode verabschiedet wurde (vgl. auch Busch-Interview 21.11.1989). In ihrer Stellungnahme zum Bericht der Enquete-Kommission schreibt die Bundesregierung:

"Das Gesetz zur Neuregelung des Rechts der Kriegsdienstverweigerung und des Zivildienstes vom 28. Februar 1983 hat mit Wirkung vom 1. Januar 1984 das mündliche Prüfungsverfahren für ungediente Wehrpflichtige - wie es vorher bestand - abgeschafft, die Dauer des Zivildienstes auf 20 Monate verlängert und die Ausgestaltung des Zivildienstes teilweise neu geregelt" (Drs. 10/2062, 23).

Dabei ist die gesetzliche Neuregelung der Kriegsdienstverweigerung nicht der Mehrheit der Kommission gefolgt, die das Anerkennungsverfahren gänzlich abschaffen wollte, sondern der Position von Alfred Sauter, der lediglich das damalige (mündliche) Verfahren annullieren wollte: Ein Anerkennungsverfahren ist beibehalten worden - allerdings in wesentlich veränderter Form; die mündlichen Befragungen wurden durch schriftliche Plausibilitätsprüfungen ersetzt und die Intensität der Überprüfung ist erheblich reduziert worden (vgl. BÖHR u.a. 1984, 66; Busch-Interview 21.11.1989).

Dadurch, daß die Kommissions-Mitglieder sich in ihren Beratungen schon weitgehend einig waren, sei - so Eckart Busch - die parlamentarische Konsensfindung bei der Verabschiedung des KDV-Gesetzes nicht unwesentlich erleichtert worden (vgl. BUSCH 1985, 37; BUSCH 1983(b), 395).

Wenn auch die konkrete Ausgestaltung der KDV-Regelung letztlich mit den spezifischen Vorstellungen der Enquete-Kommission zum Jugendprotest nicht exakt übereinstimmt (siehe z.B. HAUCK 1989, 153), so wird der Enquete bei der Verabschiedung des Gesetzes von den Interviewpartnern doch ein 'gewisser Einfluß' zugesprochen (vgl. z.B. Wissmann-Interview 30.11.1989) - zum einen im Hinblick darauf, daß das Gesetz überhaupt zustande kam, und zum zweiten, daß das Überprüfungsverfahren weitgehend reduziert wurde.

Auch im Bereich der Jugendarbeit ist ein Einfluß der Vorschläge der Enquete-Kommission feststellbar. So hat die Bundesregierung der Forderung der Kommission entsprochen, die Mittel zur Förderung der Jugendarbeit nicht zu kürzen (vgl. Drs. 9/2390, 35).

"Trotz der Notwendigkeit der Haushaltskonsolidierung des Bundes wurden die Mittel des Bundesjugendplans nicht nur nicht gekürzt, sondern im Rahmen des Möglichen erhöht. Der Bund entspricht damit der Empfehlung der Enquete-Kommission, die Förderungsmittel der Jugendarbeit nicht zu kürzen" (Drs. 10/2062, 9).

Zwischen 1982 und 1985 stieg das Volumen des Bundesjugendplans von

127 Millionen auf 135,5 Millionen DM (gl. St. 10/168, 12574).

In dem Politikfeld Ausbildung und Beschäftigung sind ebenfalls einzelne konkrete Änderungen dem Einfluß der Enquete-Kommission zuzurechnen. So sprach man sich beispielsweise im Schlußbericht dafür aus, das Vermittlungsmonopol der Bundesanstalt für Arbeit aufzulockern und private, nicht gewerbsmäßige Initiativen zur Entspannung der Lage auf dem Ausbildungsmarkt in Verbindung mit den Arbeitsämtern zu unterstützen (vgl. Drs. 9/2390, 24). Dem hat die Bundesanstalt für Arbeit dann Folge geleistet, wie die Bundesregierung ausführt:

"Die Enquete-Kommission hat empfohlen, private, nicht gewerbsmäßige Initiativen zur Information über das Lehrstellenangebot, zur Steigerung der Ausbildungsbereitschaft der Betriebe und zur Lehrstellenvermittlung in Zusammenarbeit mit den Arbeitsämtern zu unterstützen. Die Bundesanstalt für Arbeit trägt dem in der Praxis durch gemeinsame Lehrstellenaktionen mit Dritten Rechnung. Die Bundesregierung will alle Kräfte mobilisieren, damit in einer aus demographischen Gründen schwierigen Zeit zusätzliche Ausbildungsplätze bereitgestellt werden. Im Sinne des Enquete-Berichts hat sie deshalb im schon genannten Entwurf eines Beschäftigungsförderungsgesetzes 1985 vorgeschlagen, unentgeltliche Ausbildungsstellenvermittlung im Auftrag der Bundesanstalt für Arbeit - befristet bis Ende 1991 - zu erlauben" (Drs. 10/2062, 5).

Bei dem Bundesbeihilfeprogramm handelt es sich um ein arbeitsmarktpolitisches Programm des Bundes, das seit Juni 1982 die Gewährung von Bildungsbeihilfen an arbeitslose Jugendliche unter 22 Jahren vorsieht. Der Artikel 3 des Beschäftigungsförderungsgesetzes sah die Befristung des Gesetzes vor. Die Enquete-Kommission schlug vor, diese zeitliche Beschränkung zu überprüfen. Das Bildungsbeihilfenprogramm wurde durch Gesetz vom 24. Mai 1984 verlängert. Dabei hat man den begünstigten Personenkreis erweitert. Nun können auch arbeitslose Jungarbeiter bzw. deren weibliche Kolleginnen mit der Unterstützung dieses Programmes u.a. den Hauptschulabschluß nachholen. Somit hat die Bundesregierung einer weiteren Empfehlung der Enquete-Kommission 'Jugendprotest' Rechnung getragen (vgl. Drs. 10/2062, 6).

Im Endbericht der Kommission heißt es, die finanziellen Mittel des Benachteiligtenprogramms sollten aufgestockt werden (vgl. Drs.

9/2390, 24). Mit Hilfe dieses Programms ermöglicht man sozial benachteiligten deutschen als auch ausländischen Jugendlichen, einen anerkannten Berufsabschluß zu erwerben (vgl. ebd.). Im Gegensatz zur sozialliberalen Bundesregierung hat die neue Koalition aus CDU/CSU und FDP das Benachteiligtenprogramm - bei gleichzeitigen Sparmaßnahmen im übrigen Bundeshaushalt - um mehr als 100 Millionen DM angehoben (vgl. WISSMANN 1984, 4; ders.-Interview 30.11.1989). So schreibt die Regierung in ihrer Stellungnahme zum Endbericht der Kommission:

"Gemäß dem Votum des Enquete-Berichts hat der Bund die Mittel für das Benachteiligtenprogramm erhöht - und zwar um 150% innerhalb von zwei Haushaltsjahren von 67 Mio. DM 1982 auf 168 Mio. DM 1984. Im Rahmen dieses Programms werden gegenwärtig rund 10600 benachteiligte Jugendliche, darunter auch Kinder ausländischer Arbeitnehmer, in einem anerkannten Ausbildungsberuf ausgebildet" (Drs. 10/2062, 5).

Und speziell mit Blick auf junge Ausländer fügt die Bundesregierung in diesem Kontext wenig später hinzu:

"Das Benachteiligtenprogramm des Bundesministeriums für Bildung und Wissenschaft bietet jungen Ausländern, die wegen ihrer Sprachschwierigkeiten und Lernlücken den Anforderungen einer betrieblichen Ausbildung noch nicht gewachsen sind, die Möglichkeit einer Ausbildung in überbetrieblichen Einrichtungen. Durch eine intensive Förderung soll der Übergang in die betriebliche Ausbildung ermöglicht werden" (ebd. 13).

1984 betrug das Volumen des Benachteiligtenprogrammes des Bundesministeriums für Bildung und Wissenschaft rund 168 Millionen DM, 1985 bereits 256 Millionen DM, 1986 335 Millionen und 1987 rund 407 Millionen DM.
    Die Enquete bemühte sich gleichfalls, auch die Ausbildungschancen von Behinderten nicht aus den Augen zu verlieren. Sie plädierte dafür, stärkere Anreize für Unternehmen zu schaffen, damit diese zur Ausbildung Schwerbehinderter stärker als bisher beitrügen (vgl. Drs. 9/2390, 24).

"Um die Lage von Schwerbehinderten auf dem Ausbildungstellenmarkt zu verbessern, hat das Bundeskabinett im Sinne des Enquete-Berichts am 28. September 1983 u.a. grundsätzlich beschlossen, schwerbehinderte Auszubildende je nach Schwere der Behinderung auf mindestens zwei Pflichtplätze anzurechnen. Die finanziellen Aufwendungen zur Förderung betrieblicher Ausbildungsplätze für Schwerbehinderte werden aus Mitteln der Ausgleichsabgabe erhöht" (Drs. 10/2062, 5).

Dadurch, daß die Auszubildenden je nach Schwere ihrer Behinderung auf zwei Pflichtplätze angerechnet werden, soll deren Ausbildung sich für die Unternehmen verbilligen, so daß mehr Schwerbehinderte eine Chance zu einer Ausbildung erhalten können.

Für die BRD läßt sich in den genannten Politikfeldern also von 'Impulsen', von einem 'gewissen Einfluß' der Enquete-Kommission zum Jugendprotest auf die Realisierung der jeweiligen Maßnahmen sprechen. Die Stellungnahme der Bundesregierung zum Schlußbericht der Enquete nimmt an diesen Stellen - wie aus den angeführten Zitaten deutlich hervorgeht - auch explizit Bezug auf den Endbericht der Kommission, was ansonsten so ausdrücklich nicht geschieht. Zusammen sind das sechs Maßnahmen, bei deren Umsetzung der Einfluß der Enquete-Kommission zum Jugendprotest nicht unwesentlich war. Selbst wenn man den einen oder anderen zuvor bereits angesprochenen Punkt hier hinzurechnet, so ist - bei über 200 Lösungsvorschlägen der Kommission - der Einfluß von Empfehlungen der Enquete auf die Initiierung und Implementierung politischer Maßnahmen insgesamt eher niedrig einzuschätzen.

Denn zum einen ist die Zahl der umgesetzten Lösungsvorschläge der Enquete gering und zum anderen waren nicht wenige Empfehlungen quasi 'Selbstläufer', d.h. sie waren zu Beginn der 80er Jahre bereits in der politischen Diskussion und wären wahrscheinlich auch ohne die Arbeit der Enquete-Kommission umgesetzt worden. Entsprechend vorsichtig waren daher insgesamt die Stellungnahmen der Interviewpartner, wenn es darum ging, die Verantwortung für Anregungen einzig der Kommission zuzuschreiben.

Exkurs: Gründe für die Nicht-Realisierung von Enquete-Empfehlungen

Die mangelnde Umsetzung von Kommissionsvorschlägen ist kein Sonderproblem der Enquete-Kommission 'Jugendprotest im demokratischen Staat' (s.o.), sondern ein generelles Problem von Kommissionen (vgl. z.B. KRETSCHMER 1983, 270; BRANDT 1989, 375, 378f.), wenn es auch positive Gegenbeispiele gibt (vgl. LANDFRIED 1986, 111).

Für Enquete-Kommissionen ist die Umsetzung ihrer Empfehlungen deshalb von Bedeutung, weil durch die Kommissionstätigkeit in der Öffentlichkeit möglicherweise Erwartungen zur Realisierung der Vorschläge geweckt werden.

Es hat viele Aufrufe gegeben, sei es in Reden im Parlament, durch Forderungen in Bundestags-Drucksachen, im Rahmen von Aufsätzen, Buchpublikationen oder Zeitungen, die Bundesregierung in die Pflicht zu nehmen, für eine baldige Realisierung der Lösungsvorschläge zu sorgen, geweckte Hoffnungen und Erwartungshaltungen nicht zu enttäuschen sowie Konsequenzen aus den beiden Berichten der Enquete zu ziehen (vgl. u.a.: :St. 9/104, 6270f., 6275, 6284, St. 10/8, 317, 339, 350, ban. (= Günter Bannas) 20.5.1983; WISSMANN 1983, 670; ders. 1983; 12; ders. 1984, 4; Drs. 10/1692, 2; St. 10/78, 5756, 5758; HAUCK 1989, 153).

Trotzdem ist die Umsetzung von Kommissionsempfehlungen nur ansatzweise verwirklicht worden. Zu berücksichtigen ist, daß Lösungsvorschläge von Enqueten nicht isoliert vom politischen Kontext betrachtet werden dürfen; die Realisation der Empfehlungen hängt stets "von den Imponderabilien der politischen Gesamtlage" (BUSCH 1983(a), 91) ab; die parlamentarische und exekutivische Willensbildung darf nicht aus den Augen verloren werden (vgl. KRETSCHMER 1983, 262). Bei den lediglich ansatzweise realisierten Lösungsvorschlägen mag eine Rolle gespielt haben, daß - wie Strasser betont (vgl. Interview 5.12.1989) - die Vorschläge der Kommission in ihrer Gesamtheit der sozialdemokratischen Programmatik näher stehen als konservativen Vorstellungen, so daß sich auf kommunaler Ebene und in den Ländern SPD-Regierungen - und hier und da auch deren grüne bzw. liberale Partner - leichter taten, diese Empfehlungen zu berücksichtigen (so: Strasser-Interview 5.12.1989). In der CDU/CSU hingegen gab es durchaus Vorbehalte, die im Statement von Götzer deutlich werden. Er sagte in der abschließenden Beratung der Beschlußempfehlung des Ausschusses für Jugend, Familie, Frauen und Gesundheit zum Abschlußbericht der Enquete:

"Der Gemütszustand einer Minderheit wurde damals zum allgemeinen Jugendproblem hochstilisiert, und zwar so lange, bis auch zufriedene Jugendliche das Gefühl hatten, unzufrieden sein zu müssen, damit sie interessant sind. Ich bin heute der Meinung, daß man die Ereignisse zu Beginn der achtziger Jahre damals wie heute nicht kritisch genug analysiert hat" (St. 10/238, 18361).

So wurden von der Bundesregierung - durchaus mehrheitlich oder einvernehmlich verabschiedete - Vorschläge der Kommission aus politischen Gründen nicht umgesetzt. Das trifft beispielsweise auf den Vorschlag der Enquete zu, Elemente direkter Demokratie in das politische System der Bundesrepublik einzufügen (vgl. Drs. 9/2390, 21). Die Regierung lehnt dies ab:

"Der Parlamentarische Rat, der das Grundgesetz der Bundesrepublik Deutschland erarbeitete, stand plebiszitären Elementen wie Volksbefragungen, Volksbegehren und Volksentscheiden aus den Erfahrungen der Weimarer Republik und des Nationalsozialismus skeptisch gegenüber. Die Enquete-Kommission 'Verfassungsreform' hat 1976 diese Einschätzung bestätigt. Die Bundesregierung sieht keinen Grund zu einer anderen Beurteilung" (Drs. 10/2062, 25).

Rudolf Hauck, der stellvertretende Kommissionsvorsitzende, führt in diesem Zusammenhang an, die Tagespolitik habe alle am Prozeß der Enquete-Kommission zum Jugendprotest Beteiligten im Hinblick auf die Umsetzung von Kommissionsempfehlungen sehr schnell wieder eingeholt (vgl. HAUCK 1989, 153). Auch eine sozialdemokratisch angeführte Regierung hätte nach Hauck (vgl. ebd.) bei der Verwirklichung der Kommissionsvorschläge Schwierigkeiten bekommen. In bezug auf den Einbau von Elementen direkter Demokratie in das politische System der Bundesrepublik gebe es auch heute bei der SPD noch keine einheitliche Position. Bei den verschiedenen Instrumentarien zur flexiblen Altersgrenze habe die SPD sogar später einer Lösung zugestimmt, die der in der Kommission vertretenen entgegengesetzt war.

Darüber hinaus lehnte die Kommission übereinstimmend die Vorstellung ab, wenn die Jugend protestiere, gelte es, entsprechende Gesetze zu verabschieden, damit eine dann zufriedene Jugend vom Protest ablasse. So einfach funktioniere das nicht, allein durch legislative Maßnahmen seien die Ursachen des Jugendprotestes nicht zu beseitigen (vgl. St. 10/78, 5758). Deshalb folge auch als Resultat aus den Beratungen der Enquete-Kommission: Den Motiven des Protestes werde man weniger durch das Erlassen von Gesetzen als durch ein allgemein neues Selbstverständnis von Politikern, ja von der Politik überhaupt gerecht (vgl. BÖHR u.a. 1983, 77). Böhr zufolge kann die Kommission nur Anregungen geben, wie die tiefgreifenden Veränderungen in unserer Gesellschaft zu verstehen sind, und sie kann Anstöße geben, wie ein neues Selbstverständnis von Politik gefunden werden könnte. Deshalb ist auch die Abgabe eines Berichtes die angemessene Form der Einflußnahme einer Enquete-Kommission. Nicht ohne Grund wertete sie als eines der erfreulichsten Ergebnisse die Tatsache, daß - bis auf sehr wenige Ausnahmen abgesehen - auch protestierende Jugendliche zum Gespräch bereit waren. "Nur im Gespräch und im gemeinsamen Bemühen, einander verstehen zu lernen, werden sich die Konflikte, wie sie im Jugendprotest aufbrechen, auf Dauer lösen lassen" (dies. 1984, 98).

Dem hat Christoph Böhr im Interview (30.11.1989) noch einmal Nachdruck verliehen: Es sei gar nicht möglich und sinnvoll gewesen, durch die eine oder andere Einzelmaßnahme - etwa die Schaffung einer neuen Planstelle in einem Jugendhaus - dem Jugendprotest ein Ende zu bereiten, sondern es sei allenfalls darum gegangen, der Politik für die inneren Verwerfungen, die die Gesellschaft damals prägten, ein Stück Verständnis zu vermitteln sowie von ihr zu fordern, sie müsse ihr Selbstverständnis ändern.

Auch die Sozialdemokraten (vgl. Strasser-Interview 5.12.1989) stimmten mit dieser Einschätzung überein. Wäre man davon überzeugt gewesen, erklärt Strasser, der Jugendprotest habe ganz spezifische Ursachen, so hätte dies entsprechende Auswirkungen auf den Empfehlungsteil gehabt; man hätte sich auf Vorschläge konzentrieren können, die politisch unmittelbar umsetzbar gewesen wären. Da die Enquete aber zu der übereinstimmenden Erkenntnis kam, hier handle es sich um Ursachen, die sehr viel 'tiefer greifen' - z.B. miteinander in Konflikt liegende Werthierarchien innerhalb der Gesellschaft oder überhaupt ein

Wandel im Lebensstil der Bürger, also Phänomene, die sich zwar zunächst im Jugendprotest äußern, aber möglicherweise Veränderungen der gesamten Gesellschaft darstellen - konnte man natürlich nicht in der gleichen Weise mit politisch-instrumentellen Lösungsvorschlägen darauf reagieren. Dies sind "Bereiche, die politisch-instrumentell schwer zugänglich sind" (ebd.).

Strasser und Böhr ist in diesem Punkt gewiß zuzustimmen; primär durch legislative Maßnahmen hätte man auf diesem Feld wenig bewirken können. Andererseits stellt sich dann aber die Frage, warum ein solch umfassender Empfehlungsteil überhaupt ausgearbeitet wurde.

Als die Enquete ihren Abschlußbericht zu Beginn des Jahres 1983 vorlegte, war der Höhepunkt der Jugendproteste längst überschritten. Folglich stand der Jugendprotest auch nicht mehr im Mittelpunkt des Medieninteresses. Daher sei auch in der Öffentlichkeit kaum noch von einem Problem Jugendprotest gesprochen worden, und infolgedessen habe der Handlungsdruck auf die Bundesregierung wesentlich nachgelassen. Auch die Fraktionen hätten sich wegen der Veränderung der 'politischen Gesamtwetterlage' um diese Thematik nur noch wenig gekümmert (vgl. Veen-Interview 27.11.1989). Sie hatte ihre Stellung in der politischen Agenda verloren, stand also nicht mehr auf der politischen Tagesordnung obenauf, so daß das Problem für den normalen politischen Pragmatiker in den Hintergrund trat (vgl. Strasser-Interview 5.12.1989).

Kurt Sontheimer hat diese Argumentation prägnant zusammengefaßt:

"Im Fall der Jugendprotestfrage hatte sich der Handlungsbedarf schon etwas verflüchtigt. Darum war die Notwendigkeit der Umsetzung gar nicht mehr so dringlich. Denn nachdem diese Kommission getagt hatte, war der Höhepunkt des Jugendprotestes schon wieder vorüber. Folglich ist die Sache schon darum weitgehend im Sande verlaufen, weil das Phänomen in den Hintergrund getreten war. Und das ist wiederum eine ganz normale politische Situation. Empfehlungen haben dann eine optimale Wirkung, wenn sie in eine Situation hineintreffen, in der wirklich etwas geschehen muß" (Sontheimer-Interview 6.12.1989, vgl. ähnlich auch: Plöhn-Interview 23.11.1989).

Schließlich kann man als Grund für die eingeschränkte Realisierung der

Kommissionsvorschläge die umfassende Themenstellung der Enquete anführen. Dieses Dilemma habe sich bereits frühzeitig in bezug auf die Generierung konkreter Einzelmaßnahmen angedeutet: "Die vielen Erscheinungen des jugendlichen Protestes machen es erforderlich, die gesamte Bandbreite der Gesellschafts-, Wirtschafts-, Sozial- und Bildungspolitik abzuklopfen (sic). Dies erschwert natürlich eine Akzentuierung, so daß es fast unmöglich ist, von den Einflüssen der Disco-Musik bis hin zum Rechtsstaatsverständnis noch Schwerpunkte zu setzen" (WISSMANN 1982(a), 42).

Das, was Wissmann an dieser Stelle lediglich auf die Entwicklung von Einzelvorschlägen bezieht, trifft auch auf deren spezifische Umsetzung zu. Solange die Fragestellung einer Enquete-Kommission nicht auf wenige Aspekte konzentriert ist, sei die Realisierung von bestimmten Einzelvorschlägen "fast reiner Zufall" (Hauck-Interview 15.12.1989). Wenn Enqueten - wie z.B. die Kommissionen 'Frau und Gesellschaft' sowie 'Jugendprotest im demokratischen Staat' - quasi das gesamte Politikspektrum umfaßten, dann könne mit einer weitgehenden Verwirklichung der Kommissionsempfehlungen nicht gerechnet werden.

GB

In **Großbritannien** muß der Einfluß der Kommissionen auf Maßnahmen in den Bereichen Polizei, Wohnungs- und Städtebau, Ausbildung und Beschäftigung sowie Schule und Erziehung differenzierter beurteilt werden. So wurde sowohl aus der Literatur wie auch aus verschiedenen Interviewaussagen deutlich, daß die Kommissionen schwerpunktmäßig Maßnahmen im Bereich der Ordnung und Sicherheit (Polizei) beeinflußt haben und hier wiederum insbesondere die Vorschläge des Scarman-Reports zur Verbesserung der Beziehungen zwischen Polizei und Bevölkerung realisiert wurden. Die stärkste Ausgabensteigerung in diesem Bereich fand allerdings im Hinblick auf Kontrollmaßnahmen und die Ausstattung der Ordnungskräfte statt. So verfügen heute die Einsatztruppen über spezielle 'Anti-riots-Ausrüstung' mit entsprechender Schutzkleidung, Schutzschildern und Helmen, sowie über CS-Gas, Wasserwerfer und mobile Einsatzfahrzeuge. Diese Änderungen des repressiven Bereichs werden als unmittelbare Reaktion auf die 'riots' beurteilt.

Sowohl in der wissenschaftlichen Bewertung (vgl. BENYON 1984; GORDON 1986; SOLOMOS 1986) als auch unter den politischen Experten ist man sich weitgehend darüber einig, daß die konkreten Empfehlungen der Kommissionen nur partiell von der Regierung aufgegriffen wurden. Allenfalls für die Bereiche der Polizei und der Rassengleichstellung sind eindeutige Zuordnungen zu den Kommissionensempfehlungen feststellbar. Unsere Gesprächspartner konnten nur begrenzt Auskunft darüber geben, inwieweit die Kommissionen einzelne konkrete politische Maßnahmen beeinflußt hatten. Der Einfluß von Kommissionen selbst wurde dadurch erschwert, daß es sich nicht wie in den USA und der Bundesrepublik ausschließlich um Regierungs- oder Parlamentskommissionen gehandelt hat. Die britischen Untersuchungen agierten vorwiegend auf Stadt- und Bezirksebene. Hier freilich hatten sie einen größeren Einfluß auf die eingeleiteten politischen Maßnahmen. Wie sich in den Expertengesprächen zeigte, leitete die Stadt Birmingham eine ganze Reihe von Maßnahmen und Programmen in verschiedenen Bereichen (z.B. Beschäftigung, Freizeit etc.) ein, die von der Silverman-Kommission empfohlen worden waren. Die an die Regierung in London gerichteten Empfehlungen der Silverman-Kommission und des Review Panels sind dagegen nicht umgesetzt worden.

Was die weitergehenden Einflüsse der Kommissionen auf die Politik generell betrifft, ist man sich sowohl in der Literatur als auch unter den interviewten Experten darin einig, daß in der Öffentlichkeit Aufklärungsarbeit über die tieferliegenden Ursachen der 'riots' und über die Situation der ethnischen Minderheiten geleistet wurde (vgl. BENYON 1984; SCARMAN 1984; MOON u.a. 1985). Durch die Arbeit der Kommissionen, insbesondere der Scarman-Kommission, sei die politische Diskussion über notwendiges Handeln in bestimmten Politikbereichen angeregt worden. So habe es beispielsweise auch innerhalb der Regierungspartei Kontroversen darüber gegeben, ob und in welcher Höhe Beschäftigungsprogramme für Jugendliche eingeleitet werden sollten.

Daß die Empfehlungen der Scarman-Kommission zur Sozial- und Wirtschaftspolitik nicht umgesetzt wurden, ist nach Meinung von Beobachtern vor allem darin begründet, daß die Ergebnisse der Untersuchung nicht den Erwartungen des Auftraggebers - der Regierung - entsprachen. Zum einen habe die Scarman-Kommission diese Bereiche untersucht und Verbesserungsmaßnahmen vorgeschlagen, obwohl sie gar keinen Auftrag zur Analyse der sozialen und wirtschaftlichen Bedingungen hatte. Zum anderen sei die Regierung ohnehin nicht bereit gewesen die sozio-ökonomischen Bedingungen als die tieferliegenden Ursachen für die 'riots' zu akzeptieren (KETTLE/HODGES 1982; TAYLOR 1984).

Von seiten der Regierung seien i.d.R. lediglich solche Empfehlungen aufgegriffen und implementiert worden, die bereits in der Diskussion waren bzw. die sich auf eine Erweiterung bzw. Ergänzung bereits bestehender Maßnahmen bezogen. Im Bereich Städte- und Wohnungsbau sind Einflüsse der 'riots' auf die initiierten Programme nicht oder allenfalls sehr beschränkt feststellbar. So wurde aus den Interviewaussagen deutlich, daß von Seiten der Regierung keine effektiven langfristigen Maßnahmen zur Beseitigung der innerstädtischen Probleme als Reaktion auf die 'riots' eingeleitet wurden. Zwar seien Ausgabensteigerungen in einigen Bereichen (z.B. Stadtsanierung) feststellbar. Es dürfe aber nicht übersehen werden, daß die Kürzungen in den Bereichen öffentlicher Wohnungsbau, Soziales und Gesundheit diese weit übertroffen hätten. So sei letztendlich allenfalls eine Umschichtung in den öffentlichen Ausgaben zu konstatieren.

Ähnlich ist die Situation im Beschäftigungsbereich. Auch hier lassen sich allenfalls Vermutungen darüber anstellen, daß die Unruhen selbst und die entsprechenden Kommissionsempfehlungen die Maßnahmen beeinflußten. Sowohl der Öffentlichkeit als auch den politisch Verantwortlichen sei durch die Arbeit der Kommissionen bewußt geworden, daß Arbeitslosigkeit ein wesentlicher Bedingungsfaktor für die Ausschreitungen war. Verschiedenen Interviewaussagen zufolge habe es sich jedoch auch bei den einzelnen Beschäftigungsprogrammen um nahezu ausschließlich symbolische Maßnahmen gehandelt, die letztendlich keine spürbare Änderung der Situation bewirkt hätten.

Für den Bereich Schule konstatierten unsere Interviewpartner zwar Bemühungen zu einer multi-kulturellen Erziehung. Allerdings seien auch hier zusätzliche finanzielle Mittel notwendig, um den Bereich effektiv ausbauen zu können.

Zusammenfassend bleibt festzustellen, daß die Unruhen und die in der Folge eingesetzten Kommissionen die Regierungspolitik in den meisten relevanten Bereichen nahezu unbeeinflußt ließen, sieht man einmal von den Maßnahmen zur Kontrolle und Sicherheit ab. Die wenigen eingeleiteten Maßnahmen in den Bereichen Schule/Erziehung,

Ausbildung/Beschäftigung und Städte-/Wohnungsbau wären vermutlich auch ohne entsprechende Kommissionsempfehlungen erfolgt.

6. Resümee

Alle Kommissionen entwickelten eine Fülle an konkreten Vorschlägen zu substantiellen politischen Maßnahmen. Dabei griffen sie - oft in enger Zusammenarbeit mit den entsprechenden Fachbehörden oder -ausschüssen in den politischen Institutionen - auf bereits entwickelte Konzepte und Vorstellungen zurück. Sie dokumentierten eine Vielzahl von Handlungsmöglichkeiten für einzelne Politikbereiche und erstellten so eine Grundlage zur Diskussion in den Parlamenten, Fraktionen, Parteien und Behörden. Was von diesen Empfehlungen ist umgesetzt worden?[18]

Wir haben versucht, den Einfluß der Proteste (bzw. der Kommissionsempfehlungen) auf die verschiedenen, von den Kommissionen angesprochenen Politikbereiche herauszuarbeiten.

In den USA und in Großbritannien konnten wir uns dabei nur auf die Experteninterviews und die wissenschaftliche Literatur stützen, die wiederum in der Bundesrepublik kaum vorhanden war.

In den USA riefen die Proteste der ethnischen Minderheiten in der **Polizei- und Rechtspolitik** die stärksten Veränderungen hervor. Zwischen 1963 und 1972 verlagerte sich der Schwerpunkt dabei von präventiven Ansätzen immer mehr zu repressiven Maßnahmen.

Auch in der **Wohnungs- und Städtebaupolitik** der USA haben die Proteste deutliche Spuren hinterlassen. Im gesamten Zeitraum von 1963 bis 1972 gab es hier Veränderungen, die allesamt die Verbesserung der

---

18) In Kommissionen konnten sich zwar auch Protestgruppen artikulieren, die Entscheidungen über die Problemdefinitionen wurden jedoch ausschließlich von den Kommissionsmitgliedern getroffen, die zum großen Teil Politiker waren. Von daher stellen die von den Kommissionen hervorgebrachten Ergebnisse stärker die Sichtweisen der politischen Institutionen dar. In dieser Studie wurde nicht systematisch untersucht, inwieweit deren Problemdefinitionen mit denen der Protestgruppen übereinstimmen.

Wohn- und Lebensbedingungen der ethnischen Minderheiten verfolgten. Bedeutsame Veränderungen zeigten sich für den Zeitabschnitt von 1963 bis 1972 auch bei Maßnahmen, die die **Ausbildungs- und die Beschäftigungsmöglichkeiten** verbessern oder die Partizipationschancen erhöhen sollten (z.b. 'Job Opportunities in the Business Sector' oder 'Community Action Program').

Zusammenfassend kann festgehalten werden, daß es in allen betrachteten Politikfeldern zu relevanten Veränderungen kam. Unklar muß aufgrund der Datenlage aber bleiben, welche Rolle die Kommissionstätigkeit für die Durchsetzung dieser Politik gehabt hat.

Für die BRD sind Veränderungen für die Bereiche **Polizei- und Rechtspolitik** (Ausstattungsverbesserung der Polizei, Gesetzesverschärfung, aber auch präventive Maßnahmen) feststellbar, obgleich die Kommission hierzu keine expliziten Handlungsvorschläge entwickelte. Auch zur Bekämpfung der **Jugendarbeitslosigkeit** wurden zu Beginn der 80er Jahre eine Reihe von Maßnahmen initiiert, die z.T. jedoch 'Selbstläufer' waren, d.h. hier wirkte sich die Arbeit der Enquete-Kommission nicht oder nur unwesentlich aus (z.B. das Beschäftigungsförderungsgesetz, das Gesetz zur Vorruhestandsregelung sowie die Verbesserung der Möglichkeiten zur Teilzeitarbeit). Auf andere Maßnahmen aber hatte die Arbeit der Enquete-Kommission einen unmittelbaren, wenn auch nicht entscheidenden Einfluß (Lockerung des Vermittlungsmonopols der Bundesanstalt für Arbeit, Verlängerung des Bildungsbeihilfeprogramms, Steigerung der Ausgaben für das Benachteiligtenprogrammes). Eine starke Wirkung ist der Enquete-Kommission bei der Novellierung des Gesetzes zur **Kriegsdienstverweigerung** zuzusprechen sowie auf Entscheidungen über die Mittel für den **Bundesjugendplan**.

Im Ganzen gesehen ist es - angesichts der über 200 Handlungsvorschläge der Enquete-Kommission - nur zu wenigen substantiellen politischen Maßnahmen gekommen, die als Reaktion auf die Jugendproteste (bzw. die Kommissionsempfehlungen) interpretiert werden können.

In Großbritannien haben wir bei den politischen Maßnahmen der Regierung lediglich für den Polizeibereich einen Zusammenhang mit den Protesten feststellen können. Hier gab es in den 80er Jahren eine Fülle von neuen Initiativen, mit denen sowohl die Prävention von gewalttätigen Konflikten, als auch die Kontrolle von Ausschreitungen verfolgt wurde. Im **Wohnungs- und Städtebau** war trotz einzelner neuer Programme (z.B. 'Action for Cities') in den 80er Jahren insgesamt ein deutlicher Ausgabenrückgang festzustellen. Zur Bekämpfung der **Jugendarbeitslosigkeit** und Verbesserung der **schulischen Ausbildung** wurden im Anschluß an die Proteste eine Reihe von Programmen und Inititativen ins Leben gerufen.

Die Durchsetzungs- bzw. Einflußchancen von Kommissionsempfehlungen bzgl. politischer Maßnahmen waren in allen drei Fällen von den Konjunkturzyklen politischer Themen abhängig. Sobald der Höhepunkt der spektakulären Protestaktionen überschritten war und daher die öffentliche Aufmerksamkeit für die in den Protesten artikulierten Probleme zurückging, ließ der Handlungsdruck auf die Politiker nach: d.h. das Thema verschwand wieder von der politischen Tagesordnung, entscheidende politische Maßnahmen wurden dann nicht mehr eingeleitet.

VII. SCHLUSSFOLGERUNGEN

Wie sind die hier vorgetragenen Ergebnisse im Hinblick auf die Ausgangsfrage nach der Problemverarbeitungskapazität politischer Institutionen und der Steuerungsfähigkeit demokratischer Gesellschaften zu bewerten?

1. Soziale Unruhen als Warnsystem?

Soziale Unruhen und kollektive Proteste haben in den drei hier untersuchten Ländern jeweils zur Einsetzung von Untersuchungskommissionen geführt. Diese Kommissionen haben sich intensiv mit den sozialen, ökonomischen, politischen und kulturellen Problemen auseinandergesetzt, die als Ursachen bzw. Bedingungsfaktoren der Unruhen angesehen werden können. Insofern können wir durchaus davon sprechen, daß Proteste und Unruhen von den politisch Verantwortlichen nicht nur als Störungen der öffentlichen Ordnung wahrgenommen wurden, sondern auch als Ausdruck grundlegender gesellschaftlicher Probleme oder Risiken. Sie werden also durchaus als 'Warnsysteme' bzw. als Indikatoren für gesellschaftliche Veränderungen wahrgenommen, auf die Parteien und Parlamente, Regierungen und Verwaltungen reagieren müssen. Sie stellen so eine Herausforderung, gleichzeitig aber auch eine Chance für die Anpassungs- bzw. Steuerungsfähigkeit gesellschaftlicher Institutionen dar. Dies bedeutet jedoch noch nicht, daß auf die hier beschriebenen gesellschaftlichen Unruhen und Konflikte tatsächlich auch rasche und adäquate politische Entscheidungen gefolgt wären. Denn die Konflikte wurden erst dann von den politischen Institutionen wahrgenommen (und von den Kommissionen analysiert und aufgearbeitet), nachdem sie bereits weit eskaliert waren und als Sicherheits- und Ordnungsproblem öffentliche Aufmerksamkeit gefunden hatten. Dieser Wahrnehmungs-'lag' zeigt eine strukturelle Einschränkung in der Problembearbeitungsfähigkeit politischer Institutionen an: Gesellschaftliche Interessen, die noch keine institutionalisierte Vertretung gefunden haben, werden politisch erst dann registriert, wenn sie zum Medienthema geworden sind und dadurch schließlich auch demoskopische Signifikanz gefunden haben. Voraussetzung dafür sind aber zumeist spektakuläre Aktionen, in denen es auch zu Gewaltanwendung kommen kann, ja in denen Gewaltanwendung als Teil eines instrumentellen Kalküls durchaus 'Sinn' machen kann. Erst wenn die Problemdefinition politischer 'Außenseiter' auf diese Art und Weise in die öffentliche Agenda eingebracht ist, gerät sie auch in den Wahrnehmungshorizont der politischen Institutionen. Mit der Eskalation der Konflikte aber verändern sich die Positionen, Interessen und Gesprächsbereitschaften. Politische Maßnahmen und Programme, die in einer früheren Phase hätten erfolgreich sein können, kommen darum oft zu spät und bleiben wirkungslos.

2. Die symbolische Bedeutung der Kommissionen und ihre Wirkung auf die öffentliche Meinung

Die Einsetzung der Kommissionen war in allen drei Ländern von erheblicher symbolischer Bedeutung. Regierung, Parlamente und Stadtverwaltungen wollten damit dokumentieren, daß sie das Phänomen der Unruhen ernst nahmen, und gewannen so zugleich Zeit, um über konkrete Maßnahmen zu beraten. Kritische Stimmen unter den den von uns interviewten Experten und insbesondere die Protestgruppen selbst gehen davon aus, daß die Einsetzung von Kommissionen in erster Linie dazu diente, Konflikte zu beruhigen (cooling down) und Forderungen nach politischem Handeln zu befriedigen, ohne daß dahinter eine ernsthafte Bereitschaft zu politischem Handeln erkennbar gewesen wäre. Nach unseren Ergebnissen gilt dies jedoch nicht für die politischen Intentionen bei der Einsetzung der Kommissionen. Lediglich bei dem Scarman-Report in Großbritannien kann aufgrund des Auftrags angenommen werden, daß es der Regierung nicht um die Analyse der zugrundeliegenden sozialen Probleme, sondern nur um die Verbesserung der polizeilichen Kontrolle ging.

Die Kommissionen selbst haben sich ebenfalls bemüht, auf die öffentliche Meinung einzuwirken. Sie haben in der Regel versucht, Aufmerksamkeit für die zugrundeliegenden Probleme zu wecken und ein Bewußtsein für die Notwendigkeit politischer Maßnahmen zu erzeugen. Wie weit diese gezielte Beeinflussung der Öffentlichkeit gelang, hing jedoch weniger von den Kommissinen und ihren disbezüglichen Aktivitäten als vielmehr von externen Faktoren ab, von spektakulären Ereignissen (wie etwa der Vietnam-Krieg, Falkland-Krieg usw.), mit denen sie um die Aufmerksamkeit der Medien konkurrieren mußten. Die inhaltliche Arbeit der Kommissionen hat sich jedoch nicht auf eine nur symbolische Funktion i.S. von Öffentlichkeitswirkung und Befriedigung von öffentlichen Erwartungen und Forderungen reduziert. Insbesondere hat sich ihre Arbeit nicht auf die bloße Legitimation bereits bestehender politischer Konzepte beschränkt, sondern durchaus neue und 'abweichende' Gesichtspunkte in den politischen Diskurs eingebracht.

3. Kommissionen als korporatistische Gremien?

In den Kommissionen waren fast nur Exponenten der politischen Institutionen und diesen nahestehende Wissenschaftler vertreten. Das 'establishment' ließ sich beraten. Auch haben alle Kommissionen sich bemüht, einen breiten Rahmen des Konsensus zu erarbeiten. Insofern ließe sich von korporatistischen Gremien sprechen. Dies hat jedoch nicht die Analyse determiniert: Angehörige der protestierenden Minderheiten wurden gehört, ihre Perspektive wurde ermittelt und der Analyse zugrunde gelegt. Die Interpretation der Ursachen sprengte daher oft den Rahmen der geltenden Meinungen und Problemsichten. Perspektiven und Standpunkte, die bis dahin von Medien und Politikern eher marginalisiert oder geradezu tabuisiert worden waren, wurden nun als legitime Themen bzw. Problemdefinitionen auf der öffentlichen und politischen Agenda etabliert (Diskriminierung ethnischer Minderheiten und die Rolle der Polizei in den USA und Großbritannien, die Kontraproduktivität der Gewissensprüfung bei Kriegsdienstverweigerern in der Bundesrepublik).

4. Sozialwissenschaftler als 'Übersetzer' differierender Weltsichten

Die Beratung durch Wissenschaftler hat in den USA und der BRD nicht nur bei der Ermittlung und Erklärung der Probleme, sondern auch für die Konsensfindung eine wichtige Rolle gespielt. Transferprobleme zwischen Wissenschaftlern und Politikern aufgrund spezifischer Relevanzkriterien wurden bereits durch die Auswahl von-Wissenschaftlern verringert, die als 'symbolic leaders' einen Namen hatten. Die aus der Sicht der Systemtheorie zu erwartenden Probleme der Verständigung sind so 'umgangen' worden. Auch läßt sich in den Kommissionen eine spezifische Funktion von Sozialwissenschaft ausmachen, die üblicherweise selten thematisiert wird. Sozialwissenschaftliche Experten fungieren nicht nur als Lieferanten von 'Wahrheiten', sondern auch als 'Übersetzer' von Weltsichten, Relevanzstrukturen und systemspezifischen Referenzen. Gerade weil die Entwicklungen in Teilsystemen der Gesellschaft asynchron verlaufen und die unterschiedlichen Relevanzkriterien in ihnen mit großer Wahrscheinlichkeit zu Friktionen führen, kann Wissenschaft - unbeschadet ihrer eigenen speziellen Kriterien - durchaus Aufklärungs- und Übersetzungsleistungen erbringen und Konflikte versachlichen.

5. Die Analyseergebnisse

Die Kommissionen haben dargelegt, daß sich in den Konflikten alters- und generationsspezifische Probleme mit gesamtgesellschaftlichen Problemlagen verschränken: Segregation, Diskriminierung und Arbeitslosigkeit eingewanderter Bevölkerungsgruppen, mangelnde Realisierung zentraler gesellschaftlicher Werte, Bedrohung durch Wettrüsten und Umweltzerstörung - sie alle werden vor allem von jungen Leuten thematisiert, die gegenüber der älteren Generation weniger in verpflichtende Traditionen und Arbeitsverhältnisse eingebunden sind und/oder eine hohe Vorstellung von ihrer persönlichen Kompetenz haben. Es war daher nach Meinung der Kommissionen unangemessen, die Konflikte nur als Ordnungsprobleme zu behandeln. So haben alle Kommissionen den Wahrnehmungshorizont der politischen Institutionen erweitert und insbesondere auch verantwortungsethische Aspekte politischer Reaktionen auf die Unruhen in den Vordergrund gerückt.

6. Die Umsetzung der Ergebnisse und ihre Restriktionen

Proteste, Unruhen und durchaus auch Gewalt sind effektive Mittel, die öffentliche und politische Agenda kurzfristig zu beeinflussen, ohne jedoch damit eine adäquate politische Problembearbeitung sicherstellen zu können. So sehr Gewalt als Mittel der Beeinflussung der Agenda fungiert, so sehr kann sie doch die für effektive Maßnahmen notwendige Einwerbung von politischer Unterstützung erschweren, wie sich drastisch am Beispiel der USA nach 1969 gezeigt hat, als gerade angesichts der radikalen und gewaltorientierten Position der Black-Panther-Bewegung viele sozial- und bildungspolitische Programme gestoppt wurden. Für die Verarbeitung und Bewältigung der Probleme sind - neben einem hohen Rang auf der politischen Agenda - die spezifischen machtpolitischen und konkurrenzorientierten Kalküle maßgeblich, die von den politischen Akteuren in einer Parteiendemokratie angestellt werden müssen. Sie können in Anlehnung an die ökonomische Theorie der Demokratie beschrieben werden: Das Erfordernis der Mehrheitsbeschaffung beschränkt die Möglichkeiten, Probleme von Minoritäten zu lösen. Die weitreichenden Vorschläge der Kommissionen sind nur sehr beschränkt realisiert worden. Dies hat jedoch nicht daran gelegen, daß die Empfehlungen zu "unpraktisch" gewesen wären. Vielmehr hat in einigen Fällen der öffentliche Druck aufgrund des Nachlassens der Konflikte abgenommen, und haben sich darum andere Themen auf der politischen Agenda durchsetzen können. In anderen Fällen waren viele Kommissionsvorschläge mit dem politischen Gesamtkonzept der Regierungen (Nixon, Thatcher) unvereinbar. Schließlich haben die wirtschaftlichen Probleme aller drei Länder in den 70er und 80er Jahren den Handlungsspielraum für die Politik eingeengt. Insgesamt sind eher kostengünstige legislative Maßnahmen sowie die Sensibilisierung und Perfektionierung der Kontrollinstanzen (Polizei und Justiz) vorgenommen worden. Maßnahmen, die im Rahmen des politischen Systems zu erbringen sind (z.B. Gesetze), sind in der Problembewältigung offenbar wahrscheinlicher als solche, die (wie Städtebau oder Arbeitsbeschaffung) in die Eigendynamik des Wirtschaftssystems eingreifen und zudem erhebliche politische und ökonomische Ressourcen erfordern würden. Insofern ist die systemtheoretische Annahme einer eingeschränkten Steuerungsfähigkeit des politischen Systems durchaus realistisch.

7. Eine Erweiterung der ökonomischen Theorie der Demokratie

Die ökonomische Theorie der Demokratie kann Protestphänomene erklären, wenn sie um die Figur der 'politischen Kleinunternehmer' erweitert wird. Proteste, Bürgerinitiativen und neue soziale Bewegungen sind eine Komplementärerscheinung zur Parteiendemokratie und werden daher den politischen Prozeß dauerhaft beeinflussen. Sie begründen damit freilich keine 'neue Politik', die als 'Basisdemokratie' an die Stelle des Parlamentarismus treten könnte. Aber sie pluralisieren die Demokratie mit neuen Themen und Einwirkungsformen. Durch die von den etablierten Gruppen eingesetzten Kommissionen wird das 'politische Weltbild' der Großanbieter um die neuen Fragestellungen erweitert. Inwieweit die Großanbieter die neuen Politikfelder übernehmen, hängt freilich von der Kompatibilität der neuen Themen mit ihrer bereits eingeführten Produktpalette und deren 'Abnehmern' ab. Die Kommissionen tragen darum zur Integration neuer Themen und Fragestellungen in den politischen Diskurs bei, können aber für Handlungskonsequenzen, also politische Umsetzung, nicht garantieren.

8. Lehren für die Bundesrepublik?

In den USA und Großbritannien sind eine Reihe von Konflikten thematisiert worden, die als typisch für multiethnische Gesellschaften gelten können. Die Kommissionen haben aufgezeigt, daß rassistische Einstellungen auf der einen Seite, Ghettobildung und Jugendarbeitslosigkeit bei ethnischen Minoritäten andererseits zu explosiven Situationen führen, die dann auch mit politischen Maßnahmen nur noch wenig beeinflußbar sind. Die Bundesrepublik hat vielleicht die Chance, aus diesen Erfahrungen zu lernen und die Empfehlungen der angelsächsischen Kommissionen rechtzeitig zu berücksichtigen.

LITERATURVERZEICHNIS

ALMOND G.A.; POWELL, G.B. 1966: Comparative Politics. A Developmental Approach. Boston/Toronto
ANDERSON, J. E. 1975: Public Policy Making. New York.
ANBA - Amtliche Nachrichten der Bundesanstalt für Arbeit; 1990, Nr. 6
BACHRACH, P.; BARATZ, M. 1977: Macht und Armut. Frankfurt/Main.
BAKER, R.; BALL, S.J.; LANGE, J.F. 1985: Collective Violence: The Redress of Grievance and Public Policy. In: CURTIS, L.A. (Hrsg.): American Violence and Public Policy. New Haven, London, S. 155-180.
BANNAS, G.: Die Jugend im Auge - den Nutzen im Kopf, In Bonn beginnen die Anhörungen zur Jugend-Enquete. In: FAZ, 23.11. 1981.
BECK, U. 1988: Risikogesellschaft. Frankfurt/Main.
BELL, D. 1966: Government by Commission. In: The Public Interest, S.3-10
BELL, D. 1961: The end of ideology: on the exhaustion of political ideas in the fifties. New York.
BEN-TORIN, G. u.a. 1982: A political Analysis of Race in the 1980's. In: HUSBANDS, C. (Hrsg.): 'Race` in Britian. Continuity and Change. London, S. 303-316.
BENYON, J. 1984: Scarman and After. Oxford.
BENYON, J. 1986: A Tale of Failure: Race and Policing; Policy Papers in Ethnic Relations. Nr. 3. Centre for Research in Ethnic Relations. Warwick.
BENYON, J.; BOURN, C. (Hrsg.) 1986: The Police. Powers, Procedures and Proprieties. Oxford.
BENYON, J.; SOLOMOS, J. 1987: The Roots of Urban Unrest. Oxford.
BILDUNGSWESEN IM VERGLEICH 1979: Nr. 9, S. 9-32, Nr. 10, S. 8-36
BIRMINIGHAM CITY COUNCIL 1985: Handsworth/Soho/Lozells. In: Area Study, Nr. 6.

BÖHR C.; BUSCH, E. 1984: Politischer Protest und parlamentarische Bewältigung, Zu den Beratungen und Ergebnissen der Enquete-Kommission "Jugendprotest im demokratischen Staat". Baden-Baden.

BÖHR, C. 1982: Politische Analysen und Initiativen zum Jugendproblem. In: Die Polizei, Heft 7, S. 207-209.

BÖHR, C.; BUSCH, E. 1983: Protest in der Demokratie, Eine Herausforderung an das politische System der Bundesrepublik Deutschland. In: Beiträge zur Konfliktforschung, Heft 4, S. 71-96.

BOURDIEU, P. 1982: Die feinen Unterschiede. Kritik der gesellschaftlichen Urteilskraft. Frankfurt.

BOVAIRD, T. 1981: An Evaluation of Local Authority Initiatives. In: Local Goverment Studies, 7 (4).

BRAND, K.W. 1982: Neue soziale Bewegungen. Entstehung, Funktion und Perspektive neuer Protestpotentiale. Opladen.

BRAND, K.W.; BÜSSER, D.; RUCHT, D. 1983: Aufbruch in eine andere Gesellschaft. Neue soziale Bewegungen in der Bundesrepublik. Frankfurt

BRANDT, W. 1989: Erinnerungen. Frankfurt

BUNDESMINISTERIUM der Finanzen 1989: Finanzbericht. Bonn

BUNDRED, S. 1982: Accountability and the Metropolitan Police. A Suitable, Case for Treatment. In: COWELL, D.; JONES, T.; YOUNG, Y. (Hrsg.): Policing the Riots. London.

BUSCH, E. 1983(a): Parlamentarische Kontrolle, Ausgestaltung und Wirkung. Heidelberg, u.a. .

BUSCH, E. 1983(b): Jugendprotest und Verfassungsstaat: Zur Tätigkeit der Enquete-Kommission des Deutschen Bundestages, Teil 1. In: Unterrichtsblätter für die Bundeswehrverwaltung, Heft 11, S. 392-397.

BUSCH, E. 1983(c): Jugendprotest und Verfassungsstaat: Zur Tätigkeit der Enquete-Kommission des Deutschen Bundestages, Teil 2. In: Unterrichtsblätter für die Bundeswehrverwaltung, Heft 12, S. 430-435.

BUSCH, E. 1985: Politischer Protest und parlamentarische Bewältigung, Ausgewählte institutionelle Fragen zur Einrichtung und Arbeitsweise der Enquete-Kommission Jugendprotest. In: Knoll, J.H., Schoeps, J.H. (Hrsg.): Die zwiespältige Generation, Jugend zwischen Anpassung und Protest, Stuttgart, u.a., S. 30-43.

BUSCH, E. 1988: Parlamentarische Kontrolle, Ausgestaltung und Wirkung, 2. Auflage. In: BUSCH, E., Handschuh, E., Kretschmer, G., Zeh, W.: Wegweiser Parlament, Parlamentarismus, Fraktionen, Gesetzgebung, Parlamentarische Kontrolle, Bonn, S. 401-535.

BUSCH, E.; HANDSCHUH, E.; KRETSCHMER, G.; ZEH, W. 1988: Wegweiser Parlament, Parlamentarismus, Fraktionen, Gesetzgebung, Parlamentarische Kontrolle, Bonn.

BUTEWEG, J. 1988: Systemtheorie und ökonomische Analyse. Ansätze einer neuen Denkweise vor neoklassischem Hintergrund. Pfaffenweiler.

BUTTON, J. 1978: Black Violence: Political Impact of the 1960's riots. Princeton, New York.

CAMBELL, J.S.; SAHID, J.R.; STANG, D.P. 1969: Law and Order Reconsidered. Report of the Task Force on Law and Law Enforcement to the National Commission on the Causes and Prevention of Violence. Bd. 10. Washington D.C.

CENTRAL OFFICE OF INFORMATION 1986: Industrial Regeneration in Britain's Cities. COI-Document Nr. 263. London.

CENTRAL OFFICE OF INFORMATION 1988: Housing Policy in Britain. COI-Document Nr. 86. London.

CENTRAL OFFICE OF INFORMATION 1989: Britain 1989. COI-Document Nr, 87/88. London.

CENTRE FOR RESEARCH IN ETHNIC RELATIONS: Interpretations of Violence: The Handsworth Riots of 1985. John GAFFNEY, Policy Papers in Ethnic Relations Nr. 10.

CILIP, Bürgerrechte und Polizei 1982; Nr. 12

CIVIL LIBERTY 1986: Police Accountability. Briefing Nr. 6, Aug.

COBB, R. W.; ELDER, C.D. 1972: Participation in American Politics. The Dynamics of Agenda Building. Baltimore.

COMMISSION FOR RACIAL EQUALITY 1980: Youth in Multi-Racial Society. The urgend Need for new Politics 'The Fire Next Time'. London.

COMMISSION FOR RACIAL EQUALITY 1984: Race and Council Housing in Hackney. Report of a Formal Investigation. London.

COMMISSION FOR RACIAL EQUALITY 1984: Race and Housing in Liverpool. A Research Report. London.

COMMITTEE OF THE ELIMINATION OF RACIAL DISCRIMINA-
TION (CERD) 1988: International Convention on the Elimination of
all Forms of Racial Discrimination. CERD/C/172/Add. 11, Decem-
ber.

COMMITTEE OF THE ELIMINATION OF RACIAL DISCRIMINA-
TION (CERD) 1988: Action for Cities. London

COOK, T. J.; SCIOLI, F.,P. Jr. 1975: Impact Analysis in Public
Policy Research. In: DOLBEARE, K. M. (Hrsg.): Public Policy
Evaluation, Beverly Hills.

COWELL, D.; JONES, T.; YOUNG, Y. 1982: Policing the Riots.
London.

CROSS, M. 1987: A Cause for Concern: Ethnic Minority Youth and
Vocational Training Policy. Coventry.

DEPARTMENT OF EDUCATION 1988: Education Reform Act.
Local Management of Schools. In: Circular 7. London.

DEPARTMENT OF THE ENVIRONMENT 1988: Improving Urban
Areas. Good Practice in Urban Regeneration. Her Majesty's Statio-
nery Office. S. 1-69.

DEPARTMENT OF THE ENVIRONMENT 1988: Inner Cities Research Programme. An Evaluation of the Urban Development Grant
Programme. S. 3-19.

DES 1981: West Indian Children in our Schools (Rampton Report).
London.

DEUTSCHE POLIZEI 1982, Heft 6

DONNISON, H.; SCOLA, J.; THOMAS, P. 1986: Neighbourhood
Watch. Policing the People. London.

DOWNS, A. 1968: Ökonomische Theorie der Demokratie. Tübingen.

DOWNS, A. 1972: Up and down with Ecology - The "Assue Attention
Cycle". In: The Public Interest, Summer.

Drs. 10/1692, 28.6.1984: Antrag von Abgeordneten und der Fraktion
der CDU/CSU sowie von Abgeordneten und der Fraktion der FDP
zu den Lösungsvorschlägen aus dem Schlußbericht der Enquete-
Kommission "Jugendprotest im demokratischen Staat".

Drs. 10/2062, 2.10.1984: Unterrichtung durch die Bundesregierung:
Stellungnahme der Bundesregierung zum Schlußbericht der Enquete-
Kommission "Jugendprotest im demokratischen Staat".

Drs. 9/1607, 28.4.1982: Zwischenbericht der Enquete-Kommission
"Jugendprotest im demokratischen Staat".

Drs. 9/2390, 17.1.1983: Schlußbericht der Enquete-Kommission "Jugendprotest im demokratischen Staat".

Drs. 9/310, 7.4.1981: Antrag der Fraktionen der SPD und FDP auf Einsetzung einer Enquete-Kommission "Jugendprotest im demokratischen Staat".

Drs. 10/6027, 1986: Schriftenreihe des BuMi für Raumordnung.

Drs. 548/89, 1989: Entwurf eines zwölften Gesetzes zur Änderung des BAföG.

ECKERT, R. 1970: Politische Partizipation und Bürgerinitiativen. In: Offene Welt 101, Opladen.

ECKERT, R.; WILLEMS, H. 1987: Jugendprotest im internationalen Vergleich - Jugendliche Subkulturentwicklung, städtische Gewaltpotentiale und staatliche Reaktion - eine vergleichende Untersuchung von Eskalationsbedingungen. Trier.

ECKERT R. 1987: Die Umweltfrage als Gesellschaftskonflikt. In: Themen 4, 17.12.1987, S. 16-18

ECKERT R. 1990: Die Entstehung besonderer Lebenswelten - Konsequenzen für die Demokratie. In: Cremer, W.; Klein, A. (Hg.): Umbrüche in der Industriegesellschaft. Herausforderungen für die politische Bildung. Opladen, S. 137-148

ECKERT, R.; WILLEMS; H.; WOLF, M. 1990: Gewaltberichte aus Großbritannien. In: SCHWIND, H.-J.; BAUMANN, J. u.a. (Hrsg.): Ursachen, Prävention und Kontrolle von Gewalt. Analysen und Vorschläge der Unabhängigen Regierungskommission zur Verhinderung und Bekämpfung von Gewalt (Gewaltkommission). Band III. Berlin.

EICHMANN, B. 1983: Zum Thema: Jugendprotest, Aus der Fluchtburg in die Offensive? in: Das Parlament, Nr. 23, S.4.

ELLUL, J. 1974: Von der Revolution zur Revolte. Hamburg

EVERSLEY, D. 1989: Die neue Unterklasse. In: FAZ, 28.10.1989, Nr. 251.

FEAGIN, J. R.; HAHN, H. 1973: Ghetto Revolts. The Politics of Violence in American Cities. New York.

FIELD, S.; SOUTHGATE, P. 1982: Public Disorder: a Review of Research and a Study in one Inner City Area. HOME OFFICE RESEARCH STUDY Nr. 72, London.

FOGELSON, R. 1971: Violence as Protest: a Study of Riots and Ghettos. ohne Ort.

GORDON, P. 1983: White Law. Racism in the Police. Courts and Prisons. London.

GORDON, P. 1986: Black People and the Criminal Justice System, a bibiliographic Essay. In: Race Relation Abstracts, Vol. 11, Nr. 2, Mai.

GORDON, P. 1988: Race in Britain. A Research and Information Guide. London.

GOVERNOR'S COMMISSION ON THE LOS ANGELES RIOTS 1965: Violence in the City - an End or a Beginning. Los Angeles.

GOVERNOR`S SELECT COMMISSION ON CIVIL DISORDERS. State of New Jersey 1968: 'Report for Action'.

GRAHAM, H.D.; GURR, T. R. (Hrsg.) 1969: Violence in America. Historical and Comparative Perspectives. A Staff Report to the National Commission on the Causes and Prevention of Violence. Bd. 1 und 2, Washington D.C.

GRUBB, S. 1987: Race and Housing. A Note on the Role of the Commission for Racial Equality in the Operation/Application of the Race Relations Act. In: SMITH, S.; MERCER, J.: New Perspectives on Race and Housing in Britain. Glasgow, S. 107-123.

GURR, T.R. 1970: Why Man Rebell. Princeton, N.Y.

HABERMAS, J. 1981: Theorie des kommunikativen Handelns. Frankfurt

HANDSWORTH COORDINATING COMMITEE 1986: Action Plan - First Report. April 1986, Birmingham.

HAUCK, R. 1989: Der Wasserträger, Erinnerungen und Erkenntnisse eines Bundestagsabgeordneten 1965-1987, Marburg.

HERDER-DORNEICH, P./ GROSER, M. 1977: Ökonomische Theorie des politischen Wettbewerbs. Göttingen

HERDER-DORNEICH, P. 1980: Konkurrenzdemokratie, Verhandlungsdemokratie: politische Strategien der Gegenwart. Stuttgart

HOFFMANN-RIEM, W. 1988: Sachverstand: verwendungsuntauglich? Eine Fallanalyse zur Politikberatung im Rahmen der Enquete-Kommission "Neue Informations- und Kommunikationstechniken"; in: GRIMM, D.; MAIHOFER, W. (Hrsg.): Gesetzgebungstheorie und Rechtspolitik. Jahrbuch für Rechtssoziologie und Rechtstheorie, Bd. XIII. Opladen.

HOME OFFICE RESEARCH STUDY 1981: Ethnic Minorities, Crime and Policing. A Survey of the Experiences of West Indians and Whites. A Home Office Research and Planning Unit Report. London.

HOME OFFICE RESEARCH STUDY 1982: Public Disorder. A Review of Research and a Study in one Inner City Area. A Home Office Research and Planning Unit Report. London.

HOUSE OF COMMONS 1980: Fifth Report from the Home Affairs Committee. Session 1980-81. Racial Disadvantage. London.

HOUSE OF COMMONS 1981: Fifth Report from the HOME AFFAIRS COMMITTEE. Session 1980-1981. RACIAL DISADVANTAGE, 20.7.1981.

HOUSE OF COMMONS 1981: Offical Report. 13. April 1981. Harvard, S. 21-31.

HOUSE OF COMMONS 1982: Second Report from the Home Affairs Committee. Session 1981-82. Racial Attacks. London.

HUSBANDS, C. T. 1987: The Politics of Housing and Race. Perspectives from Great Britian, the United States and France. In: SMITH, S.; MERCER, J. (Hrsg:): New Perspectives on Race and Housing in Britain. Glasgow, S. 31-71.

INSTITUTE OF RACE RELATIONS (IRR) 1985: Police-Media Research Project. Nr. 21, Juli.

INSTITUTE OF RACE RELATIONS (IRR) 1985: Police-Media Research Project. Nr. 23, Oktober.

INSTITUTE OF RACE RELATIONS (IRR) 1985: Police-Media Research Project. Nr. 24, Oktober.

INSTITUTE OF RACE RELATIONS (IRR) 1986: Police-Media Research Project. Nr. 26, Oktober.

INSTITUTE OF RACE RELATIONS (IRR) 1987: Police-Media Research Project. Nr. 35, Juli.

INSTITUTE OF RACE RELATIONS (IRR) 1987: Police-Media Research Project. Nr. 37, September.

INSTITUTE OF RACE RELATIONS (IRR) 1988: Police-Media Research Project. Nr. 41, Februar/März.

INSTITUTE OF RACE RELATIONS 1987: Policing against Black People. London.

JANN, W. 1985: Policy-Forschung als angewandte Sozialforschung. in: KLAGES, H. (Hrsg.): Arbeitsperspektiven angewandter Sozialwissenschaft. Opladen, S.64-111.

JEFFERSON, T.; GRIMSHAW, R. 1984: Controlling the Constable. Police Accountability in England and Wales. London.

JENKINS, R.; SOLOMOS, J. (eds.) 1986: Equal Opportunity and the Limits of the Law. Cambridge University Press.

JOSEPH, Sir, K. (1986): Without Prejudice. Education for an Ethnically Mixed Society (unveröffentlichtes Manuskript 20. Mai).

JULING, P. 1987: Größte Wirkung erzielen Praktiker, Probleme wissenschaftlicher Parlamentsberatung, Tagung in Tutzing. In: Das Parlament, Nr. 22, S. 20.

KETTLE, M.; HODGES, L. 1982: Uprising! The Police, the People and the Riots in Britian's Cities. London.

KIRKHAM, J.F.; LEVY, S.G.; CROTTY, W.J. 1969: Assassination and Political Violence. A Report to the National Commission on the Causes and Prevention of Violence. Bd. 8, Washington D.C.

KLATT, H. 1981: Sinnvolle Entscheidungshilfen für den Bundestag? Enquete-Kommissionen - Zwischenbilanz nach zehn Jahren. In: Das Parlament, Nr. 2, S. 12f.

Kommissions-Drs. 002, 28.7.1981: Sekretariat: Bibliographie für die Mitglieder der Enquete-Kommission, (nicht veröffentlicht).

Kommissions-Drs. 024, o.D.: Sekretariat: Fortsetzung der Bibliographie in Kommissions-Drucksache 002, (nicht veröffentlicht).

Kommissions-Drs. 029, 15.9.1981: Sekretariat: Arbeitspapier zur Vorbereitung einer öffentlichen Anhörung der Enquete-Kommission, (nicht veröffentlicht).

Kommissions-Drs. 035, 6.10.1981: Sekretariat: Arbeitspapier zur Vorbereitung einer öffentlichen Anhörung, 2. Auflage, (nicht veröffentlicht).

KOPKIND, A.: White or Black. The Riot Commission and the Rethoric of Reform. In: Platt, a.a.O., S. 378-393.

KRETSCHMER, G. 1983: Enquete-Kommissionen - ein Mittel politischer Problemlösung? in: HARTWICH, H.H. (Hrsg.): Gesellschaftliche Probleme als Anstoß und Folge von Politik, Opladen, S. 261-274.

KREUTZ, H. 1988: "Jugendprotest im demokratischen Staat": Erfahrungen in einer Enquete-Kommission des 9. Deutschen Bundestages. In: KREUTZ, H. (Hrsg.): Pragmatische Soziologie, Beiträge zur wissenschaftlichen Diagnose und praktischen Lösung gesellschaftlicher Gegenwartsprobleme, Opladen, S. 407-410.

Kurzprotokoll, 1. Sitzung, 2. 7.1981 (nicht veröffentlicht).

Kurzprotokoll, 2. Sitzung, 28. 7.1981 (nicht veröffentlicht).

Kurzprotokoll, 3. Sitzung, 28. 9.1981 (nicht veröffentlicht).

Kurzprotokoll, 33. Sitzung, 2. 2.1983 (nicht veröffentlicht).

LANDFRIED, C. 1986: Politikwissenschaft und Politikberatung. In: Politische Vierteljahresschrift, Sonderheft 17, S. 100-115.

LAPASSADE, G. 1972: Gruppen, Organisationen, Institutionen. Stuttgart

LEHNER, F. 1979: Grenzen des Regierens. Eine Studie zur Regierungsproblematik hochindustrieller Demokratien. Königstein.

LEHNER, F. 1981: Einführung in die neue politische Okonomie. Königstein.

LEHMBRUCH, G: 1979: Parteiensystem und Interessenverbände in der Politikentwicklung in: J. Matthes (Hrsg.): Sozialer Wandel in Westeuropa - Verhandlungen des 19. Deutschen Soziologentages. Frankfurt

LEVINE, R. 1984: Evaluation research and practice: Comporative and international perspectives. Beverly Hills.

LIPSKY, M.; OLSON, D. 1970: Riot Commission Politics. In: ROSSI, P. (Hrsg.): Ghetto Revolts, S.109-143.

LIPSKY, M.; OLSON, D.J. 1977: Commission Politics. The Processing of Racial Crisis in America. New Brunswick, NJ.

LITTLE, A.; WILLEY, R. 1981: Multi-ethnic Education. The Way forward. (The Schools Council, Pamphlet 18). London.

LOMPE, K.; RASS, H.H.; REHFELD, D. 1981: Enquete Kommissionen und Royal Commissions: Beispiele wissenschaftlicher Politikberatung in der Bundesrepublik Deutschland und in Großbritannien. Göttingen.

LUHMANN, N. 1974: Selbststeuerung der Wissenschaft. In: LUHMANN, N.: Soziologische Aufklärung, Bd. 1: Aufsätze zur Theorie sozialer Systeme, 4. Aufl., Opladen, S. 232-252.

LUHMANN, N. 1977: Theoretische und praktische Probleme der anwendungsbezogenen Sozialwissenschaften: Zur Einführung. In: WISSENSCHAFTSZENTRUM BERLIN (Hrsg.): Interaktion von Wissenschaft und Politik. Theoretische und praktische Probleme der anwendungsorientierten Sozialwissenschaften. Berlin, Frankfurt/Main, S. 16-39.

LUHMANN, N. 1981: Theoretische Orientierung der Politik. In: LUHMANN, N.: Soziologische Aufklärung, Bd. 3: Soziales System, Gesellschaft, Organisation. Opladen, S. 287-292.

LUHMANN, N. 1984: Soziale Systeme. Frankfurt/Main.

LUHMANN, N. 1988: Grenzen der Steuerung. In: LUHMANN, N.: Die Wirtschaft und Gesellschaft, Frankfurt/Main, S. 324-349.

LYNCH, J. 1981: Teaching in the Multicultural School (Ward Locke). London

MARCUSE, H. 1967: Der eindimensionale Mensch. Neuwied.

MASOTTI, L.H.; CORSI, J.R. 1969: Shoot-out in Cleveland. Black Militants and the Police. A Report to the National Commission on the Causes and Prevention of Violence. Bd. 5, Washington D.C.

MAYNTZ, R. 1982: Problemverarbeitung durch das politisch- administrative System: Zum Stand der Forschung. In: HESSE, J.J. (Hrsg.): Politikwissenschaft und Verwaltungswissenschaft, Opladen.

MAYNTZ, R. 1983: Implementation politischer Programme, Bd.2, Opladen.

MOON, J.; RICHARDSON, J.J. 1985: Unemployment in the UK. Politics and Policies. Hants.

MOON, J. 1983: Policy Change in Direct Government Response to UK Unemployment. In: Journal of Public Policy, Vol. 3, Nr. 3, S. 301-329.

MÜLLER-ROMMEL, F. 1985: Sozialwissenschaftliche Politik-Beratung. In: Aus Politik und Zeitgeschichte, Heft 25, S.26-39.

MULVIHILL, D.J.; TUMIN, M.M.; CURTIS, L.A. (Hrsg.) 1969: Crimes of Violence. A Staff Report submitted to the National Commission on the Causes and Prevention of Violence. Bd. 11-13. Washington D.C.

NATIONAL ADVISORY COMMITTEE ON CRIMINAL JUSTICE STANDARDS AND GOALS 1973.

NATIONAL ADVISORY COMMITTEE ON CRIMINAL JUSTICE STANDARDS AND GOALS 1976: Disorders and Terrorism. Report of the Task Force on Disorders and Terrorism. Washington D.C.

NATIONAL COMMISSION ON THE CAUSES AND PREVENTION OF VIOLENCE (Hrsg.) 1969: To Establish Justice, to Insure Domestic Tranquility. Final Report. Washington D.C.

NATIONAL YOUTH BUREAU 1984: POST-YTS Initiatives. A Review and Recommandations for Action by Youth Aid.

NEWHAM MONITORING PROJECT 1983: Annual General Report.

NEWHAM MONITORING PROJECT 1985: Annual Report.

NEWHAM MONITORING PROJECT 1987: Annual Report.

NEWNHAM, A. 1986: Employment, Unemployment and black People. London.

NEWTON, G.D.; ZIMRING, F.E. 1969: Firearms and Violence in American Life. A Staff Report submitted to the National Commission on the Causes and Prevention of Violence. Bd. 7. Washington D.C.

NOHLEN, D. (Hrsg.) 1985: Pipers Wörterbuch zur Politik. Bd. 1. München.

ORRICK, W.H. 1969: Shut it Down - A College Crisis. A Report to the National Commission on the Causes and Prevention of Violence. Bd. 6. Washington D.C.

PLATT, A. 1971: The Politics of Riot Commissions 1917-1970. New York.

PLATT, A. et. al. 1982: The Iron Fist and the Velvet Glove: an Analysis of the U.S. Police. Berkeley, California.

PLÖHN, J. 1985: Enquete-Kommissionen: Grenzen und Leistungsvermögen am Beispiel der Kommission zum Jugendprotest. In: Zeitschrift für Parlamentsfragen, Heft 1, S. 7-25.

POLICE COMMUNITY CONSULTATIVE GROUP 1986/87: Tower Hamlets. Annual Report. London.

POLICE WATCH 1986, Dezember.

POPPER, Frank 1970: The President's Commissions. New York 1970

PRESIDENT'S COMMISSION ON CAMPUS UNREST 1970: The Scranton Report. Washington D.C.

PRESIDENT'S COMMISSION ON LAW ENFORCEMENT AND ADMINISTRATION OF JUSTICE (Hrsg.) 1967: The Challenge of Crime in a free Society. Washington D.C.

PRESIDENT'S COMMISSION ON LAW ENFORCEMENT AND ADMINISTRATION OF JUSTICE (Hrsg.) 1967: Task Force Report: Crime and its Impact - An Assessment. Washington D.C.

PRESIDENT'S COMMISSION ON LAW ENFORCEMENT AND ADMINISTRATION OF JUSTICE (Hrsg.) 1967: Task Force Report: Juvenile Deliquency and Youth Crime. Washington D.C.

PRESIDENT'S COMMISSION ON LAW ENFORCEMENT AND ADMINISTRATION OF JUSTICE (Hrsg.) 1967: Task Force Report: The Police. Washington D.C.

PRESIDENT'S COMMISSION ON LAW ENFORCEMENT AND ADMINISTRATION OF JUSTICE (Hrsg.) 1967: Task Force Report: The Courts. Washington D.C.

PRESIDENT'S COMMISSION ON LAW ENFORCEMENT AND ADMINISTRATION OF JUSTICE (Hrsg.) 1967: Task Force Report: Corrections. Washington D.C.

PRESIDENT'S COMMISSION ON LAW ENFORCEMENT AND ADMINISTRATION OF JUSTICE (Hrsg.) 1967: Task Force Report: Organized Crime. Washington D.C.

PRESIDENT'S COMMISSION ON LAW ENFORCEMENT AND ADMINISTRATION OF JUSTICE (Hrsg.) 1967: Task Force Report: Narcotics and Drug Abuse. Washington D.C.

PRESIDENT'S COMMISSION ON LAW ENFORCEMENT AND ADMINISTRATION OF JUSTICE (Hrsg.) 1967: Task Force Report: Drunkenness. Washington D.C.

PRESIDENT'S COMMISSION ON LAW ENFORCEMENT AND ADMINISTRATION OF JUSTICE (Hrsg.) 1967: Task Force Report: Science and Technology. Washington D.C.

Prioritäten für die Zukunftschancen der Jugend! Interview mit Henrik Kreutz. In: Hochschulpolitische Informationen, Heft 4/1983, S. 7.

RAISON, T. 1984: The View from the Goverment. In: BENYON, J.: Scarman and After. Oxford, S. 244-257.

REES, T.L.; ATKINSON, P. (Hrsg.) 1982: Youth Unemployment and State Intervention. London.

REHFELD, D. 1981: Enquete-Kommissionen in der Bundesrepublik Deutschland. In: LOMPE, K.; RASS, H.H.; REHFELD D.: Enquete-Kommissionen und Royal Commissions, Beispiele wissenschaftlicher Politikberatung in der Bundesrepublik Deutschland und in Großbritannien, Göttingen, S. 181-290.

REPORT BY JULIUS SILVERMAN 1986: Independent Inquiry into the Handsworths Disturbances Sept. 1985. Febr. 1986, Birmingham

REPORT OF A COMMISSION SET UP BY THE BISHOP`S COUNCIL OF THE DIOCESE OF BIRMINGHAM 1988: Faith in the City of Birmingham (Chairman: Sir Richard O'Brian).

REPORT OF A PANEL OF INQUIRY SET UP BY THE GREATER LONDON COUNCIL POLICE COMMITTEE (GLC) 1983: Racial Harassement in London.

REPORT OF A PANEL OF INQUIRY SET UP BY THE GREATER LONDON COUNCIL POLICE COMMITTEE 1984: Racial Harassment in London. London.

REPORT OF THE ARCHBISHOF OF CANTERBURY`S COMMISSION ON URBAN AREAS 1985: Faith in the City. A Call for Action by Church and Nation. London.

REPORT OF THE CHIEF CONSTABLE WEST MIDLANDS POLICE, Handsworth/Lozells. September 1985

REPORT OF THE CHIEF EXECUTIVE AND THE CITY PLANNING OFFICER: The Toxteth Survey.

REPORT OF THE FACT FINDING COMMISSION appointed to investigate the Disturbances at Columbia University 1968: 'Crisis at Columbia'. ohne Ort.

REPORT OF THE INDEPENDENT INQUIRY INTO DISTURBANCES OF OCTOBER 1985 AT THE BROADWATER FARM ESTATE, Tottenham 1986 (Chaired by Lord Gifford QC), London.

REPORT OF THE MOSS SIDE INQUIRY PANEL TO THE LEADER OF THE GREATER MANCHESTER COUNCIL ('Hytner Report') 1981

REPORT OF THE NATIONAL ADVISORY COMMISSION ON CIVIL DISORDERS (Hrsg.) 1968. Washington D.C.

REPORT OF THE REVIEW PANEL 1986: A Different Reality. An Account of Black People's Experiences and their Grievances before and after the Handsworth Rebellion of September 1985. Birmingham.

REPORT ON THE 1964 RIOTS 1964: A Report of the Federal Bureau of Investigation September 18.

REPORT TO THE MERSEYSIDE POLICE COMMITTEE by Chief Constable of Merseyside U.G. Oxford, C.B.E., Q.P.M., 18. Sept. 1981.

REPORT TO THE NATIONAL COMMISSION ON THE CAUSES AND PREVENTION OF VIOLENCE; RIGHTS IN CONFLICT 1968: The violent Confrontation of Demontrators and Police in the Parks and Streets of Chicago during the Week of the Democratic National Convention. New York.

RICHARDSON, R. 1988: Opposition to Reform and the Need for Transformation: some polemical Notes. In: MULTICULTURAL TEACHING, 6, 2, S. 4-10.

RILEY, V. 1982: Policing the Police, Teaching the Teachers: Scarman, Rampton and MP's read Riot Lesson. In: Multiracial Education, Vol. 10, Nr. 2, S. 3-10.

RITTER, E.H. 1982: Perspektiven für die wissenschaftliche Politikberatung? In: Politische Vierteljahresschrift, Sonderheft, Heft 13, Jg. 23, S. 458-464

RUDZIO, W. 1987: Das politische System der Bundesrepublik Deutschland, Eine Einführung, 2. Auflage, Opladen.

SACK, F.; STEINERT, H. 1984: Protest und Reaktion. Opladen

SAHID, J.R. 1969: Rights in Concord. A Staff Report to the National Commission on the Causes and Prevention of Violence. Bd. 4. Washington D.C.

SCARMAN LORD 1984: An Epilogue. In: BENYON, J.: Scarman and After. Essays reflecting on Lord Scarman's Report, the Riots and their Aftermath. London, S. 259-261.

SCARMAN LORD, OBE 1981: The Brixton Disorders 10-12 April 1981. London.

SCHARPF, F. 1989: Politische Steuerung und politische Institutionen. In: Politische Vierteljahresschrift, Heft 1, S. 10-21.

SCHELSKY, H. 1965: Auf der Suche nach der Wirklichkeit. Düsseldorf

SCHNEIDER, H.J. 1988: Zusammenfassende Darstellung und kritische Auswertung der Arbeit der "National Commission on the Causes and Prevention of Violence" - Bericht über die Arbeit der U.S. Violence Commission und Untersuchung über die weitere Entwicklung und die Auswirkungen der Arbeit der U.S. Violence Commission. (vorgelegt der unabhängigen Regierungskommission zur Verhinderung und Bekämpfung von Gewalt 'Gewaltkommission'). Münster.

SCHOBER, K. 1984: Zur Durchführung und Wirksamkeit berufsvorbereitender Lehrgänge. In: MittAB, Jg. 13

SCHUMPETER, J. 1950: Kapitalismus, Sozialismus und Demokratie. München

SCHWIND, H.-D.; BAUMANN, J. 1990: Ursachen, Prävention und Kontrolle von Gewalt. Analysen und Vorschläge der Unabhängigen Regierungskommission zur Verhinderung und Bekämpfung von Gewalt (Gewaltkommission). Berlin.

SCRATON, P. 1985: The State of Police. London.

SKOLNICK, J.H. 1969: The Politics of Protest. Violent Aspects of Protest and Confrontation. A Staff Report to the National Commission on the Causes and Prevention of Violence. Bd. 3. Washington D.C.

SMITH, S.; MERCER, J. 1987: New Perspectives on Race and Housing in Britain. Glasgow.

SOLOMOS, J. 1984: Black Youth and the 1980-81-Riots. Official Interpretations and Political Responses. ohne Ort.

SOLOMOS, J. 1986: Political Language and Violence Protest: Ideological and Policy to the 1981 and 1985 Riots. In: Youth and Policy, Nr. 18, S. 12-24.

SOLOMOS, J. 1986: Riots, Urban Protest and Social Policy: The Interplay of Reform and Social Control (Centre for Research in ethnic Relations). Coventry.

SOLOMOS, J. 1986: Training for What?: Government Policies and the Politicisation of Black Youth Unemployment. In: ZIG, L.H; RICH, P. (Hrsg.): Race Goverment and Politics in Britain. London.

SOLOMOS, J. 1989: Race and Racism in Contemporary Britian. London.

SPENCER, S. 1985: The Weakness of Police Authorities and the Case for Reform. In: Local Goverment Studies, November/Dezember.

St. 10/168, 24.10.1985: Beratung der Stellungnahme der Bundesregierung zum Schlußbericht der Enquete-Kommission "Jugendprotest im demokratischen Staat", S. 12564A-12576D.

St. 10/238, 16.10.1986: Beratung u.a. der Beschlußempfehlung und des Berichts des Ausschusses für Jugend, Familie, Frauen und Gesundheit zu dem Bericht der Enquete-Kommission "Jugendprotest im demokratischen Staat" sowie zu der Unterrichtung durch die Bundesregierung, S. 18360B-18376C.

St. 10/78, 29.6.1984: Beratung u.a. der Drs. 10/1155 und 10/1692, S. 5739D-5716C.

St. 10/8, 19.5.1983: Beratung des Antrags der Fraktionen der CDU/CSU, SPD, FDP und der Fraktion DIE GRÜNEN zum Schlußbericht der Enquete-Kommission "Jugendprotest im demokratischen Staat", S. 317A-357C.

St. 9/104, 28.5.1982: Beratung des Zwischenberichts der Enquete-Kommission "Jugendprotest im demokratischen Staat", S. 6267A-6299C.

St. 9/32, 10.4.1981: Beratung des Antrags der Fraktionen der SPD und FDP auf Einsetzung einer Enquete-Kommission "Jugendprotest im demokratischen Staat", S. 1654B-1678D.

St. 9/38, 26.5.1981: Beratung der Beschlußempfehlung und des Berichts des Ausschusses für Jugend, Familie und Gesundheit zu dem Antrag der Fraktionen der SPD und FDP auf Einsetzung einer Enquete-Kommission "Jugendprotest im demokratischen Staat", S. 2056C.

STARES, R. et al. 1982: Ethnic Minorities: Their Involvement in MSC special Programmes. Manpower Service Commission. High Holban.

STINGER, J.R.; RICHARDSON, J.J. 1980: Managing the political Agenda: Problem Definition and Policy Making in Britain. In: Parliamentary Affairs, Vol. 32, Winter.

TAYLOR, I. 1981: Policing the Police. In: New Socialist, Nr. 10/11.

TAYLOR, S. 1984: The Scarman Report and Explanation of Riots. In: BENYON, J.: Scarman and after. London, S. 20-36.

TENBRUCK, F.H. 1965: Jugend und Gesellschaft. 2. Aufl., Freiburg.

THACKRAH, J.R. 1985: Contemporary Policing. An Examinaton of Society in the 1980's. London.

TOMLINSON, S. 1986: Political Dilemmas in Multi-Racial Education. In: ZIG, L.H.; RICH, P.: Race, Goverment and Politics in Britian, S. 187-203.

TROYNA, B.; CARRINGTON, B. 1990: Education, Racism and Reform. London.

TROYNA, B.; SMITH, D. 1983: Racism, School and Labour Market. National Youth Bureau. Leicester.

TROYNA, B.; WILLIAMS, J. 1986: Racism, Education and the State. Beckenham.

TROYNA, B. (Hrsg.) 1987: Racial Inequality in Education. Tavistock.

TROYNA, B. 1986: "Swann's song": the Origins, Ideology and Implications of Education for All. In: J. Educational Policy, Vol. 1, Nr. 2, S. 171-181.

TROYNA, B. 1989: Reform or Deform? The 1988 Educational Act and Racial Equality in Britian. Warwick.

TUTCHINGS, T. 1979: Rhetoric and Reality: Presidential Commissions and the Making of Public Policy. Boulder, Colorado.

U.S. COMMISSION ON CIVIL RIGHTS (ohne Jahr): Location of Riots; FBI Report, 2, S. 5-7.

U.S. DEPARTMENT OF JUSTICE, ATTORNEY GENERAL`S TASK FORCE ON VIOLENT CRIME 1981: Final Report. Bd. 1 und 2. Washington D.C.

WALKER, D. 1968: Rights in Conflict. The Violent Confrontation of Demonstrators and Police in the Parks and Streets of Chicago During the Week of the Democratic National Convention of 1968. A Report to the National Commission on the Causes and Prevention of Violence. New York.

WARD, R. 1984: Race and Residence in Britain: Approaches to Differential Treatment in Housing. Birmingham.

WEIHE, U. 1985: Art: Systemtheorie. In: Pipers Wörterbuch zur Politik, hrsg. von NOHLEN, D., 6 Bde. Bd. 1: Politikwissenschaft, Theorien-Methoden-Begriffe.München, u.a., S. 541-556.

WEISS, C.H. 1974: Evaluierungsforschung. Methoden zur Einschätzung von sozialen Reformprogrammen. Opladen.

WEWER, G. 1989: Gesellschaftliche Probleme - ihre Beachtung und Lösung durch staatliche Intervention. in: Handbuch für Verwaltungsberufe., 39. Jg., Heft 2, S.118-124.

WILLEMS, H. 1988: Unruhen, Proteste, Soziale Bewegungen. Zur Dynamik in nichtinstitutionalisierten politischen Konflikten. Dissertation. Trier

WILLKE, H. 1987b: Strategien der Intervention in autonome Systeme. In: LUHMANN, N.: Theorie als Passion. Frankfurt/Main.

WILLKE, H. 1989: Systemtheorie entwickelter Gesellschaften. Weinheim, München, S. 127-135.

WILLIAMSON, H. 1982: Client Response to the Youth Opportunities Programme. In: REES, T.L.; ATKINSON, P. (Hrsg.): Youth Unemployment and State Intervention. London.

WINDHOFF-HERITIER, A. 1980: Politikimplementation. Ziel und Wirklichkeit politischer Entscheidungen. Königstein/Ts.

WISSMANN, M. 1982(a): Die Jugend im Visier, Eine Enquete-Kommission des Deutschen Bundestages befaßt sich mit dem Jugendprotest. In: academia, Heft 2, S. 40-43.

WISSMANN, M. 1982(b): Wehrdienstverweigerung neu regeln! in: Die Entscheidung, Heft 7-8, S. 10f.

WISSMANN, M. 1983(a): Jugendprotest ist keine Episode, Vorschläge für eine Änderung der Politik. In: Evangelische Kommentare, Heft 12, S. 670-672.

WISSMANN, M. 1984: Vorwort. In: WISSMANN, M.; HAUCK R. (Hrsg.): Jugendprotest im demokratischen Staat, Enquete-Kommission des Deutschen Bundestages, Stuttgart 1983(b), S. 9-12.WISSMANN,, M.: Ein Stein, der Kreise zieht, Impulse für die Arbeit des Bundestages. In: Das Parlament, Nr. 21, S. 4.

WISSMANN, M.; HAUCK, R. (Hrsg.) 1983: Jugendprotest im demokratischen Staat, Enquete-Kommission des Deutschen Bundestages, Stuttgart.

WOLANIN, T.R. 1975: Presidential Advisory Commissions: From Truman to Nixon. Madison, Wisconsin.

Wortprotokoll, 7. Sitzung, 30.11.1981 (nicht veröffentlicht).

WRIGHT, C. 1987: Black Students - White Teachers'. In: TRYONA, B. (Hrsg.): Racial Inequality in Education. London, Tavistock, S. 109-126.

ZALD, M.N. & McCARTHY, J.D. 1979: The Dynamics of Social Movements. Cambridge/MA.

Anhang

Befragte Personen

Bundesrepublik Deutschland

Es wurden 39 potentielle Interviewpartner angeschrieben. Hiervon antworteten 21. Interviews wurden mit folgenden 16 Personen durchgeführt:

Roman Bleistein, München
Christoph Böhr, Trier
Anke Brunn, Düsseldorf
Eckart Busch, Bonn
Hermann Glaser, Nürnberg
Rudolf Hauck, Helmstedt
Max Kaase, Mannheim
Irmgard Karwatzki, Bonn
Henrik Kreutz, Nürnberg
Gerd Langguth, Bonn
Jürgen Plöhn, Kaiserslautern
Alfred Sauter, Bonn
Kurt Sontheimer, München
Johano Strasser, Berg bei Starnberg
Hans Joachim Veen, Sankt-Augustin
Matthias Wissmann, Bonn

USA

Es wurden 21 Personen angeschrieben. Geantwortet haben 16. 10 Interviews wurden durchgeführt

Richard Braungart, Syracuse
Joe Feagin, Austin
Robert Fogelson, MIT-Cambridge
Gerald Grant, Syracuse
Gary Marx, MIT-Cambridge
David Olson, Seattle

Anthony Platt, Berkeley
Bob Rosse, Worcester
Peter H. Rossi, Amherst
James F. Short, Pullmann

Großbritannien

Von 25 angeschriebenen Personen antworteten 13. Interviews
wurden mit folgenden 7 Personen durchgeführt:
John Benyon, Leicester
Hermann Ouseley, London
Timothy Raison, London
Roy Shaw, London
Julius Silverman, London
John Solomos, London
Barry Troyna, Coventry